Urlaubs LESEBUCH

Zusammengestellt von

Karoline Adler

dtv

**Ausführliche Informationen über
unsere Autorinnen und Autoren und ihre Bücher
finden Sie unter www.dtv.de**

Originalausgabe 2021
© 2021 dtv Verlagsgesellschaft mbH & Co. KG, München
Alle Rechte vorbehalten
(siehe Quellenhinweise S. 262 ff.)
Umschlaggestaltung: www.bürosued.de
Satz: C.H.Beck.Media.Solutions, Nördlingen
Gesetzt aus der Garamond 10/12,5·
Druck und Bindung: Druckerei C.H.Beck, Nördlingen
Gedruckt auf säurefreiem, chlorfrei gebleichtem Papier
Printed in Germany · ISBN 978-3-423-21945-7

dtv

Kein Urlaub ohne Urlaubslesebuch! Ein bunter Geschichten-Cocktail garantiert abwechslungsreiche und kurzweilige Lektüre in der schönsten Zeit des Jahres.
Gute Unterhaltung wünschen unsere Autorinnen und Autoren:
Annette Amrhein, Ewald Arenz, Szusza Bánk, Dietmar Bittrich, Bov Bjerg, Volker Bleeck, Toril Brekke, Benjamin Cors, Rena Dumont, Hans Fallada, Marlies Ferber, F. Scott Fitzgerald, Jane Gardam, Frank Goldammer, Axel Hacke, Elke Heidenreich, Dora Heldt, Ulrike Herwig, Elias Hirschl, Julia Karnick, A. L. Kennedy, Mary Lavin, Siegfried Lenz, Elin Åsbakk Lind, Reidun Mellem, Franka Potente, Florian Schneider, Burkard Spinnen und Saša Stanišić.

Karoline Adler ist die Herausgeberin der alljährlich erscheinenden Sommeranthologie und arbeitet als Lektorin bei einem großen Münchner Publikumsverlag. Im Urlaub mag sie vor allem Sonne, Sand und Stracciatella-Eis.

INHALT

DORA HELDT

Will man das wissen?

Während ich mir Gedanken über diese Kolumne mache, sind weltweit Millionen Menschen damit beschäftigt, Statistiken zu erstellen. Damit wollen sie uns die Welt erklären. Oder uns beruhigen. Oder uns beunruhigen. Das hängt vermutlich davon ab, wer diese Statistik in Auftrag gegeben hat. Und warum er das getan hat.

Natürlich kann man viele Erhebungen mit Neugier, Forschung oder Zufällen erklären, aber muss ich wirklich wissen, dass Zweijährige statistisch gesehen die Altersgruppe mit dem größten Aggressionspotenzial sind? Oder dass 12 Prozent der Männer nie blinken, aber 14 Prozent der Menschen die Kerne von Wassermelonen mitessen?

Eben, das muss ich eigentlich nicht wissen. Ich frage mich nur, warum jemand für diese Untersuchungen tagelang Hunderte von Menschen befragt, die Antworten sorgfältig in einen Computer eingibt und anschließend erschöpft, aber hoffentlich glücklich ein Ergebnis verkündet. Weil das sein oder ihr Beruf ist, würde meine Mutter jetzt sagen. Sie findet Statistiken nämlich interessant. Auch weil die Fragebögen nie sonderlich schwer sind.

Neulich hat sie bei einer Umfrage für Bio-Produkte mitgemacht. Da gab es tatsächlich die Frage, ob man gern Antibiotika im Fleisch möge. Kein normaler Mensch mag das, hat meine Mutter gesagt, die Frage hätte man doch wirklich lassen können. Aber sie hat trotzdem alles beantwortet.

Ich bin mir nicht sicher, ob die Fragen, die für die ganzen Statistiken gestellt werden, wirklich immer klug gewählt sind. Oder vielleicht doch, dafür sind die Ergebnisse dann ja verblüffend.

Meine Mutter hat sowieso die Statistiken über Männer und Frauen am liebsten. Kürzlich hat sie mir erzählt, dass die Männer von heute ja ganz anders sind, als man immer so gedacht hat. 74 Prozent der Männer betrachten mitnichten bei einer Frau das Dekolleté, sondern die Haare. Heute rücken Frauen nicht mehr mit tiefem Ausschnitt, sondern gepflegten Frisuren ins Blickfeld. Das fand meine Mutter gut. 75 Prozent der Männer verbringen auch am liebsten ihre Freizeit mit ihrer Familie, nur 3 Prozent wollen berühmt werden, alle anderen stecken ihr Geld gern in Haus und Garten, nur ein knappes Viertel gibt einen Teil ihrer Einkünfte doch noch für ein Auto aus. Das hat mich sehr erstaunt, aber wenn es statistisch erwiesen ist, muss es ja stimmen.

Unglücklich ist nur der Zeitpunkt dieser Erhebung. Denn andererseits habe ich in einer Statistik einer Partnerschaftsvermittlung gelesen, dass Frauen heute bei der Suche nach der Liebe ihres Lebens großen Wert auf das Auto legen. Gern Cabrio, nichts Tiefergelegtes, kein Kombi, auf jeden Fall was Besonderes. Und die Männer stecken ihr Geld in den Garten. Also Statistiker, da müsst ihr noch mal ran, es hilft nichts.

Mit 86 Prozent Zuversicht grüßt
Ihre Dora Heldt

EWALD ARENZ

Eine Urlaubsliebe

Es war einer dieser klaren Tage, die es im Herbst nur im Süden geben kann. Die Stadt war still geworden, die meisten Touristen waren längst wieder zu Hause, und allmählich gehörten die Straßencafés und die Strandpromenade wieder den Einheimischen. Im Hotel war es angenehm ruhig, selbst wenn man nicht so früh aufstand wie ich und der graubärtige Herr, den ich jeden Morgen um die gleiche Zeit durch die Lobby kommen sah. Ich nahm an, dass er Maler war oder vielleicht Filmregisseur oder etwas mit dem Theater zu tun hatte. Es war so eine künstlerische Aura um ihn und seine schöne Frau, die meist etwas später zum Frühstück kam.

Er trat aus der Tür und nahm sein Handy heraus, als der kleine streunende Hund, der vorhin an meinem Tisch gebettelt hatte, wie der Blitz zu ihm hinüberschoss und an seinem Bein hochsprang. Ganz offensichtlich schien er sich zu freuen. Der Mann sah etwas unsicher lächelnd auf ihn hinunter, weil er das zwar sehr nett fand, der Hund aber andererseits nicht aufhörte, sich zu freuen. Der Mann tätschelte beruhigend den Kopf des Hundes, was den aber nur zu verstärkter Freude zu ermuntern schien. Um genau zu sein, freute sich der Hund jetzt ausgiebig und recht heftig. Der Mann schüttelte zaghaft sein Bein. Er wollte dem Hund nicht wehtun. Er tat dem Hund nicht weh. Der Hund war ganz im Gegenteil begeistert davon, dass das Bein seine Liebe zu erwidern schien. Der Mann versuchte, auf seinem verbliebenen Bein das Gleichgewicht zu halten und dabei nicht wie ein Clown auszusehen. Es funktionierte nicht gut.

»Aus jetzt!«, befahl er dem Hund wenig energisch. Der Hund sah verständnislos auf und verdoppelte dann seine Anstrengungen. Das mochte daran liegen, dass es ein italienischer Hund war, der vermutlich kein Deutsch verstand. Ich verbarg mein Lächeln hinter der Zeitung. Der Mann sah zu mir herüber und hob in einer hilflosen Geste die Hand, woraufhin der Hund sofort zurückschreckte und sich leise winselnd duckte. Offensichtlich war er schon oft geschlagen worden. Dem graubärtigen Herrn tat das Missverständnis so leid, als wäre der Hund ein Mensch gewesen. Spontan kniete er sich hin und murmelte Beruhigendes, was ich von meinem Sessel in der Lobby aus nicht verstehen konnte, aber der Hund kam zögernd zurück und leckte ihm zaghaft die Hand. Es war eine sehr sympathische Szene, die ich aber trotzdem bald wieder vergessen hätte, wäre nicht die schöne weißhaarige Dame gekommen, um mit ihrem Mann zu frühstücken. Sie sah ihn vor dem Hund knien und ihn streicheln und kam quer durch die Lobby.

»Hast du einen neuen Freund gefunden?«, fragte sie mit einer weichen Stimme, die gut zu ihrem eleganten Aussehen passte.

Der Mann richtete sich auf, deutete auf den Streuner und sagte, während er sich Hundehaare von der Hose klopfte:

»Na, es sieht eher aus, als hätte *er* einen neuen Freund gefunden. Er liebt mein rechtes Bein.«

Die Dame ging in die Knie und streichelte den Hund.

»Ein kluges Tier«, sagte sie, »ich mag deine Beine auch.«

Der Mann lächelte.

»Ich weiß. Am Geld kann es nämlich nicht gelegen haben. Komm, wir frühstücken.«

Der Hund musste auch das missverstanden haben, denn er begleitete die beiden zum Frühstückstisch und wich auch dann nicht von ihrer Seite, als er reichlich mit Brötchen, Schinken und Wurst gefüttert worden war und eigentlich hätte satt sein müssen. Es schien, als hätten sich da wahre Freunde gefunden. Ich faltete meine Zeitung zusammen und seufzte. Ich kannte das. Die übliche Tragödie der Urlaubsflirts. Eine Woche Glück, und dann kamen die Tränen, sobald man nach Hause musste. Auch wenn es bei *mir* meistens keine Hunde gewesen waren, mit denen ich schöne Urlaubstage verbracht hatte: Der Blick der schönen weißhaarigen Frau war unverkennbar gewesen. Sie hatte sich verliebt.

Der September schritt fort. Über die schon etwas staubige Landschaft Apuliens war ein hoher, herbstlich blauer Himmel gespannt. Mittlerweile wartete der kleine Streuner schon immer in der Lobby auf das deutsche Paar, das nun auch jeden Morgen zusammen vom Zimmer kam. Er strich auch vorher nicht mehr um die anderen Tische herum; es war, als wüsste er, dass er schon zu seinem Frühstück gelangen würde, wenn denn erst seine neuen Freunde kamen. Einmal warf einer der Brotfahrer einen Stein nach ihm, um ihn vom Eingang des Hotels zu verjagen; er traf ihn hart am Rücken, und winselnd floh der kleine Hund um die Ecke, nur um dann, eine ganze Zeit lang später, ein wenig hinkend und vorsichtig an den Tisch des graubärtigen Herrn und der weißhaarigen Dame zu traben.

Als ich an diesem Tag von einem langen Spaziergang am Spätnachmittag ins Hotel zurückkehrte, passierte ich die Terrasse des deutschen Paares. Den Hund konnte ich nicht sehen, aber anscheinend lag er zu Füßen der beiden, die eben Kaffee tranken, denn das Gespräch schien sich um ihn zu drehen.

»Wir können ihn nicht mitnehmen«, erklärte der Mann geduldig, »ich weiß, wie sehr du ihn magst. Aber vielleicht darf ich dich daran erinnern, dass wir zu Hause bereits einen Hund haben.«

»Aber er ist verletzt«, antwortete die Frau mit ihrer weichen Stimme. Ihr Gesicht tauchte nach unten. Wohliges Knurren drang durch die Hecke. Vermutlich wurde eben ein Hund ausgiebig gestreichelt.

»Verletzt und ein Rüde«, gab der graubärtige Mann zu bedenken, »aber nur die Verletzungen heilen …«

»Hm«, kam es nachdenklich von unter dem Tisch, »ich weiß. Aber er ist so ein schöner Hund …«

»Frauenlogik!«, knurrte jetzt auch der Mann, aber es klang nur wenig unfreundlicher als das Knurren von unter dem Tisch. Ich ging melancholisch lächelnd weiter. So liefen diese Geschichten immer. Es machte den Reiz solcher Urlaubslieben aus, dass man sich vorstellte, wie es wäre, wenn sie eben nicht nach zwei Wochen zu Ende gingen. Die Unmöglichkeit der Zukunft gab der Gegenwart diese wunderbare, unvergleichliche Süße.

Vielleicht lag es an den allmorgendlichen Begegnungen, vielleicht daran, dass mich diese Geschichte an eine längst vergangene Sommerepisode aus meiner Jugend erinnerte, und vielleicht auch ein wenig daran, dass der Hund zuallererst an meinem Tisch gebettelt hatte, aber irgendwie nahm ich mehr Anteil an dieser Geschichte, als ich eigentlich vorgehabt hatte. Der Tag meiner Abreise kam näher, und auch die unvergleichlichen Farben Apuliens begannen durchsichtiger zu werden. Der Herbst war da. Am vorletzten Tag schließlich kam zum ersten Mal seit einer Woche der Mann wieder alleine zum Frühstück. Er sah übernächtigt aus, und vielleicht hatte er sich mit seiner Frau gestritten, denn er grüßte nur mürrisch in meine Richtung. Bevor er sich setzte, sah er sich um. Richtig. Jetzt bemerkte ich es auch. Der Hund war nicht da. Der Mann stand tatsächlich noch einmal auf und ging vor dem Hotel auf und ab, doch der Hund war nirgends zu sehen. Als er zurückkam, zuckte ich teilnehmend die Schultern.

»Vielleicht hat er einen anderen Frühstückstisch gefunden«, versuchte ich ihn mit einem Scherz zu trösten, wie es Fremde eben so tun. Der Mann schüttelte den Kopf. Auf einmal sah er sehr traurig aus.

»Er ist *immer* gekommen«, sagte er bestimmt, »vielleicht ist er überfahren worden. War meine Frau schon hier?«, fragte er dann übergangslos.

Ich war überrascht.

»Oh«, sagte ich, »nein. Ich dachte, sie wäre vielleicht noch im Zimmer.«

Der Mann schüttelte den Kopf.

»Nein«, sagte er knapp, »wir … wir haben uns gestritten. Wegen des Hundes. Wäre wohl gar nicht mehr nötig gewesen.«

Er deutete auf den leeren Platz unter seinem Tisch, wo sonst der Hund lag. Ich hätte gerne etwas Aufmunterndes gesagt, aber er hatte sich schon abgewandt und ging auf seinen Tisch zu. Zum Glück hatte ich schon gefrühstückt, und deshalb brach ich gleich jetzt zu meinem letzten Ausflug über Land auf. Ich hatte keine Lust, mir die Stimmung durch das unglückliche Ende einer Dreiecksbeziehung verderben zu lassen, von der ich nicht einmal ein aktiver Teil war.

Spät am Abend kam ich zurück und sah im Vorbeigehen halb erleichtert, halb bedauernd, dass die Stühle der

Terrasse bereits aufgeräumt waren und der Tisch hochkant gestellt war. Das Paar war wohl schon abgereist. Unter dem Tisch stand eine vergessene Untertasse, in der noch immer etwas Wasser war. Auf eigenartige Weise rührte dieses kleine Überbleibsel einer besonderen Urlaubsliebe mein Herz an wie ein Lied aus halb vergessenen Zeiten, und an diesem Abend trank ich an der Bar mehr als sonst.

Am nächsten Tag kam ich später in die Lobby als sonst. Obwohl es Samstag war und damit ein Tag des Bettenwechsels, war es doch sehr ruhig im Frühstücksraum. Ich aß ein wenig Toast, las zerstreut ein wenig Zeitung und sah viel aus dem Fenster. Abschied, dachte ich. Aber dann sah ich zu meinem großen Erstaunen meinen bärtigen Freund, wie er das Auto vorfuhr. Seine schöne weißhaarige Frau wartete mit den Koffern am Eingang. Ich zögerte kurz, aber dann stand ich doch auf, um hinauszugehen. Wenigstens verabschieden wollte ich mich von ihnen.

Irgendwie hatte ich ja mit ihnen gefühlt und war über sie zu einem entfernten Freund des kleinen Streuners geworden, der jetzt wohl irgendwo in einem Straßengraben lag. Ich trat zum Auto.

»Gute Reise!«, wünschte ich der Dame.

»Danke«, sagte sie mit ihrer weichen Stimme, die ich so warm fand.

»Ich … es tut mir leid wegen des Hundes«, sagte ich noch schnell und sehr verlegen.

»Ach«, sagte sie lächelnd und hob einen großen Weidenkäfig hoch, aus dem ein müdes, aber wohlbekanntes Winseln zu hören war, »es geht ihm schon viel besser!«

Ich war vollkommen verblüfft. Ihr Mann hatte jetzt geparkt und war ausgestiegen. Er sah vergnügt aus und sehr viel besser als am Tag zuvor.

»Aber«, stotterte ich, »ich dachte, …?!? Sie nehmen ihn mit? Sie nehmen ihn wirklich mit?«

Der Mann sah mich lachend an.

»Ja!«, sagte er, »meine Frau hat ihn kastrieren lassen. Gestern, statt mit mir zu frühstücken. Ein hoher Preis«, grinste er plötzlich bübisch, »den die beiden da bezahlt haben, damit er ein Zuhause bekommt. Und meine Frau ihren Don Corleone!«

»Don Corleone«, lächelte ich und beugte mich vor, um noch einmal zu dem kleinen Hund hineinzusehen und mich von ihm zu verabschieden.

»Scheint, als ob *alle* Verletzungen heilten«, murmelte ich ihm ins Ohr.

»Wie bitte?«, fragte die Dame etwas überrascht.

»Nichts«, sagte ich, »gute Reise!«

Und dann ging ich zurück an meinen Tisch. Ich hatte plötzlich einen gewaltigen Hunger.

BENJAMIN CORS

Das Exempel

Es war der erste Tag der Sommerferien, über den Hügeln entlang des Flusses hatte sich der Tag dem Abend hingegeben und schließlich der Abend der Nacht. Der Mond lehnte lässig am Firmament, beinahe gütig verteilte er sein Licht zwischen die Rebstöcke der Weinberge. Die Luft war frisch und warm, einzelne Stechmücken schwirrten über dem stillen Wasser der Auen.

Und nichts, aber auch gar nichts, deutete darauf hin, dass all dies nur ein perfekt zurechtgerücktes Bühnenbild war, für ein Drama, wie es das Dorf noch nicht erlebt hatte. Und über das es noch lange reden würde, in der Schlange beim Bäcker, in der Winzerstube des Bürgermeisters, auf den kleinen Holzstühlen während der Elternabende.

»Ein Massaker«, würde jemand sagen und dabei in eines jener bauchigen Gläser blicken, die hier immer halbleer waren und nie halbvoll. Denn Halbleer wurde aufgefüllt. Halbvoll nicht.

»Ein echtes Riesling-Massaker.«

Dieser Begriff würde hängenbleiben, wochenlang, den ganzen Sommer über und weit in den Herbst hinein. Und wenn der Winter kommen würde, mit seinen Graupelschauern und den vereisten Furchen der Traktoren auf den Feldwegen, würden sie noch immer darüber reden. Und niemand von ihnen würde wissen, dass alles mit »Hotel California« von den Eagles begonnen hatte.

Angeschoben von einem lauen Windzug und dem Selbstbewusstsein eines Mannes, der zumindest für einen kurzen Augenblick mit sich im Reinen war, tänzelte Eddi in diesem Augenblick durch die Weinberge. Behände sprang er über einen breiten Riss im trockenen Boden, die Arme ausgebreitet, den Kopf in den Nacken gelegt. In der rechten Hand hielt er einen durchaus als antiquiert zu bezeichnenden Discman, den er auf dem Dachboden gefunden hatte.

»On a dark desert highway …«

Eddi hörte seine eigene Stimme nicht, so laut war die Musik in den Kopfhörern. Er war ein guter Sänger, ein sehr guter sogar, zumindest im Auto, in der Dusche auch und vor der Karaoke-Maschine seines Sohnes. Jedenfalls wenn niemand da war, um ihm zu widersprechen.

»Welcome to the Hotel California!«

Er drehte sich um die eigene Achse, über ihm verschwammen die Sterne. Es war der erste Tag der Sommerferien, über ihm lächelte der Mond, und als Eddi schließlich eine Weggabelung inmitten der Weinberge erreichte, blieb er stehen und nahm einen kräftigen Schluck Riesling, direkt aus der Flasche.

»Wahnsinn, ist der gut«, sagte er mitten in das Gitarrensolo hinein, dann schaltete er den Discman aus, fuhr sich über die leicht verschwitzte Stirn – und lächelte.

Er hatte sein Ziel erreicht.

Eddi betrachtete den markanten Stein, der vor ihm am Wegesrand lag. Wie immer spürte er die nahezu diabolische Vorfreude, die ihn augenblicklich packte. Er hatte sich aus dem Haus geschlichen, mit Discman und Flasche, er war über die Wege getanzt, grazil und anmutig, inmitten der dunklen Hügel, hinter ihm die Flutlichtmasten des Stadions, die längst ausgeschaltet waren.

Niemand war hier. Nur er, der Riesling und »Hotel California«. Und das Gefühl, an etwas wirklich Großem mitzuwirken.

Eddi hob den Kopf und sah weiter unten die Lichter jenes Nachbarortes, dessen Namen, so hatte sein eigener Vater immer behauptet, man nicht aussprechen konnte.

»Man kann den Namen nur husten. Oder kotzen.«

Wie viele andere auch war Eddi stolz darauf, dass sein Dorf sich nicht hatte eingemeinden lassen, ein gallisches Dorf umgeben von Römern.

»Ich bin Asterix«, sagte Eddi laut und nahm einen weiteren Schluck seines Zaubertranks, während er seinen eigenen Schatten betrachtete und überlegte, ob er nicht doch eher Obelix war.

Dann trat er einen Schritt vor, rülpste laut und beugt sich zu dem Stein hinab, der genau hier die Gemarkungsgrenze darstellte: Zwischen seinem Dorf, diesem paradiesischen Flecken Erde. Und dem Ort mit dem Namen, den man nur husten konnte. Oder kotzen.

Eddi kam jede Woche hierher, an genau diesen Stein, seit drei Monaten. Seitdem er erfahren hatte, dass seine Monika ihn mit dem Lehrer seines Sohnes betrog.

Mit Jürgen, dem Sportlehrer. Mit Jürgen, dem stets braungebrannten Beamten auf Lebenszeit, der dort unten bei den Römern wohnte und als Hobby auf der Internetseite der Schule angegeben hatte: »Mit dem Liegefahrrad durch die Weinberge düsen.«

Das mit dem Liegen bekam er offenbar gut hin.

Das mit dem Fahrrad nicht mehr. Eddi hatte es plattgemacht, während der Lehrerkonferenz. Er hatte sogar die Füllung aus dem Sattel gerissen und jede einzelne Speiche mit einer Kneifzange verbogen.

Eddi atmete jetzt tief ein, packte den Stein und versetzte ihn mit einem kräftigen Ruck um wenige Zentimeter nach vorne. Nicht zu viel, das würde auffallen. Vorsichtig wischte er die frei gewordene Fläche sauber und betrachtete kurz darauf sein Werk.

Dann salutierte er.

»Gott schütze mein Dorf«, rief er in die aufziehende Dunkelheit hinein. Noch drei Mal würde er hierherkommen, dann würde er seinen Kumpel Willi beim Katasteramt anrufen und eine Neuvermessung der Weinberge beantragen. Und dabei würde sich dann herausstellen, dass das kleine Königreich, in dem er lebte, mindestens zehn Meter größer geworden war. Und der andere Ort, dieser Hustenreiz, die gleiche Anzahl an Metern kleiner, und damit unbedeutender. Genau wie Jürgen. Dieser Wurm.

Sieg auf ganzer Linie. Monika konnte ihn mal.

Eddi wollte gerade die Musik wieder anmachen, als das schwache Geräusch eines Motors durch die Nacht drang. Er stutzte, streckte sich und blickte durch die Weinstöcke. Er brauchte einen Augenblick, dann sah er das flackernde Licht eines Mopeds, das sich die Straße hinauf zum Stadion quälte. Er erkannte die Gestalt eines jungen Mannes, tief über den Lenker gebeugt.

»Heilige Scheiße«, murmelte Eddi. Er spürte, wie die Haare auf seinen Unterarmen sich aufstellten.

Als er schließlich nach einer ersten Schrecksekunde wieder wagte, Luft zu holen, da spürte er den heißen Atem des Schicksals, der ihn streifte. Und während sich das Licht entfernte, sah Eddi klarer als jemals zuvor in seinem Leben.

Das Dorf war in Gefahr.

Dies war der Moment, auf den sie so lange gewartet hatten. Und es erfüllte ihn mit Stolz, dass ganz offensichtlich er dazu auserkoren war, die Truppen anzuführen. Er war der erste Wächter in der Nacht. Und er würde die anderen auf ihre Posten holen.

»Du schaffst das«, murmelte Eddi, während er sein Handy zückte und das vor vielen Jahren verabredete Codewort eintippte. Die nur für diesen Zweck eingerichtete WhatsApp-Gruppe hatte nun ihre endgültige Berechtigung erfahren, genau wie der Facebook-Account und das Instagram-Profil unter dem Namen »Last Men Standing«. Im Frühjahr hatte Wolfgang, sein Nachbar, angeregt, auch bei TikTok aktiv zu sein. Allerdings hatte sich Eddi einen Hexenschuss geholt, als sie die Dance Moves einstudiert hatten, die es offenbar auf dieser Social-Media-Plattform brauchte. Sie hatten TikTok wieder verworfen.

Aber nun war der Moment gekommen.

»Tango Echo Delta« tippte Eddi aufgeregt in sein Handy und setzte ein Emoji dahinter. Ein rotes, mit Teufelshörnern. Tango stand für Moped. Echo für Stadion. Delta für etwas, das er vergessen hatte. Aber er hatte auch keine Zeit, darüber nachzudenken. Eddie ließ den Gemarkungsstein hinter sich und rannte den Feldweg zurück, verfolgt von seinem eigenen Schatten, der ihm athletisch erschien, eine scharfe Waffe, bereit für den Kampfeinsatz. Der Riesling in seiner Flasche schwappte hin und her, während zwei Kilometer den Hang hinauf jene Geschehnisse ihren unheilvollen Lauf nahmen, die in die Geschichte des Dorfes eingehen würden.

Denn in einer ruhigen Straße am Rande eines kleinen Neubauviertels, in dem auch Eddi wohnte, vibrierten in diesem Augenblick mehrere Handys. Kurz nur, doch das reichte aus, um den sehr leichten Schlaf, den die Männer sich in den vergangenen Jahren in mehreren Bootcamps antrainiert hatten, zu unterbrechen.

Alle waren sofort hellwach. Zumindest so wach, wie man nach einem gemeinsamen Grillabend am Tennisheim sein konnte. Und doch saß in den kommenden Minuten jeder Handgriff, es waren einstudierte und immer wieder durchgesprochene Abläufe, die jetzt in Gang gesetzt wurden.

»Tango Echo Delta«.

Drei Wörter, die ausreichten, um den Ernst der Lage selbst in einem abgedunkelten Schlafzimmer nicht zu hinterfragen.

»Für was steht Delta?«, murmelte eine Stimme, doch es war keine Zeit für Diskussionen. Es war Zeit zu handeln.

Brillen wurden aufgesetzt, Pyjamahosen hochgezogen, Hände kratzten sich im Schritt, Pantoffeln wurden angezogen, der gleichmäßige Atemzug der schlafenden Ehefrau kontrolliert. Abläufe, die sich in den verschiedenen Häusern in nichts unterschieden.

Einer von ihnen schlich sich ins Bad und malte sich mit einem schwarzen Kajalstift Striche ins Gesicht, Zeichen seiner ultimativen Kampfbereitschaft. Ein anderer öffnete leise den Kühlschrank in der Küche und stahl sich ein großes Stück des Erdbeerkuchens, der für den morgigen Besuch der Schwiegermutter gedacht war. Womöglich würde er diese Nacht nicht überleben und im Kampf fallen. Und zumindest um den Erdbeerkuchen wäre es schade.

Steppjacken wurden über Schmerbäuche gezogen, Füße in dunkle Bikerboots gezwängt, einer begann mit zehn Kniebeugen, bevor er das Haus verließ. Die Knie knackten dabei bedenklich. Bei sechs hörte er auf.

Sie waren insgesamt zu sechst, inklusive Eddi, der zu diesem Zeitpunkt, nach genau 120 gelaufenen Metern, erschöpft eine Pause in den Weinbergen einlegte und an seiner Flasche nuckelte wie ein erschöpftes Schreikind an der Brust seiner Mutter.

Da war Wolfgang, in dessen Mundwinkel noch Erdbeerreste zu sehen waren. Da war Gerd, der auf allen vieren die Fliesen im Badezimmer abtastete, auf der Suche nach einer heruntergefallenen Kontaktlinse. Und schließlich Marcel, der gerade überlegte, ob er noch eine Zielscheibe auf seine Stirn malen sollte, mit dem schwarzen Kajalstift seiner Frau.

Knut, genannt Eisbär. Seinen Spitznamen hatte er erhalten, als er im eigenen Arbeitszimmer vor dem Spiegel getanzt hatte, bekleidet nur mit dem giftgrünen Borat-Badeanzug, den die Jungs ihm zum vierzigsten Geburtstag geschenkt hatten. Er hatte laut Fastnachtslieder gesungen, während er sich selbst im Spiegel bewunderte. Grün stand ihm.

»Hey, wir woll'n die Eisbär'n seh'n! Ohohohoooo …!«

Das bodentiefe und vor allem offene Fenster des Arbeitszimmers ging hinaus auf die Straße und irgendwann hatten zwei Nachbarinnen dort unten gestanden und laut mitgesungen.

Und schließlich war da der dünne Achim, der erste Schriftführer im Metallica-Fanclub »Riesling – Nothing Else Matters« war, aber ansonsten ganz in Ordnung.

Das also waren die »Last Men Standing«, die Wächter in der Nacht, die Raumpatrouille in einer Galaxie voller Gefahren.

Und sie waren verdammt gut vorbereitet.

Mehrere Weingläser wurden eingepackt, drei Flaschen vom Bürgermeister, zwei Ringe Fleischwürste und ein halbvoller Topf mit Erbsensuppe, Überrest vom Fußballturnier. Das schon wieder sechs Tage her war, aber Erbsen waren Schalenfrüchte, die hielten sich.

Während Eddi in den Weinbergen mühsam wieder auf die Beine kam und keuchend zum Dorf zurückeilte, durchfuhr der jugendliche Fahrer des Mopeds eine für ihn unsichtbare Lichtschranke am Ortseingang und löste dadurch eine blinkende Warnleuchte in der Garage von Wolfgang aus, in der sich die sechs Männer versammelt hatten.

Sie nickten sich zu, nahmen sich in den Arm und bildeten einen Kreis. Eddi würde vermutlich gleich dazustoßen, aber sie konnten nicht auf ihn warten.

»Männer, es ist mir eine Ehre, an eurer Seite zu kämpfen«, sagte Gerd und wischte sich eine Träne aus dem Auge.

»Für unser Dorf«, sagte Wolfgang und sie klatschten sich gegenseitig ab. Knut machte noch drei Liegestütze, aus einem Lautsprecher drang jetzt »Enter Sandman« von Metallica.

Es war 23.12 Uhr, als das Moped, jetzt mit ausgeschaltetem Motor, leise in die Straße hineinrollte. Es stieg vom Sattel ab: Björn Schnittmann, genannt Schnitte – bei den Mädchen in seinem Jahrgang. Sein Haar war zur Seite gegelt, er trug einen modernen Undercut. Er war siebzehn Jahre alt, seit zwei Wochen, und ziemlich lässig. Und er hatte einen tödlichen Fehler begangen. Aber das merkte er erst, als er sich in die Mitte der Straße stellte, um Chiara, die fünfzehnjährige Tochter von Wolfgang, aus dem Bett zu holen, indem er kleine Steine gegen ihre Fensterscheibe warf.

Er kam nicht weit.

Mit eisigem Griff packte ihn die Vorahnung, sie ließ ihn erschauern, während er sich langsam umdrehte und die Straße entlangblickte. Eine der Laternen flackerte, zuckend warf sie den Schatten der Männer auf den Asphalt. Hier standen sie nun, bereit, ein Exempel zu statuieren, so wie sie es sich vor Jahren geschworen hatten, als sie alle gemeinsam in das Neubaugebiet gezogen waren.

Sie, die Väter ihrer Töchter.

Der erste Junge würde dran glauben müssen, so hatten sie es damals beschlossen. Und nur die Tatsache, dass der dünne Achim kein Blut sehen konnte, hatte sie von einer spontan vollzogenen Blutsbrüderschaft abgehalten. Der erste Junge, das war nun also Björn, die Schnitte. Aber es waren nicht so sehr die Väter, die ihm Angst machten, auch nicht die Entschlossenheit, die in ihren Augen loderte. Es war vielmehr das, was sie in den Händen trugen.

Wolfgang hatte das Siebenereisen aus der Golftasche geholt. Gerd den Baseballschläger, den sein Sohn unter dem Bett liegen hatte. Marcel hielt in der rechten Hand den Laubbläser, den seine Frau vor vier Wochen gekauft hatte, um zwei Blätter zu entfernen, die etwas blöd unter den Büschen lagen. Knut hielt einen Korkenzieher in der Hand und lächelte selig. Der dünne Achim hingegen hatte, ohne groß zu zögern, seinen Elektro-Vertikutierer aus dem Schuppen geschoben.

Es war Marcel, der dem Burschen klarmachte, was nun passieren würde. Er brauchte dafür nur zwei Worte, die er wie die anderen auch oft vor dem Spiegel geübt hatte. Wenn er es sich recht überlegte, sogar seit dem Tag, an dem seine älteste Tochter geboren worden war. Es waren die zwei wichtigsten Worte im Leben eines Vaters, da waren sie sich alle einig. Und nie waren sie wichtiger gewesen als in dieser Nacht.

»So, Freundchen.«

Zehn Minuten später erreichte Eddi keuchend die Hintertür von Wolfgangs Garage, mit heftigem Seitenstechen. Seine Lunge brannte, er musste sich kurz gegen die Wand lehnen. Er wähnte sich nach dem Marathon durch die Weinberge völlig dehydriert.

Leise klopfte er den Rhythmus von »Nothing Else Matters« gegen die Tür, die kurz darauf vom dünnen Achim aufgemacht wurde.

»Auch 'n Schluck?«, fragte er und hielt Eddi eine soeben geöffnete Weinflasche entgegen. Er schob noch immer seinen Elektro-Vertikutierer vor sich her, als wäre er ein Indianer, der seinen Tomahawk niemals ablegte.

Zumindest nicht im Kampf.

»Sauber«, staunte Eddi, als er sah, was seine Nachbarn mit der Schnitte angestellt hatten. Der Junge hing kopfüber an der Decke, seine Füße waren an einem Haken befestigt, seine Hände am Rücken festgemacht. In seinem Mund steckt ein Stück Stoff, das Eddi anhand der Brombeerfarbe als das Pilates-T-Shirt von Wolfgangs Frau identifizierte. Wobei er Wolfgang niemals erzählen durfte, warum er sich mit brombeerfarbenen T-Shirts seiner Frau auskannte, aber das war eine andere Geschichte.

Knut hob sein Glas, sie prosteten sich zu. Zwischen ihnen baumelte der Junge, seine Augen waren panisch aufgerissen, an seinem Hals baumelte eine Kette mit einem goldenen Kreuz.

»Was machen wir jetzt mit ihm?«, fragte der dünne Achim, der eher sanfteren Gemütes war und, wie bereits erwähnt, kein Blut sehen konnte.

»Na, ein Exempel statuieren«, sagte Eddi laut und trat einen Schritt vor, um den Jungen in die Eier zu kneifen. »Der soll sich an den Metzgerstöchtern in seinem Kaff vergehen, aber nicht an unseren Mädels!«

Leider hatten sie sich in ihren Planungen der vergangenen Monate (und Jahre) vor allem auf das Ergreifen und Stellen konzentriert. Den zweiten und so wichtigen

Schritt der Bestrafung hatten sie noch nicht final durchgespielt. Es gab für das tatsächliche Exempel keinen Masterplan, das wurde ihnen jetzt bewusst.

Marcel spielte mit dem Knopf seines Laubbläsers.

»Ich saug ihm die Eier weg«, sagte er mit einem kalten Lächeln.

»Die Knie«, widersprach Gerd. »Ihr habt gesagt, ich darf die Knie kaputtschlagen.«

»Kein Blut«, sagte der dünne Achim, während Wolfgang auf seinem Handy nach einem passenden YouTube-Video suchte.

Die Schnitte baumelte weiter in ihrer Mitte, durch die Brombeerfarbe hindurch war ein lautes Stöhnen zu vernehmen.

»Schallschutz«, sagte Wolfgang stolz und klopfte auf die Innenseite der Garagenwand. »Ich wusste, das bringt es eines Tages!«

Und es war genau in diesem Augenblick, in dem jemand von außen an die Tür klopfte, ohne erkennbare Melodie. Knut ließ überrascht sein Glas Wein fallen, Eddi verschluckte sich und Wolfgang wurde leichenblass.

»Meine Frau ist wach geworden!«

Aber es war Marcel, der das später als »Riesling-Massaker« bekannt gewordene Ereignis lostrat, indem er vor Schreck den Knopf seines Laubbläsers betätigte. Mit infernalischem Getöse sprang die Höllenmaschine an, der achtzig Liter füllende Luftsack blähte sich auf, Staub wirbelte augenblicklich empor, einem Tornado gleich. Marcel wurde vom Rückstoß nach hinten geworfen, wo er gegen Knut den Eisbären prallte, der wiederum mit dem rechten Fuß auf einen an der Wand abgestellten Gartenrechen trat, woraufhin ihn der schwere Holzstiel mitten auf der Stirn traf. Blut spritzte auf, das der Laubbläser sofort einsaugte, so wie auch mehrere Dübel und verzinkte Nägel für Betonwände, die auf einem Regal verstreut lagen. Einer davon traf Eddi hinterm Ohr, er wirbelte herum und kickte panisch mit dem linken Fuß in die Luft und gegen den Vertikutierer, dessen Griff der dünne Achim nicht fest genug in der Hand hielt. Die Messerwalze zuckelte noch vorne und direkt über Gerds Fuß. Der schleuderte in seinem Schmerz jaulende Töne durch die Garage und blickte schließlich mit weit aufgerissenen Augen auf seine durchlöcherten und blutverschmierten Schuhe. In einer fatalen Mischung aus Angst und Riesling fiel ihm nichts Besseres ein, als seinen Baseballschläger zu schnappen und damit um sich zu schlagen. Er traf erst Wolfgang am Hinterkopf, dann Gerd zwischen den Beinen, bevor der Schläger gegen die Wand krachte, wo sofort ein großes Loch prangte, weil der Garagenanbieter zwar Schallschutz versprochen, aber nicht stoßfest geliefert hatte. Während der Elektro-Vertikutierer weiter haltlos durch den Raum raste und sowohl Wolfgang als auch Eddi in letzter Sekunde zur Seite sprangen und dabei ein gesamtes Regal abräumten, klammerte sich der dünne Achim panisch an den an der Decke hängenden Jungen. Der Haken in der Decke hielt sie beide nicht lange aus. Begleitet von einer Ladung Putz und dem panischen Wimmern in einem Pilates-T-Shirt, krachten sie beide auf den Boden.

»Enter Sandman«, dachte der dünne Achim und wurde beim Anblick seines eigenen Blutes kurz ohnmächtig.

Mit riesigem Getöse fiel ein weiteres großes Regal zur Seite und die Spitze eines hundert Euro teuren Akku-Schlagbohrschraubers rammte sich in Wolfgangs Hand. Wieder spritzte Blut, der Vertikutierer holperte über den am Boden liegenden Eisbären und trennte ihm zwei Fingerkuppen ab. Unterdessen saugte sich der immer noch lärmende Laubbläser an Gerds schwarzem T-Shirt mit der Aufschrift »Save Water, Drink Riesling« fest und riss ihm dabei fast die rechte Brustwarze ab.

Der Staub senkte sich nur langsam. Riesling floss über den Boden. Mehrere Männer waren verletzt, ein jugendlicher Casanova spuckte ein brombeerfarbenes Pilates-T-Shirt aus dem Mund und schrie, so laut er konnte. Stöhnend beugte sich der dünne Achim zu ihm hinab und schlug ihm mit der Faust zwei Zähne aus. Als er das Blut in Björns Gesicht sah, wurde er sofort wieder ohnmächtig.

Dann war es still.

Eine original Schwarzwälder Kuckucksuhr an der Wand öffnete sich, heraus schnellte ein rot angemalter Vogel, sein Ruf drang durch den Pulverdampf, der tief über dem Schlachtfeld lag.

Es war Mitternacht.

Das Dorf war wieder um einige Zentimeter gewachsen. Und sechs heroische Väter hatten ein Exempel statuiert.

So nicht. Nicht mit ihnen.

Die Hintertür zur Garage öffnete sich leise und in den Raum trat ein: Chiara, die fünfzehnjährige Tochter von Wolfgang. Sie trug ein enges Top, ihre Wangen waren gerötet, ihre Lippen geschwollen, ihr Haar durcheinander. Entsetzt starrte sie auf ihren Vater hinab, der mit einer leeren Flasche in der Hand auf zwei Zähne blickte, die neben ihm auf dem Boden lagen.

Sie sagte das einzig Richtige.

»Papa, das ist so peinlich!«

»Wer ist das?«, murmelte ihr Vater und zeigte auf den Jungen, der offenbar noch vor wenigen Augenblicken mit seiner Tochter rumgemacht hatte, hinterm Haus oder wo auch immer. »Ich brech ihm die Kniescheiben!«

»Papa! Echt jetzt!«

Neben ihm richtete sich Eddi stöhnend auf und blickte seinen Sohn an.

»Ey, Tommy, was machst du mit der Chiara? Ich dachte, du übernachtest bei einem Kumpel?«

Exakt zehn Sekunden später flammte grelles Licht in der Garage auf und sechs Frauen kamen durch das nun geöffnete Garagentor herein. Und da wussten Eddi, Wolfgang, Gerd, Marcel, Knut der Eisbär und der dünne Achim sofort: Das, was soeben passiert war, war nichts gegen das, was jetzt folgen würde.

JULIA KARNICK

Abgenutzte Erinnerungen

Manchmal vergesse ich zu essen, bis ich so hungrig bin, dass mir schlecht ist. Wenn mir schlecht ist, habe ich auf nichts Appetit. Nur eins geht immer: Käseschwarzbrot. Kürzlich schmierte ich mir – schwindelig vor Hunger – ein Käseschwarzbrot, als mein Mann nach Hause kam. Ich biss im Stehen in das Brot, Glück und Wollust durchfluteten mich, ich rief meinem Mann entgegen:

»Falls du auswandern möchtest – ohne mich! Ohne deutsches Schwarzbrot überlebe ich nicht.«

Mein Mann sagte nichts. Er führte die Hand zum extra weit geöffneten Mund und imitierte herzhafte Gähngeräusche.

»Hey, was gibt es da zu gähnen?«, rief ich. »Habe ich dir das etwa schon mal erzählt?«

»Ja. Und zwar ungefähr dreitausend Mal«, sagte mein Mann.

Vor ungefähr siebzehn Jahren fuhren mein Mann und ich das erste Mal gemeinsam die A7 hinunter, von Hamburg Richtung Süden. Als wir das Autobahnkreuz Kirchheim kreuzten, wies mein Mann auf das dort gelegene Motel und sagte: »Da habe ich in den Siebzigern mal mit meinen Eltern übernachtet, auf dem Weg in den Skiurlaub. Die Zimmer waren eingerichtet wie Raumschiffe, abends im Bett habe ich mir vorgestellt, ich bin Captain Kirk.« Damals klebte ich an den Lippen meines Mannes, alles, was er zu erzählen hatte, fesselte mich. Sein Leben vor mir: ein Mosaik aus unzähligen Erinnerungen, die er mir nach und nach zum Geschenk machte – bis mir eines Tages seine Vergangenheit vollständig gehören würde.

Vor vier Wochen fuhren mein Mann und ich das ungefähr hundertste Mal die A7 hinunter, von Hamburg Richtung Süden. Als wir das Autobahnkreuz Kirchheim kreuzten, wies mein Mann auf das dort gelegene Motel und sagte: »Da habe ich in den Siebzigern mal mit meinen Eltern übernachtet, auf dem Weg in den Skiurlaub.«

Unser Sohn sagte: »Die Zimmer waren eingerichtet wie Raumschiffe, und abends im Bett hast du dir vorgestellt, du bist Captain Kirk.«

Ich sagte: »Und ich kann ohne Käseschwarzbrot nicht leben.«

»Schon gut, ich habe verstanden«, sagte mein Mann.

Den Rest der Fahrt verbrachten wir damit, uns auf Anekdoten zu einigen, die wir im Beisein des anderen nicht mehr erzählen würden: Für das Funktionieren einer Langzeitbeziehung ist es wichtig, keinen Überdruss aneinander aufkommen zu lassen – als Paar sollte man sich nicht scheuen, sein Kommunikationsverhalten in dieser Hinsicht bewusst zu gestalten.

Mein Mann muss beim Kirchheimer Dreieck die Zähne zusammenbeißen. Er darf nicht mehr darauf hinweisen, dass sein Großvater in den zwanziger Jahren als Polier am Bau des Hamburger Chilehauses beteiligt war und dass er und seine Freunde als Teenager von der Polizei dabei erwischt wurden, wie sie auf dem Dach eines Gewächshauses mit einem Besenstiel und herumliegenden Tontöpfen Baseball spielten.

Ich darf nicht mehr erzählen, dass ich 1988 das erste Mal Tomaten mit Mozzarella und Basilikum aß, es mir nicht schmeckte, ich aber trotzdem so tat, als würde ich es mögen, weil ich das Mögen von Tomaten mit Mozzarella für trendy hielt. Dass ich mit vierzehn bei einer Vorher-Nachher-Aktion von ›Bild der Frau‹ teilgenommen und mir eine Dauerwelle bei Marlies Möller habe machen lassen. Dass ich beim Trampen durch Australiens Outback 300 Kilometer auf der Ladefläche eines Pickups mitgefahren bin, neben mir ein Kampfhund, und der Fahrer mir zum Abschied erzählte, er sei frisch aus dem Gefängnis entlassen worden, in dem er wegen schwerer Körperverletzung eingesessen habe. Schade.

Schöne Geschichte eigentlich.

MARLIES FERBER

Zugvögel

Es ist Sonntagmorgen, ich stehe in der Küche und schaue aus dem Fenster in den Garten. Als der Kaffee fertig ist, nehme ich mir eine Tasse mit auf die Veranda. Ich wickle mich in eine Decke, wir haben fast November. Ein Rotkehlchen leistet mir Gesellschaft, pickt ein paar Krümel. Dann fliegt es weg, ich sehe ihm nach, wie es in der Luft verschwindet.

Hoch oben am Himmel, wo noch der Mond steht, hört man die Rufe der Kraniche, lange bevor ich ihre sich stetig wandelnde V-Formation über uns hinwegziehen sehe.

Nehmt mich mit in den Süden, murmele ich und denke an Rom, frühmorgens, wenn man im lauten Treiben einer Bar den Tag mit einem starken Cappuccino und einem süßen Teilchen begrüßt. Ich schließe die Augen und denke sehnsuchtsvoll an Spotorno, unseren kleinen Lieblingsort an der Blumenriviera mit dem Flair der Fünfzigerjahre. Mein Mann und ich kommen gerade vom Meer, und auf dem Weg zum Hotel machen wir halt an einer Bar, nippen einen Martini auf Eis und probieren die kleinen Häppchen, die dazu gereicht werden. In der Abendsonne schlendern Menschen vorbei, nehmen entspannt Abschied vom Tag.

Ich habe Sehnsucht nach China, wo eines Nachts mitten in einem Park in Luoyang etwa fünfzig Chinesen zu Discomusik tanzten und wir ausgelassen mitmachten.

Sehnsucht nach Xi-an, als wir per Tandem auf der breiten Stadtmauer die Altstadt umrundeten, Sehnsucht nach dem Westsee in Hangzhou, nach dem Teehaus auf der Großen Paradiesinsel und nach den Lichtern Shanghais.

Und nach New York morgens um sieben. Wenn die Stadt, die angeblich niemals schläft, sich noch verschlafen die Augen reibt und wir zwischen den langen Schatten der Wolkenkratzer über die Fifth Avenue laufen. Ich habe Sehnsucht nach der Aussicht vom Empire State Building auf dieses Meer an »I«, an Egos, die sich dem Himmel entgegenstrecken und zusammen ein großes selbstbewusstes, kosmopolitisches »We« ergeben. Habe Lust auf Essen in Chinatown und darauf, stundenlang den Mah-Jongg-Spielern im Park zuzuschauen. Möchte nachts über die Brooklyn Bridge schlendern und mir einen Hotdog am Straßenstand holen. Die Eichhörnchen im Madison Square Park aus der Hand füttern, die kleinen weißen Segelbötchen im Central Park sehen und das Karussell, auf dem schon Holden Caulfield seine kleine Schwester fahren ließ.

Ich habe Sehnsucht nach dem Lake District, nach dem Land von Peter Rabbit und dem dunklen Haus von William Wordsworth, nach Schafen, die mit ihren weißen Köpfen aussehen, als steckten sie bis zum Hals in schwarzen Pullovern. Nach Regen, Sonne, Wolken und Nebel, wie sie diese Landschaft verhüllen, zeigen und verzaubern. Ich schließe die Augen und sehe die unglaublich grünen Hügel vor mir, die Wälder, den tiefblauen Lake Windermere. Meine Tochter und ich wandern von Grasmere aus zu einem Bergsee und machen dort Picknick. Ein altes Ehepaar bietet an, ein Polaroidfoto von uns zu machen, und es entsteht das schönste Bild, das es von uns beiden gibt.

Ich denke an Irland, an eine schwindelerregende Wanderung mit meinem Sohn an der Felsküste entlang. Es regnet nicht, aber die Luft ist feucht und kalt, unten peitscht die Brandung an die spitz aufragenden Felsen, und ich achte auf meine Schritte, habe ein bisschen Angst und bin froh, als wir am Ziel ankommen. Das Pub ist voller Wanderer und Heldenerzählungen, und es gibt einen freien Platz am herrlich knisternden Kamin. Wir bestellen einen »Jameson« zum Aufwärmen, danach Essen. Die knallgrünen Erbsen, wenig originelle Beilage auf allen Tellern, knacken doch köstlich am Gaumen.

Dann kommt mir die Wolga in den Sinn, die unendlichen Wälder, die am Schiff vorbeizogen, ab und zu schaute ein Elch heraus. Wir fuhren an bunt angestrichenen Holzhäusern vorbei, deren Abgeschiedenheit man sich winters, wenn der Fluss zufriert, kaum vorstellen mag. Ich sehe wieder Victor vor mir, den ernsten Kellner mit den drei tätowierten Punkten auf dem Handrücken, und erinnere mich, dass ihm während dieser gemeinsamen Woche auf dem Schiff genau zwei Mal ein Lächeln passierte: als unser Sohn bei Tisch aus Versehen ein Glas umstieß und unsere Tochter dazu applaudierte und als eine junge Kollegin ihm zulächelte.

Unser Hund kommt zu mir und sieht mich erwartungsvoll an. Vor lauter Urlaubsträumen habe ich die Zeit vergessen. Schnell gebe ich ihm sein Futter, schaue auf die Uhr. Höchste Zeit, mich anzuziehen für die Hunderunde. Mein Mann ist schon im Bad.

Wir sind mit Freunden zum ausgedehnten Spaziergang verabredet, wie jeden Sonntag seit Corona. Ich werfe noch einen Blick gen Himmel und seufze. Unser Highlight heißt auf absehbare Zeit nicht mehr Espressoschlürfen am Meer, sondern Milchkaffee vor der Waldgaststätte. Ab morgen allerdings fällt selbst das wieder aus, die Gaststätten müssen erneut schließen. So nötig es ist, so leid tut es uns für den Wirt, der sich nach der ersten Schließung mit Elan und Einfallsreichtum wieder in die schwarzen Zahlen zurückgekämpft hat. Ich packe zwei kleine Präsente ein, für den Wirt und den Kellner. Beide freuen sich sichtlich, und der Wirt erzählt, dass sie viel Solidarität erleben in diesem Jahr. Dann erzählt er, der Borussia-Fan, uns das Neueste von Schalke 04: Der Verein, berichtet er mit ernster Miene, habe wegen Corona seine Trophäen eingeschmolzen und dem heimischen Krankenhaus gespendet. Kunstpause, spitzbübisches Lächeln. Dort freue man sich jetzt über eine neue Pinzette! Wir stimmen in sein Lachen mit ein, nippen an unserem Milchkaffee und sind uns einig, dass es weit und breit keinen besseren gibt.

Wir beschließen, über den Philosophenweg nach Hause zurückzugehen. Bei den fünf Eichen biegen wir rechts ab, am großen Feld und dann am Froschteich vorbei, der sich nach der Trockenheit im Sommer nun langsam wieder füllt. Die Kaulquappen, erzählt unser Freund, seien rechtzeitig vor der Austrocknung von der Feuerwehr geborgen und anderswo ausgesetzt worden. Ich weiß nicht, warum uns dieses Wissen so über die Maßen gute Laune macht, aber wir gehen beschwingter weiter. Der Höhenweg bietet immer wieder fantastisch weite Blicke über die bunten Herbstwälder. Wie wunderbar, das jedes Jahr aufs Neue zu erleben.

Wir kommen nur langsam voran, weil so viele Leute unterwegs sind. Mit Hunden, so wie wir, allein, mit Kindern oder auf schnellen Sohlen. Man hält allgemein den gebotenen Abstand, die räumliche Distanz wird durch nette Worte wettgemacht. Ein freundlicher Gruß hier, eine kleine Plauderei dort. Man kennt sich ja inzwischen ganz gut. Ein Sonntag in Corona-Zeiten halt. Unser Wald, sonst menschenleerer Raum für gedankenversunkenes

Herumstapfen, hat jetzt etwas von einem chinesischen Park: voller Menschen, eine Frischluft-Amüsiermeile in Grün. Nur ohne die allgegenwärtigen Lautsprecher, aber das ist nun wirklich kein Nachteil, sonst würden Durchsagen wie »Achten Sie bitte auf die AHA-Regeln« die Rehe womöglich zusätzlich verschrecken.

Am letzten Aussichtspunkt bleiben wir noch einmal stehen, genießen den Blick über die bewaldeten, in der Herbstsonne bunt leuchtenden Berge. »Indian Summer ist doch nichts gegen das hier«, sagt mein Mann stolz.

»Schaut mal«, sagt unsere Freundin und zeigt zum Himmel, wo wieder eine Formation von Kranichen laut rufend gen Süden zieht. Wir schauen ihnen nach, sogar die Hunde sehen nach oben. Kruu-kraa, kruu-kraa erschallt es vom Himmel, wie erhabene Trompeten, und es klingt in meinen Ohren immer mehr wie DU-JA, DU-JA. Gute Reise, denke ich. Mein Mann greift nach meiner Hand, während die Vögel zu schwarzen Punkten werden und dann im Blau verschwinden. Und ich will gerade gar nirgendwo anders sein.

JANE GARDAM

Der Junge, der zum Fahrrad wurde

Nancy und Clancy waren zwei kleine Babys, die am selben Tag im selben Krankenhaus geboren wurden und für viele Jahre nebeneinander wohnten.

Nancy liebte Clancy, und Clancy liebte Nancy, aber Clancy liebte Nancy mehr.

Nancy war ein rosig goldenes, rundliches Mädchen, recht groß und träge. Clancy war eher wie eine Ratte, klein und flink. Wenn sie Doktor spielten, war immer Clancy der Patient und Nancy die grundgute Krankenschwester. Ach, wie er seine Nancy liebte, wenn sie ihn tätschelte und beschwichtigte und streichelte.

So wuchsen sie auf und gingen zusammen zur Schule, Hand in Hand, und warteten aufeinander am Ende des Schultags. Anfangs wurden sie von einem Elternteil hingebracht und abgeholt, meistens von Nancys Mutter, weil Clancys Mutter immer im Bowlerama oder beim Bingo oder im Pub war. Nancys Mutter war gut darin, im Wohltätigkeitsladen für das Hospiz zu arbeiten oder für *Save the Trees* oder *Keeping Britain Tidy*, und sie war nie zu spät am Schultor, obwohl sie arbeitete. Sie war Gardinennäherin und arbeitete zu Hause.

Die Kindheit verging, und Nancy veränderte sich. Jungs lungerten in ihrer Nähe herum. Nancy saß vor der Tür auf der Treppe, an einen Türpfosten gelehnt, und diskutierte die Hausaufgaben und Popmusik. Sie wollte immer gern tanzen gehen. Clancy war nicht besonders groß

geworden. Er verbrachte viel Zeit draußen mit Fahrrad-
teilen, er ölte und schweißte und lockerte und befestigte.
Er sah nie auf, wenn Nancy tanzen ging, und sie sah ihn
nie an. Aber beide wussten genau, was im anderen vor-
ging.

Wenn es eine Krise gab oder um Weihnachten herum
trafen Nancy und Clancy sich immer noch allein. Sie
lümmelten sich in Clancys Zimmer vor dem Fernseher
wie ein altes Ehepaar und mussten nie viel reden. Nur
manchmal. »Was macht das Fahrrad, Clancy?« – »Wie
laufen die Prüfungen, Nancy?« Als Nancy einmal krank
war und nicht aufstehen konnte – wegen eines Jungen,
erzählte ihre Mutter Clancys Mutter: Liebeskummer –,
ging Clancy hin und tat, als bräuchte er einen Tropfen
Öl, und blieb in Nancys Küche sitzen. Er fragte nicht
nach ihr oder wie es ihr ging, saß nur in der Küche und
aß die Cupcakes von Nancys Mutter, während sie über
Nancy sprach, und wie enttäuscht sie von ihr war und in
was für schlechte Gesellschaft sie geraten war.

Aber dann stand bald jemand anders vor Nancys Tür,
kein Schuljunge, sondern ein Mann, in Angeberjeans und
mit Ohrringen. Ein Student. Älter als Nancy, mit einer
Gitarre, und er half ihr mit den A-Levels und war ganz
vernarrt. Und Nancy zuckte mit den Achseln und gähnte
und ging mit ihm den Weg hinunter, während Clancy am
Schreibtisch in seinem Zimmer saß und Radfahrstile studierte. Er musste nicht viel für die Schule tun, Prüfungen
fielen ihm nie schwer.

Ach, Nancy und Clancy, was da noch für Probleme
auf euch zukamen!

Als Nächstes kam ein halbseidener Typ in einem Auto
und rief nach der rosigen Nancy. Er stand auf der Straße,
ließ den Motor und das Radio lautstark laufen und drehte
sich einen Joint. Er machte sich nicht die Mühe, aus dem

Wagen auszusteigen, einem leuchtend gelben Cabrio. Nancy kam in ihrem schwarzen Schlauchtop mit Minirüschen und schweren Leggings den Weg heruntergerannt, die Haare zuckersüß aufgedreht und die Stimme völlig übergeschnappt. Und Clancy sah nebenan in seinem schwarzen Ballonseidenanzug aus wie ein polierter Käfer, schlank wie ein Frettchen, und organisierte telefonisch den örtlichen Fahrradclub, die Gleaming Wheelers, von dem er Gründungsmitglied, Schatzmeister, Generalsekretär und Präsident war. Je runder, reizender und lauter Nancy wurde, desto schmaler, nervöser und stiller wurde Clancy.

Clancys Haus füllte sich mit Pokalen vom Radfahren. Erst füllten sie die Freiräume an den Wänden seines kleinen Zimmers, wo Fahrradposter und ein paar Räder hingen. Dann breiteten sie sich im vorderen Zimmer aus. Als Nächstes standen sie auf beiden Seiten des Flurs und fingen an, die Treppe hochzusteigen. Fotos von Clancy erschienen in der *Cycling News* und der Lokalzeitung; und nach dem Abend von Nancys Verlobungsparty mit dem Halbseidenen im MG gewann Clancy ein spektakuläres Hundert-Meilen-Rennen in Northamptonshire, das ihm die Aufmerksamkeit der nationalen Presse brachte. Wegen des Rennens konnte er nicht zu Nancys Party gehen, das Rennen war am Sonntag und die Party am Abend vorher, als Clancy seinen Schlaf brauchte. Ob er ihn bekommen hat oder nicht, in seinem schmalen Bett nebenan, mit dem Lärm des vorehelichen Heavy Metal, der so durchdringend wummerte, dass beinahe die Fensterscheiben zersprangen, werden wir nie erfahren. Als Clancy morgens um 5:00 Uhr zu seinem Rennen aufbrach, war es ruhig, er wurde von anderen Frettchenartigen in einem Kleinbus mit Fahrradträgern abgeholt. Nancys Haus atmete in der Morgendämmerung Erschöpfung. Ein Dutzend Autos parkten kreuz und quer auf der Straße, manche mit offenen Türen, und die Tulpen waren vollgekotzt. Ein kalter, frischer Frühlingstag für Clancy, und in Northamptonshire war es noch kälter. Auf und ab über das windige Land, in großen Kurven um den silbrigen River Nene herum, fuhr Clancy, zwischen den eisigen Turmspitzen berühmter Kirchen umher.

Nicht, dass Clancy etwas davon gesehen hätte. Kopf unten, Po oben, die Hände fest, die Beine wie Kolben bis hoch zu seinen Ohren – sehnig, die Augen zu Schlitzen verengt –, fuhr er und sah keinen Augenblick auf das Gerät an seinem Handgelenk, das seine Herzfrequenz maß, er trank nicht mal aus der Flasche mit dem Vitamingetränk an dem glitzernden Lenker. Er brach an diesem Morgen einen nationalen Rekord (3:31:52), und es gab Champagner und Jubel, und im Clubhaus von Northants wurde den Großteil der Nacht über Clancy gesprochen. Ein spindeldürrer alter Veteran, mindestens siebzig, der immer noch gute 4:31:00 fuhr – ein Mann, der aus Seilen und Leder bestand und das fanatische Glimmen derjenigen in den Augen hatte, die ihr Leben der Straße gewidmet haben –, dieser alte Veteran sagte, er könne den Arc de Triomphe bereits im Teesatz sehen.

Clancy sagte wenig, wie immer. Diese Gewohnheit hatte ihm einen gewissen Status verschafft. Manche fanden Clancy ein bisschen komisch. So schweigsam. Keine Freunde. Mädchen existierten für ihn nicht. Er trank kaum einen Tropfen. Beruflich machte er etwas mit Computern, das kann man tun, ohne viel zu reden, aber auch seinen Kollegen, mit denen er nie sprach, war er ein Rätsel. Sie sahen ihn jeden Tag auf einem anderen Fahrrad ankommen, in der Herrentoilette Krafttraining machen und in der Mittagspause joggen, und nach dem Hundert-

Meilen-Rennen sah der ein oder andere sein Gesicht in der Zeitung und war beeindruckt. »Er spinnt«, sagten sie. »Fahrradverrückt. Sonst hat er nichts. Aber zuverlässig ist er.«

Dann geschah etwas. Clancys Mum packte ihre Sachen und zog zu dem Manager des Bowlerama. (Sein Dad war schon lange vorher ausgezogen.) Sie sagte, sie würde es nicht mehr ertragen – die ganze Bude voller Fahrräder und niemand, der mit ihr sprach. »Clancy ist komisch geworden«, sagte sie. »Mal sehen, wie er ohne mich zurechtkommt.« Clancys Mum sagte, sie wisse wirklich nicht, von welchem Planeten Clancy eigentlich stamme, und wenn sie ihn nicht in der Minute seiner Geburt selbst gesehen hätte, wäre sie überzeugt, er wäre verwechselt worden. Nancy von nebenan hingegen, die sei mal ein tolles Mädchen und habe Spaß, und das, wo ihre Eltern wirklich die reinsten Klöße seien.

Clancys Haus verdreckte. Von außen hätte man denken können, es würde von Hausbesetzern bewohnt. Innen sah es aus wie ein Fahrradladen, am Wochenende überlaufen von stromlinienförmigen Menschen, Massen von ihnen, die nur Augen für Fahrräder hatten.

Dann wurde Nancys Verlobung aufgelöst, wobei sie den Ring behielt, denn sie hatte ihn selbst bezahlt, und sie schlug häufig Türen zu und lachte zu laut und trug Scheißegal-Kleidung und fuhr mit ihren Eltern an die Costa del Sol, um drüber hinwegzukommen. Clancy hatte zugesagt, sich um die Katze und den Müll und die Leitungen zu kümmern, denn es war Winter. Er bekam die Schlüssel von Nancys Vater, und der schlug ihm auf das, was bei ihm die Schulter sein sollte, und sagte: »Guter Junge, Clancy. Warum kann sie nicht dich heiraten?«

Das hatte er natürlich nicht so gemeint, Clancy war inzwischen wirklich exzentrisch, mit diesem Glanz in den Augen und flatternden Händen und einem nach innen gekehrten Herzen. Aber seine Erscheinung hatte sich gemacht, er wirkte fit und gesund und wettergegerbt und auf seine Weise selbstsicher. Die Leute klingelten bei ihm, weil sie Autogramme wollten, und sonntags erschienen Artikel über ihn mit Schlagzeilen wie *Tour de France 2000?* oder *Der Stolz der Midlands* oder *Olympische Hoffnung für den Radsport Wellingborough.* Das stimmte zwar alles – aber in der Familie wollte man ihn nicht unbedingt haben. Er war wie ein Ausländer. Unmenschlich. Entmenschlicht.

Also nahm Clancy die Schlüssel zu Nancys Haus für diese vierzehn Tage. Und jeden Abend, egal, wie spät es war, ging er hinein, schloss von innen ab, und wenn er die Katze gefüttert und die Werbepost in den Eimer mit der Aufschrift »Werbung« gestopft hatte, ging er in Nancys Zimmer und berührte ihr Bett und öffnete ihren Kleiderschrank und ihre Kommode und rieb sein kleines Gesicht an ihren Slips und BHs und ihren kurzen Spitzennachthemden. Ein- oder zweimal zog er die Schuhe aus, schlug die Decke zurück, legte sich in ihre braune Satinbettwäsche und blieb still liegen. Er betrachtete die Poster an den Wänden. Elvis-Typen, Stiernacken, Preisboxer. Niemand, der ihm auch nur im Geringsten ähnelte.

Trotzdem wusste er, dass sie ihn liebte.

Selbst als sie mit einem großen, haarigen Ding aus Spanien zurückkam, das schon mit fünfundzwanzig eine Wampe hatte und Tätowierungen und Stiefel, selbst als sie mit diesem Traum von einem Mann vor dem Nachbarhaus auf und ab paradierte, selbst als sie ihn ihm vorstellte: »Das ist Darien, Clancy; wir sind verlobt«, wusste er, dass sie ihn liebte. Ihn. Clancy. Sie stolzierte umher, als er nur »Hallo, Darien« sagte und fortfuhr, ein Kettenritzel zu reparieren. Die Garagentüren hinter ihm standen offen, man sah in ein fahrradwissenschaftliches Labor. »Viel Glück«, sagte er. Adonis grinste.

Etwas später an diesem Abend kam Nancy zu ihm, allein. Es war das erste Mal seit ihrer Kindheit, dass sie einfach vorbeikam und sich auf sein Sofa warf.

»Kann ich reinkommen? Boah, hier müssten mal ein paar Fenster aufgerissen werden. Ist das hier die Küche? Da ist ja nicht mal mehr Platz für ein Messer und eine Gabel.«

Er räumte ein paar Fahrradzeitschriften von einem Hocker und nahm die Leine mit Socken und Sweatshirts ab, die von der Spüle zur Hintertür gespannt war. Er ging ans Waschbecken und wusch sich das Öl von den Händen. »Willst du ne Cola, Nancy?«

Sie waren entspannt wie zwei Pensionäre, obwohl sie seit Jahren nicht miteinander gesprochen hatten.

»Gut, wenn du eine findest. Diesmal ist es ernst, Clance. Diesmal ziehe ich es durch.«

»Warum?«

»Er ist stark. Er ist nett. Er liebt mich.«

»Wenn es darum geht, kannst du auch mich haben.«

»Red nicht so einen Quatsch.« Sie wirkte entsetzt. Angeekelt. »Das wäre ja, wie meinen Bruder zu heiraten.«

»Du hast keinen. Ich habe keine Schwester. Es wäre gut.«

»Ich lebe nicht in deiner Welt, Clancy.«

»Meine Welt ist mir egal, Nance.«

Als er das sagte, inmitten all seiner Paraphernalien – die heiligen Ikonen an der Wand, sein Lebenselixier, sein Reich –, spürte sie seine Kraft und rannte nach Hause.

Ihre Mutter fragte, was denn los sei und ob sie weine, und sie sagte nein, sie sei drüben bei Clancy gewesen und er sei wirklich erbärmlich. Total peinlich. Und dass sie ihn nicht zur Hochzeit einladen würde.

»Sie will dich nicht zur Hochzeit einladen, Clancy«, sagte ihre Mutter eines Tages zu ihm, als er mit seinem schnellen Wagen verschwand, mit den Fahrrädern in einem Anhänger, der so schmal war wie für ein Rennpferd. »Es tut mir so leid, Clancy.«

»Ich hätte sowieso nicht gekonnt«, sagte er. »Ich fahre an dem Tag die fünfzig Meilen Nantwich Spa nach Scroxton.«

Er gewann das Rennen natürlich. Es war bislang sein größter Sieg. Sie wollten ein Fest für ihn veranstalten, aber er fuhr nach Hause. Fuhr am selben Abend allein den ganzen Weg nach Hause, um drei Uhr nachts kam er an. In Nancys Haus war nichts von einer Hochzeit zu sehen. Es war alles im Rotary-Club passiert, mit roten Teppichen und einem Zeremonienmeister und weißen Bändern und allen Schikanen. Clancy sah nicht mal in die Richtung, als er seine Garage aufschloss, das dünne, metallische, kleine Frettchen Clancy, der Held der Welt.

Die Welt sah ihn nie wieder. Niemand sah ihn je wieder.

Einen oder zwei Tage später kam Nancys Mutter nach ihm schauen. Sie hatte seine Telefone unablässig klingeln hören. Das Haus war leer. Als Nächstes kamen die Fahrradleute. Dann der Gasmann und der Strommann und die Stadt. Dann kleine Grüppchen von Leuten. Dann die Presse. Dann die Polizei. Die ganze Welt klopfte an, aber Nancys Mutter hatte ihn nicht gesehen. Hatte sie den Schlüssel? Nein, hatte sie nicht.

Nancy hatte allerdings einen. Schon seit einer Weile. Er hatte ihn ihr gegeben, als sie beide ungefähr acht waren und er seinen eigenen Schlüssel bekommen hatte. Manchmal, zwischen ihren Liebhabern, wenn Clancy unterwegs war und nachdem seine Mutter sich aus dem Staub gemacht hatte, war Nancy hintenherum in Clancys Haus gegangen und darin umhergestreift und hatte ein bisschen aufgeräumt, dort, wo sie einmal gesessen und sich die Hände an Kakaobechern gewärmt oder sich lachend Biskuitkrümel ins Gesicht gepustet hatten oder Limonade mit Strohhalmen hatten blubbern lassen. Sie putzte das Bad und das Waschbecken oben, machte sogar sein Bett und betrachtete die Poster an den Wänden und die unterschiedlichen Fahrräder. Betrachtete sämtliche Pokale.

Sie erinnerte sich dann immer an die eine Gelegenheit, bei der er unerwartet hereingekommen war und sie entdeckt hatte, an einem Tag, an dem er nicht besonders gut abgeschnitten hatte in einem 75er von Huntingdon nach Lincoln und niedergeschlagen gewesen war. Und verschwitzt. Er hatte wie betäubt dagestanden, und sie hatte ihn in den Arm genommen, und sie hatten ineinander verschlungen auf dem Bett gelegen, weich und freundlich, warm und treu, als wäre es für immer. Sie wussten hinterher beide nicht, wer von ihnen sich zurückgezogen hatte.

Clancys Mutter kam zurück, nachdem Clancy verschwunden war. Sie war mit einer Popgruppe unterwegs gewesen, die halb so alt war wie sie, und beschäftigte sich mit ganzheitlicher Medizin und Antioxidanzien und schien nicht zu wissen, wer Clancy gewesen war. Die Polizei war verwirrt, die Heilsarmee auch, und es gab jede Menge Publicity und Gerede über einen Mord durch eifersüchtige Konkurrenten, wobei das nicht das klassische Vorgehen in der Radsportwelt ist.

Das Haus wurde verkauft, Clancys Mutter brauchte Geld, und in der Garage, die Clancy zuletzt betreten hatte, wurde zwischen seinen anderen Fahrrädern ein besonders exquisit gearbeitetes gefunden: unter 700 Gramm, so leicht, dass man es mit einem Finger heben konnte, ausgestattet mit allem, was die Fahrradzauberei aktuell an Bekanntem und Unbekanntem zu bieten hatte.

Als Nancy es sah, wusste sie, dass das Clancy war. »Kann ich es haben?«, fragte sie.

»Was willst du denn mit einem Fahrrad?«, fragte Clancys Mutter. »Ich sollte das behalten. Meine einzige Erinnerung an ihn. Es kostet tausend Pfund.«

»Geht klar«, sagte Nancy und nahm es mit.

Es wohnte bei ihr zu Hause, erst in einer angeschlossenen Garage in dem Reihenhaus im Park Drive, danach in dem jamaikanisch anmutenden Anbau. Dann im Zedernholz-Wintergarten. Aber im Winter fand sie es dort zu kalt, selbst mit Decken und Teppichen behängt, also kam es in die Küche und stand neben dem Aga, und immer wenn sie daran vorbeiging, streichelte sie es. Als sie es nach oben ins Schlafzimmer brachte, drohte ihr Mann allerdings, sie zu verlassen. Und als sie es in den Wechseljahren einmal mit ins Bett nahm, verließ er sie tatsächlich.

Er kam aber zurück. Er hatte Ärzte ihretwegen um Rat gefragt und brachte Therapeuten mit, die mit ihr reden sollten. Diese Leute sprachen von einer Manie, und sie warf einen Stuhl nach ihnen, schwang sich auf Clancy und fuhr davon.

Davon, davon fuhr sie auf dem langen, festen Sattel, auf und ab, die Hügel auf und ab. Die Hügel flogen unter ihr dahin, sie floh wie Julia in ihr Grab, und ihr Herz rief sehnsüchtig: »Clancy, Clancy, Clancy.«

SIEGFRIED LENZ

Das unterbrochene Schweigen

Zwei Familien, Nachbarn, gab es in Bollerup, die hatten
seit zweihundert Jahren kein Wort miteinander gewechselt – obwohl ihre Felder aneinandergrenzten, obwohl
ihre Kinder in der gleichen Schule erzogen, ihre Toten
auf dem gleichen Friedhof begraben wurden. Beide Familien hießen, wie man vorauseilend sich gedacht haben
wird, Feddersen, doch wollen wir aus Gründen der Un-
terscheidung die eine Feddersen-Ost, die andere Fedder-
sen-West nennen, was auch die Leute in Bollerup taten.

Diese beiden Familien hatten nie ein Wort gewechselt,
weil sie sich gegenseitig – wie soll ich sagen: für Ab-
schaum hielten, für Gezücht, für Teufelsdreck mitunter;
man haßte und verachtete sich so dauerhaft, so tief, so
vollkommen, daß man auf beiden Seiten erwogen hatte,
den Namen zu ändern – was nur unterblieben war, weil
die einen es von den andern glaubten erwarten zu können. So hieß man weiter gemeinsam Feddersen, und wenn
man die Verhaßten bezeichnen wollte, behalf man sich
mit Zoologie, sprach von Wölfen, Kröten, von Raubaalen,
Kreuzottern und gelegentlich auch von gefleckten Iltis-
sen. Was den Anlaß zu zweihundertjährigem Haß und
ebenso langem Schweigen gegeben hatte, war nicht mehr
mit Sicherheit festzustellen; einige Greise meinten, ein
verschwundenes Wagenrad sei die Ursache gewesen, andere sprachen von ausgenommenen Hühnernestern; auch
von Beschädigung eines Staketenzauns war die Rede.

Doch der Anlaß, meine ich, ist unwichtig genug, er braucht uns nicht zu interessieren, wohingegen von Interesse sein könnte, zu erfahren, daß in beiden Familien alles getan wurde, um dem Haß dauerhaften Ausdruck zu verleihen. Um nur ein Beispiel zu geben: Wenn in einer Familie die Rede auf den Gegner kam, machten eventuell anwesende kleine Kinder ungefragt die Geste des Halsabschneidens, und wie mein Schwager wissen will, verfärbten sich sogar anwesende Säuglinge – was ich jedoch für eine Mißdeutung halte. Fest steht jedoch, daß die Angehörigen beider Familien bei zwangsläufigen Begegnungen mit geballten Fäusten wegsahen oder automatisch Zischlaute der Verachtung ausstießen. Gut. Bis hierher setzt das keinen in Erstaunen, etwas Ähnliches hat jeder wohl schon mal gehört.

Doch Erstaunen mag vielleicht die Ankündigung hervorrufen, daß das feindselige Schweigen an einem Gewitterabend gebrochen werden wird – aber ich will nacheinander erzählen.

Nach zweihundertjährigem Schweigen waren an einem Abend die Vorstände der beiden Familien in ihren Booten hinausgefahren, um Reusen aufzunehmen: Friedrich Feddersen vom Osten und Leo Feddersen vom Westen. Manche in Bollerup, deren Felder sich zum Strand hin erstreckten, betrieben nebenher einträglichen Fischfang, so auch Friedrich, so auch Leo Feddersen. Gleichzeitig, will ich mal sagen, entfernten sich ihre Boote vom Strand, strebten den Reusen zu, fuhren dabei über eine stumpfe, glanzlose Ostsee, unter dunklem, niedrigem, jedenfalls reglosem Abendhimmel – dem Himmel, unter welchem die Blankaale zu wandern beginnen. Es war schwül, etwas drückte auf die Schläfen, da konnte man nicht sorglos sein. Die Männer, die einander längst bemerkt hatten, verhielten sich, als seien sie allein auf der Ostsee, fuhren mit kurzen Ruderschlägen zu den Pfahlreihen, in denen die Reusen hingen, sie banden ihre Boote fest, nahmen die Reusen auf und lösten die Schnüre, und während sie ihre Aale sorgsam ins Boot ließen, machte der Abend wahr, was er Eingeweihten schon angedeutet hatte: er entlud sich.

Schnell formierte er ein Gewitter über der Ostsee, am Himmel wurde etwas umgestellt, heftige Windstöße krausten und riffelten das Wasser, Wellen sprangen auf, und ehe die beiden Männer es gewahr wurden, hatte ein heftiger Regen sie überfallen, und Dunkelheit hatte den Strand entrückt. Strömung und Wellen verbanden sich, verlangten den rudernden Männern alles ab an Kraft und Geschicklichkeit, und sie ruderten, ruderten noch länger, wurden abgetrieben, ruderten immer noch – wir brauchen da nicht kleinlich zu sein. Wir haben es in der Hand, die tief verfeindeten Herren ausdauernd arbeiten zu lassen, können ihnen den Widerstand des Windes entgegensetzen, können die Elemente nach Herzenslust toben lassen, uns sind da keine Grenzen gesetzt.

Nur in einem bestimmten Augenblick müssen wir uns an die Geschichte gebunden fühlen, und das heißt: die Boote der tief Verfeindeten müssen von Strömung, Wind und planvollen Wellen zueinander geführt werden, sie haben aus dem Aufruhr aufzutauchen und sich in kürzestem Abstand zueinander zu befinden. Denn so verhielt es sich doch: Ohne daß es in der Absicht der Männer gelegen hätte, wurden ihre Boote zusammengeführt, gerieten zur gleichen Zeit auf den Kamm einer Welle, wurden, meinetwegen krachend, gegeneinandergeworfen, überstanden den Anprall nicht, sonden schlugen um.

Beide Männer waren Nichtschwimmer, beide taten, was Nichtschwimmer in solchen Augenblicken tun: sie klammerten sich aneinander, umarmten sich inständig, wollten den andern um keinen Preis freigeben. Sie tauchten gemeinsam unter, schluckten gemeinsam Wasser, stießen sich gemeinsam vom Grund ab und wurden in ihrer verzweifelten Umklammerung von einer langen Welle erfaßt und einige Meter strandwärts geworfen. Wer will, könnte noch erzählen, wie sie prusteten und tobten, sich wälzten und nicht voneinander lassen mochten, während Welle auf Welle sie erfaßte und dem Strand näher brachte. Wir wollen uns damit begnügen, festzustellen, daß sie auf einmal Grund gewannen, sich in ihrer Gemeinsamkeit dem Sog widersetzten, zum Strand hinwateten und den Strand auch erreichten, glücklich und immer noch aneinandergeklammert. Die Erschöpfung veranlaßte sie, sich niederzusetzen, Arm in Arm, und nach der Überlieferung soll Friedrich nach zweihundertjährigem Schweigen folgendermaßen das Wort genommen haben: »Schade um die Aale.« Darauf soll Leo gesagt haben: »Ja, schade um die Aale.« Dann langte jeder von ihnen in die Joppentasche, holte ein breites, flaches Fläschchen mit Rum hervor, und es fielen wiederum einige Worte, nämlich »Prost, Friedrich« und »Prost, Leo«.

So, und jetzt müssen wir etwas Zeit verstreichen, die Fläschchen leer werden lassen, wobei allerdings erwähnenswert ist, daß die Männer die Flaschen tauschten. Sie wärmten sich durch, schlugen sich auf die Schultern, beobachteten schweigend die Ostsee, die sich Mühe gab, erregt zu erscheinen; dann lachten sie, warfen die leeren Flaschen ins Wasser und gingen untergehakt über die Steilküste, durch den Mischwald nach Bollerup zurück. Daß sie ein Lied anstimmten, ist nicht erwiesen, aber erwiesen ist, daß sie Arm in Arm bis zum Dorfplatz gingen, sich plötzlich voneinander lösten und sich überrascht mit Blicken maßen, wobei ihre Kiefer hart, ihre Münder lippenlos geworden sein sollen. Und auf einmal zischte Leo Feddersen: »Kröte«, und Friedrich zischte zurück: »Gefleckter Iltis, du« – wonach beide es für angebracht hielten, sich nach Ost und West zu entfernen.

Seitdem besteht zwischen beiden Familien wieder das schöne, tragische Schweigen, sind sie sich in zweihundertjährigem Haß verbunden; und so sind es die Leute von Bollerup, die selten nach Ursachen fragen, auch gewohnt.

FRANKA POTENTE
Viele Götter

Wo war nur das verflixte Reiskorn hingefallen? Er blickte an sich hinunter.

Auf dem schwarzen, frisch gebügelten Anzug war nichts zu sehen. Auch die Tischplatte blitzte unschuldig. Er rutschte leicht zur Seite und suchte unter dem Tisch. Nichts.

Er meinte, er hätte es fallen sehen.

An so einem Tag wie heute war das wichtig. Besonders wichtig. Er hatte in einer Stunde sein Bewerbungsgespräch.

Man sagt, in jedem Reiskorn wohnen viele Götter! Du musst jedes Reiskorn mit Respekt behandeln!

In seiner Familie war nie ein Reiskorn verloren gegangen oder achtlos auf die Erde gefallen. Und nun, an seinem wichtigen Tag …

Er schwitzte leicht, löste den engen Knoten der Krawatte. Heute früh hatte er gegoogelt, wie man eine Krawatte bindet. Windsorknoten oder Prince Albert? Bisher hatte er das nie machen müssen.

Außer ihm war niemand zu Hause gewesen. Die Mutter arbeitete Nachtschichten und war noch nicht nach Hause gekommen.

Er hatte noch vor dem Shintô-Schrein im Wohnzimmer um ein gutes Gelingen gebetet, danach kniete er kurz vor dem kleinen Buddha-Altar im Zimmer seiner Mutter, man kann ja nie wissen. Er wollte diesen Job unbedingt.

Es wurde Zeit für eine eigene Wohnung. Er wollte eine Freundin, er musste Geld verdienen, auf eigenen Füßen stehen. Von dem heutigen Bewerbungsgespräch hing eine Menge ab.

Es war wichtig, die Götter auf seiner Seite zu haben. In den letzten Monaten hatte er die Gebete und Tempelgänge sehr vernachlässigt.

Er hatte das Haus früh verlassen und auf dem Weg nach Ginza beim Yasukuni-Schrein haltgemacht und die große Glocke geläutet. Eigentlich war das ein Umweg. Nun sollten alle Götter auf seiner Seite sein. Wenn nur das Reiskorn nicht wäre.

Er war zu früh in Ginza. Viel zu früh. Deshalb hatte er noch zu Mittag gegessen. Maguro Donburi, Tatar vom Thunfisch auf Reis.

Die Schale war leer, sein Magen voll, aber wo war das verflixte Reiskorn geblieben?

Er ging auf die Knie und sah unter dem niedrigen Tisch nach, ja, er hob sogar die Tatamimatte an, auf der er saß. Nichts.

Er stieß mit seinem Po an den leeren Nachbartisch, ein Glas fiel um. Die alte Dame hinter der Theke sah zu ihm hinüber. Entschuldigend verbeugte er sich mehrmals.

Wenige Minuten später brachte sie die Rechnung: »Ist Ihnen nicht wohl, junger Mann?« Sie stellte ein Glas Wasser vor ihn hin. Fast hätte er sich ihr anvertraut, aber das war unmöglich.

»Vielen Dank, alles ist in bester Ordnung. Haben Sie Dank für Ihre Freundlichkeit. Ich wünsche einen schönen Tag!«

Eilig zog er seine Schuhe an, um dann hastig das Lokal zu verlassen. Er sah auf die Uhr. Nun musste er sich beeilen! Die Sucherei nach dem verschwundenen Reiskorn hatte ihn eine halbe Ewigkeit gekostet.

Zunächst fand er das richtige Gebäude nicht. Er musste sich durchfragen, die Leute schauten ihn mit großen Augen an. Er musste ziemlich aufgelöst aussehen. Es gab nirgendwo einen Spiegel. Während er zügig die Straße entlangging, fuhr er sich durchs Haar und zog die Krawatte fest.

Wie hieß der Mann noch, den er nun treffen sollte?

Da, da war er endlich, der Oshinko Tower. Er musste in den neunundvierzigsten Stock. Der kleine Aufzug hielt viel zu lange in jedem Stockwerk.

Tanaka-san? Nein, der Mann hieß … Takanara-san?

Fast hätte er den neunundvierzigsten Stock verpasst.

Ein Mädchen mit blondiertem, glattem Haar saß an der Rezeption. Sie verbeugte sich leicht: »Ja, bitte?«

Er riss sich zusammen und bemühte sich, mit fester Stimme zu sprechen und gelassen zu wirken: »Ich … ich habe ein Bewerbungsgespräch.«

Sie blickte ihn kurz an, dann schaute sie auf die Schreibtischplatte vor sich und errötete.

Er war irritiert. Sie sprach leise: »Bei wem haben Sie das Bewerbungsgespräch, bitte?«

Er dachte angestrengt nach: »Bei Takanorai-san, bitte.«

Glück gehabt.

Ihre Finger flogen über die Tastatur. Dann griff sie zum Telefonhörer. »Einen Moment, bitte. Nehmen Sie Platz.«

Er setzte sich auf einen der beiden Stühle gegenüber der Rezeption.

Im Kopf ging er noch einmal die wichtigsten Punkte durch. Er hatte sein Jurastudium in Kyoto mit dem zweitbesten Ergebnis seines Jahrgangs abgeschlossen, er hatte ein sechsmonatiges Praktikum bei Yukonishi Ltd. gemacht, er sprach fließend Englisch, er wäre auch mit einem zunächst zeitlich begrenzten Vertrag einverstanden, er … Da fiel ihm das Reiskorn wieder ein.

Sein Leben lang hatte er nie ein Reiskorn auf die Erde fallen lassen, und heute, ausgerechnet heute, war es passiert.

Er hatte sich nie gefragt, ob es die Götter wirklich erzürnte, er hatte nicht darüber nachgedacht, was passieren würde, wenn er den Göttern gegenüber respektlos war.

Er seufzte. Erschrocken sah er auf, ob ihn das Mädchen an der Rezeption gehört hatte. Sie tippte scheinbar unberührt in ihren Laptop, aber es war ihm, als würde sie ein Grinsen unterdrücken. Ihr Telefon klingelte, sie sprach kurz und winkte ihm leicht.

Er stand auf.

»Takanorai-san erwartet Sie! Bitte folgen Sie mir!«

Sie ging mit kleinen Schritten voraus, die Fußspitzen leicht nach innen gedreht, und führte ihn einen langen Gang entlang. Vor einer Teakholztür blieb sie stehen. Sie blickte ihn nicht an, errötend sah sie auf ihre Schuhspitzen. »Verzeihen Sie bitte … Sie haben da … Da klebt ein Reiskorn an Ihrer linken Augenbraue.«

Er blickte sie ungläubig an. Was war das?

Langsam hob er die Hand an sein Gesicht. Ja, da war das Reiskorn!

Vorsichtig nahm er es zwischen Daumen und Zeigefinger, sah es sich genau an und steckte es dann in den Mund.

Das Mädchen verneigte sich kurz und ging.

Er lächelte, die Götter meinten es gut mit ihm.

SAŠA STANIŠIĆ

Gäste

Im ersten Jahr in Deutschland hatte ich selten Gäste. Ich fand immer eine Ausrede, warum es gerade nicht ging. In unserer Bleibe in Wiesloch schliefen wir zu sechst in einem Zimmer. Das Haus war voll mit Fremden. Sie tauchten auf und verschwanden wieder, es hatte nicht einmal Sinn, sich einander vorzustellen, geschweige denn einen Schulfreund in diese Hölle auf Gewerbegebietserden einzuladen.

Im Emmertsgrund gab es mehr Platz – Ruhe blieb dennoch Glückssache. Nachmittags waren alle zu Hause. Meine Cousins, klein und heiter, Ex-Jugos kamen unangemeldet vorbei, wie sie es in Jugoslawien auch getan hätten, Ausweis guter Nachbarschaftskultur, aber auch extrem nervig, wenn man tags drauf eine Matheklausur schreiben sollte. Ich lernte mal am Wohnzimmertisch, mal am Boden. Irgendwann kaufte Vater einen Tisch für das Zimmer, in dem ich schlief. Das wollte ich jedenfalls glauben: dass der Tisch gekauft war.

Noch heute rede ich mir ein, dass es nur gute Gründe gab, keinen Besuch zu empfangen. Dass Platz und Stille fehlten, war das eine, und das begriffen die Freunde auch. Wussten sie aber auch von meiner Scham? Ich schämte mich wegen der alten Möbel, schämte mich, keine Spiele zu besitzen, keinen PC und auch kaum Musik (ein paar überspielte Kassetten, Metallica, Nirvana, Smashing Pumpkins). Ich schämte mich, dass bei uns von unterschiedlich gemusterten Tellern gegessen wurde und selten gemeinsam. Mit Messern, deren Klingen sich bogen.

Ich hasste das Gefühl, konnte aber nicht anders. Draußen hatte ich mit den mir auferlegten und den selbstgewählten Rollen kaum mehr Schwierigkeiten. Zu Hause wären sie aufgeflogen. Man sah ja, *wie es uns wirklich ging.*

Mutter und Vater schufteten sich traurig. 1994 verbrachte Vater einen ganzen Monat in einer Rehaklinik, Rücken kaputt. Ging am ersten Tag nach der Entlassung wieder auf den Bau, um genau dort weiterzumachen, wo der Rücken nicht mehr hatte mitmachen wollen. Er spürt bis heute die Folgen.

Die Eltern schonten sich nicht, mich aber. Die größten Probleme und Sorgen hielten sie von mir fern, sprachen selten von dem, was ihnen schwerfiel. Von ihren Entbehrungen und Niederlagen weiß ich erst seit Kurzem. Davon, was es wirklich bedeutete, mit Mitte dreißig ein gefestigtes Leben zu verlassen und jetzt mit dem Vermieter darüber zu streiten, ob wir Tomaten im Garten anpflanzen dürfen.

Beide hatten sie Berufe aufgeben müssen, in denen sie sich auskannten und gerne arbeiteten. In Deutschland hätten sie so ziemlich jeden Job angenommen, um nicht unterzugehen. In unserem jugoslawischen Freundeskreis war es überall so. Von der Not wussten die Arbeitgeber zu profitieren. Die Löhne waren niedrig, Überstunden meist unfreiwillig und unbezahlt. War das diskriminierend? Meine Eltern könnten es nicht sagen. War es erbärmlich? Auf jeden Fall.

Das Einkommen reichte selten, um sich nebenbei aus- oder weiterzubilden. Für Sprachkurse, die Basis also, blieben wenig Zeit und Kraft. Es gab dennoch nicht wenige, die sich nach der Arbeit noch zwei Stunden Flexion deutscher Verben mit Blasen an den Füßen reinzogen. Ein Ausweg aus der Abhängigkeit gelang aber oft nicht, oder es war zu spät – die Abschiebung kam zu früh.

Ich sehe am eigenen glücklichen Beispiel, wie breitflächig die strukturelle Benachteiligung der Geflüchteten damals war und heute noch ist. Mit meinem Geflüchtetenstatus verschwanden die praktischen Hürden. Ich bekam die Chance, mich auszubilden und während des Studiums zu arbeiten. Je mehr Chancen ich nutzen durfte, desto schwieriger wurde es, mich ins Abseits zu stellen oder zum Opfer zu machen. Der existenzielle Druck, dem meine Eltern ausgesetzt waren, blieb mir erspart.

Ich kann nicht sagen, ob es gut gewesen ist, nicht zu wissen, was die beiden damals umtrieb und quälte. Oder, anders gesagt, ob es gut gewesen ist, davon auszugehen, dass es um sie besser stand, als es wirklich der Fall war. Um ihre Ängste und unsere Finanzen und grundsätzlich das Glück in diesem deutschen Leben. Einiges wusste ich, wollte es aber nicht wahrhaben. Ich war außer Haus, wann immer ich konnte. Und selten für sie da.

Ich wollte Freiräume, und meine Eltern ließen sie mir. Durch Zuspruch, Zuneigung und ein kleines Taschengeld erhöhten sie meine Chancen, ein einigermaßen normaler Teenager zu sein, allen Hürden des Migrantischen zum Trotz.

Mit Rike änderte sich einiges. Rike war meine erste Freundin und mein erster deutscher Gast. Sie ging bei uns ein und aus, offenherzig, gut erzogen, störte sich an absolut gar nichts, von dem ich in einer meine eigenen Vorurteile spiegelnden Weise annahm, dass es Deutsche stören müsste. Sie fragte, ob wir keine Bilder aufhängten, weil wir Kunst doof fanden, und ich muss sie angeschaut haben, als sei sie wahnsinnig. Sie lachte und entlarvte die Frage als Witz. Ich unterschätzte immerfort alle.

Rike und Mutter kamen gut miteinander aus. Nena half sie im Garten. Großvater nahm Rikes Hand hundert Mal und hielt sie lächelnd in seiner, als sei diese Hand das wertvollste Geschenk. Rike aß von den bunten Tellern und nahm Kassetten für mich auf.

Irgendwann besorgte Vater mir eine kleine Musikanlage mit CD-Spieler bei Media Markt (oder war auch die vom Sperrmüll?), und ich kaufte meine erste CD, eine Single von Bob Marley, da Rike Reggae mochte (ich leider gar nicht so). Rike mochte kein Fleisch (ich leider schon), also wurde ich irgendwann Vegetarier. Mutter hätte mich dafür wahrscheinlich am liebsten mit Frühlingslauch erwürgt.

Rike sitzt mit Mutter im Wohnzimmer auf dem Boden und guckt *Akte X,* ich lerne auf der Terrasse, Nena kommt ins Wohnzimmer und hält ein Büschel Haare in der Faust. Ob sie die wegwerfen dürfe? Sašas Bürste sei immer so voll mit den Haaren, sie sei sich nicht sicher, ob er die nicht vielleicht sammle.

Mutter räuspert sich. Rike will wissen, was los sei, Mutter übersetzt. Die beiden beraten sich auf Deutsch, Nena versteht kein Wort, dann sagt Mutter: »Ja, lass sie ihm, die braucht Saša für Voodoo.«

Von da an schloss Nena die Tür ab, wenn sie schlafen ging. Sie beäugte mich und machte rätselhafte Gesten. Warf Bohnen für sich. Ich hatte keine Ahnung, was los war.

Wochen später schoss es beim Frühstück aus ihr: »Wofür willst du Magie wirken? Was fehlt dir?«

Mutter brach in Gelächter aus und klärte alles auf. Nena schimpfte leise. Rike umarmte sie.

Es fehlte nicht viel. Etwas Sprache. Etwas Mut. Ich entschied, Mut zu sammeln, um jemanden *für meine Eltern* zu uns einzuladen. Rahims Eltern schienen die besten Kandidaten. Ich wollte ihre Antwort abwarten, bevor ich Mutter und Vater davon erzählte. Sie würden sich freuen und ja sagen, da war ich mir sicher.

Bei Rahim und mit seinen Eltern hatte ich mich nie unwohl gefühlt. In ihrem Leben, das aus hunderten Büchern nach Neugier roch und aus ausgedehnten Mahlzeiten nach gelungenem Zeitmanagement. Jedes Familienmitglied hatte ein Zimmer für sich. Rahims Vater im Keller noch das Arbeitszimmer und eine Sammlung syrischer Kochutensilien oder Waffen, wer weiß das schon.

Die Eheleute erzählten am Ende des Tages ausführlich von Anfang und Mitte des Tages und hörten einander zu. Einander zuhören am Ende des Tages empfand ich als immens wohltuend, sogar als komplett Außenstehender, der dabei war, als wäre er nicht dabei – bei einem Gespräch, das nur den beiden gehörte.

Mit mir gingen sie überhaupt mit einer ausnehmend tröstlichen Unverbindlichkeit um. Selten stellten sie eine Frage, die über die Welten, die ich mit ihrem Sohn teilte (Schule und Sport), hinausreichte. Das war ehrlich und richtig. Ich war ein Bekannter ihres Sohnes zu Gast.

Einmal sprachen wir über den Umgang mit Kleinkindern. Es ging darum, dass sie vier Kinder großgezogen hatten und ich meine beiden kleinen Cousins lästig fand. Ich erinnere mich nicht mehr an das Gesagte. Ich erinnere mich, dass die beiden mir gegenübersaßen, mit übergeschlagenen Beinen und Wein in ihren Gläsern, und dass sie ernst abzuwägen schienen, was sie erwidern sollten. Das reicht ja im Allgemeinen für eine gute Unterhaltung, dass jemand ernst abwägt, was er dir erwidern soll.

Nachdem sie erfahren hatten, dass ich vor dem Bosnien-Krieg geflohen war, erzählten die beiden weder von einem Kroatien-Urlaub in den Achtzigern auf der *Wie-*

hieß-die-Insel-noch-mal?, noch eröffneten sie einen Mentalitätsdiskurs über »die Serben«.

Der Vater sagte: »Tut mir leid, dass du das erleben musstest, Saša. Ich lese mich gern ein, und wir sprechen über den Konflikt, wenn du wieder vorbeikommst. Falls du das möchtest?« Oder so ähnlich. Ich mochte lieber nicht. Viel später, als ich selber mehr Sprache besaß, unterhielten wir uns doch. Überkreuzte Beine, Gläser mit Wein und Eistee.

Ein guter Gastgeber ist auch ein guter Gast, besagt ein bosnisches Sprichwort. Die Eltern von Rahim waren gute Gastgeber, und ich machte mir eine Million Gedanken, ob es gutgehen könnte, sie als Gäste bei uns zu haben. Wie sich meine Eltern und Großeltern fühlen würden und wie ich. Ich wollte, dass uns als Familie etwas gelingt, wenn auch nur etwas so Einfaches wie ein Abendessen mit neuen Bekannten.

Ich wünschte es mir speziell für meine Mutter, die in Jugoslawien so gern Gastgeberin gewesen war, viel lieber als selbst Gast zu sein. Als Gast ging sie gleich nach der Ankunft in die Küche, um zu helfen, bot anderen Gästen etwas zu trinken an, es war rührend. Mit eigenen Gästen ging sie so überschwänglich um, dass man den Eindruck bekam, sie nimmt sie gleich in ihr Testament auf.

Wie würden Rahims Eltern auf ihre Freundlichkeit reagieren? Wie auf unser Leben, ohne Safran und Gardinen, deren Anschaffung sich kaum lohnte, da jederzeit die Abschiebung zu erwarten war?

Ich hoffte, sie würden so unvoreingenommen zu uns kommen wie zum Abendessen bei ihren lesbischen Freundinnen aus der Pfalz. Meine Eltern würden aufgeregt sein und sich freuen. Wir würden – bis das Essen angerichtet war – einander Fragen stellen, bedacht und freundlich, mit überkreuzten Beinen. »Was habt ihr da im Garten angepflanzt?« Das wäre doch eine wunderbare Frage an einen Geflüchteten in Deutschland!

Dann würden wir essen und uns über die Zutaten unterhalten. Unsere Gäste würden nicht sofort ihre Vorstellungen von der Balkan-Küche mitteilen. Sie (oder ihr Sterne-Koch) kochten breitflächig international, für sie wäre der Balkan weder außerordentlich noch fragwürdig. Ganz bestimmt. Meine Eltern würden erzählen, dass Nierenbohnen das Einzige seien, was ich nicht aß. Dabei waren sie Grundnahrungsmittel unserer Küche. Zum Abschied würden die Eltern von Rahim sich für den schönen Abend bedanken, und das würde einfach das Allerbeste sein: dass jemand uns für etwas Schönes dankte.

Das nächste Mal, als ich wieder bei ihnen aß – es gab etwas, das aus nur drei Zutaten bestand, die ich alle nicht kannte, dabei war es ein fränkisches und kein arabisches Gericht –, sprach ich die Einladung aus: Kommen Sie auch einmal zu uns?

Beide legten das Besteck auf den Tellern ab, tupften sich die Lippen, und Rahims Mutter sagte, das wäre aber schön, und auch der Vater bedankte sich und sagte, wirklich schön, wir würden uns freuen. Sie sagten es freundlich und auch ein wenig überrascht, und eine Woche später saß ich wieder da, und an der Wand im Esszimmer war diese Kuckucksuhr. Der Vogel kam um sieben raus und grüßte alle herzlich.

Um eins nach sieben stand der Erbseneintopf auf dem Tisch. Das Fleisch war extrem weich und vom Rind aus der Pfalz. Ich lernte die Vokabel *freilaufend*. Es gab die Kuckucksuhr, und es gab ein Orchester. Das Orchester spielte vielleicht vom Band, vielleicht spielte es aber auch in der Wand – Haydn oder Mozart. Ich hätte damals viel dafür gegeben, den Unterschied zu kennen und etwas sagen zu können über die Musik.

Ich habe meinen Eltern nicht von der Einladung erzählt. Ich traute mich auch nicht, sie noch einmal gegenüber Rahims Eltern auszusprechen. Sie haben mich natürlich nicht daran erinnert.

»Freilaufend«, hatte der Professor für Semitistik an dem Abend mit dem Erbseneintopf gesagt, »bis zum Zaun.« Alle haben geschmunzelt.

Die Familie meines besten Freundes war nie bei uns zu Hause und meine Familie niemals zu Gast bei ihm. Unsere Eltern haben einander nicht kennengelernt. Die Kuckucksuhr kam aus diesem einen Ort im Schwarzwald, ich habe den Namen vergessen.

FLORIAN SCHNEIDER

Diktatoren

Mein Schwager trug diese Polohemden in allen Farben, in Rot, in Grün, in Gelb, sogar in Rosa hatte er welche. Natürlich waren die Hemden von Lacoste, Tommy Hilfiger oder Hugo Boss. Toni, dieser Gimpel! Er liebte es, mit hochgestellten Kragen herumzulaufen. Es sollte wie zufällig aussehen, als würde sich der Kragen von der unheimlichen Energie des Hemdenträgers angesteckt von selbst in die Höhe erheben. Aber das stimmte nicht. Einmal beobachtete ich ihn dabei, wie er bei uns vor der Tür im Kosmetikspiegel seines Autos seinen Kragen inspizierte und ihn dabei aufstellte.

Fast jedes Mal, wenn er uns besuchte, fuhr er mit einem neuen Wagen vor. Einmal stand er mit einem Cabrio vor der Tür, von dem unser Sohn noch tagelang schwärmte. Toni war ein Macker und ein Showman und Kristin himmelte ihn an. Er war ihr perfekter großer Bruder. Ihr Beschützer.

Toni war oft bei uns. Zu oft für mein Empfinden. Seine Besuche stießen mir auch deswegen so hart auf, weil ich zu dieser Zeit quasi den ganzen Tag zu Hause saß und ihn jedes Mal abbekam. Dass ich so viel zu Hause war, kam leider auch nicht von ungefähr. Ich hatte meine Arbeit gekündigt. Anders als Toni, der Gott weiß wann arbeitete und scheinbar immer Zeit hatte (und Geld, das vor allem!), ging ich vor meiner Kündigung morgens in ein Büro, in das ich nicht gehen wollte, um für einen

Chef zu arbeiten, den ich noch viel weniger mochte. Ich konnte das nicht mehr und deshalb habe ich gekündigt.

Von meiner Kündigung hatte ich mir einiges versprochen. Zum Beispiel, dass ich danach, wenn ich nicht mehr jeden Morgen in diese Tretmühle müsste, endlich einmal würde klar denken können. Dass ich mir überlegen könnte, was ich *wirklich* mit meinem Leben anstellen möchte.

Kristin hatte nicht viele Worte für meine Kündigung. Das Einzige, was sie sagte, woran ich mich erinnern kann, war: »Du hättest warten können, bis dein Chef dir kündigt, und es dann auf eine Abfindung von ihm anlegen sollen.«

Das sagte sie an einem Abend, an dem sie mit einem Glas Rotwein am Esstisch saß, vor sich einen Aktenordner und verschiedene Rechnungen und Überweisungsbelege, und gerade unsere Stromrechnung lochte. Ich weiß nicht, ob ihr der Gedanke mit der Abfindung schon länger im Kopf herumging oder ihr erst in diesem Augenblick kam. Mir war er auf jeden Fall nicht gekommen. Ich wollte einfach nur raus.

Bei seinen Besuchen brachte Toni fast jedes Mal Geschenke mit. Für Kristin fielen Parfumflakons ab, Blumen oder Gutscheine von Zalando, von denen sie mir nie sagen wollte, über welchen Betrag sie ausgestellt waren. Aber ich sah ja die Schuhe, die sie damit bestellte. Er brachte auch Geschenke für Timmi mit. Es waren ausschließlich Sachen, die Kristin zu einem »Schau mal, Timmi, was Onkel Toni dir Verrücktes mitgebracht hat!« veranlassten, und genau darauf schien es Toni mit seinen Geschenken anzulegen.

Einmal brachte er eine Lampe fürs Kinderzimmer mit. Es war eine Bodenlampe, die nur aus einem Fuß und einer durchsichtigen Plastikkugel darauf bestand. Sie sah ziemlich billig aus. Die Kugel war mit einem Gas gefüllt. In ihrem Inneren tanzten Wolken aus rötlichem Licht, sobald man den Stecker in die Steckdose steckte. Einen An- und Ausschalter hatte das Teil nicht, daran hatten sie gespart. Fuhr man mit dem Finger über die Oberfläche der Kugel, gab es so ein kleines Geräusch, als würde Strom fließen, und vielleicht floss auch tatsächlich welcher. Die Lichter im Inneren der Lampe folgten den Fingern. Ich stand im Türrahmen des Wohnzimmers, und alle drei hockten um diese Lampe, Kristin, Timmi und Toni, und Toni streckte mir seinen Hintern entgegen, als wäre es das Normalste von der Welt. Sie hockten um die Lampe wie um die Kugel einer Wahrsagerin.

Tonis zweites Mitbringsel, das er achtlos auf der Kommode im Flur hatte liegen lassen, steckte ich mir in die Hosentasche. Es war ein Kartenspiel. Ich hoffte, er würde nicht danach fragen und eine Suchaktion lostreten. Er fragte auch nicht. Er hatte es offenbar vergessen im Rummel um die Lampe und die hundert anderen Dinge, die er mit Kristin zu besprechen hatte.

Als ich am Abend im Bett lag, schaute ich mir genauer an, was der Schwager da in mein Haus getragen hatte. Es war ein ziemlich geschmackloses Kartenspiel. Ein Quartett mit Diktatoren. Dass es so etwas überhaupt gab. Wer dachte sich so etwas aus? Aber meine Neugier war geweckt, und ich ging die Karten durch. Offen gestanden kannte ich nur zwei Diktatoren: Hitler und Stalin. Klar, unsere Welt ist voll von denen, wenn ich nur an meinen Ex-Chef dachte, aber das waren die Einzigen, die mir einfielen. Die, die jeder kennt. Aber ausgerechnet die beiden fehlten. Was war das für ein Diktatorenquartett, ohne Hitler und Stalin? Ich sah noch mal auf die Deckkarte: Diktatoren II. Wahrscheinlich waren sie im ersten Satz drin gewesen. Die Diktatoren waren in Kategorien eingeteilt, »Junta-Chefs« hieß eine Kategorie, »Charismatiker« eine andere. Wobei ich immer dachte, dass Charismatiker eher gute Menschen waren. Es gab die Gruppe »Ostblockchefs« und »Nazi-Kollaborateure«. Die sahen am besten aus mit ihren hohen französischen Militärhüten, die auf den nachkolorierten Fotos in bunten Farben leuchteten.

»Wo hat er nur immer diesen Mist her?«, rief ich ins Bad, wo Kristin stand und sich das Haar bürstete. Ich sah nur ihren Rücken und eine Hand, die das Alibert-Schränkchen über dem Waschbecken öffnete, um etwas herauszuholen. »Was meinst du?«, fragte sie abwesend und reckte dabei ihr Kinn gegen den Spiegel. Ich hatte keine Lust zu schreien und antwortete erst, als sie ins Schlafzimmer kam.

»Das hier meine ich. Dieses komische Quartett. Wie kommt er auf die Idee, Timmi so etwas zu schenken?« Ich hatte die Karten auf meiner Bettdecke ausgebreitet und zeigte jetzt mit beiden Händen darauf.

Kristin trat an die Bettkante. Ich konnte ihr Haar riechen und einzelne abstehende Strähnen kitzelten meine Wange. Ich hätte jetzt gerne ihre Taille umfasst und sie zu mir gezogen und Toni und seine komischen Geschenke, seine dauernden Besuche für einen Moment vergessen. Aber ich tat nichts davon. Stattdessen wartete ich auf ihre Reaktion.

»Mhm«, sagte sie nach einer Weile. »Es gibt Schlimmeres, worüber man sich aufregen kann, findest du nicht? Er bringt verrückte Sachen mit, na und? Es ist nur ein Spiel.«

»Das hier ist nicht verrückt«, sagte ich. »Das ist geschmacklos und jugendgefährdend. Erst diese Lampe aus dem Asia-Shop und dann das hier. Hat die Lampe überhaupt ein TÜV-Siegel? Solche Geräte können Schwelbrände auslösen. Weißt du das eigentlich?«

»Es wird keinen Brand geben«, sagte sie.

»Habt ihr nachgeschaut? Da muss ein Siegel drauf sein!«

Sie sagte: »Kannst du jetzt bitte still sein?«

Sie zog sich ihre Strumpfhose aus und legte sie über den Stuhl. Dann ging sie noch einmal ins Bad. Diesmal schloss sie die Tür, und ich hörte, wie sie den Schlüssel im Schloss herumdrehte. Ich raffte die Spielkarten zusammen. Eine finstere Visage mit Narben im Gesicht und blutunterlaufenen Augen starrte mich an. Die Augen eines Mörders. Eines Menschen, von dem ich mir vorstellte, dass er das Morden mit bloßer Hand gelernt hatte.

Ich blickte zu Kristins Strumpfhose, sah die sanften Wellen dieser leeren Beine über der Stuhllehne baumeln. Dann zog ich die Schublade meines Nachtschränkchens auf und stopfte die Spielkarten hinein. Rein zu den paar Briefen, die Kristin mir geschrieben hatte, als wir noch ein junges Paar waren, und zu den Fotos, die uns beide zeigten, Arm in Arm.

Ich drückte die Schublade zu und zog mir die Bettdecke bis zum Kinn.

Einige Tage später wurde Timmi krank. Zwischen den Zehen seines linken Fußes wuchsen kleine, juckende Pusteln. »Das ist Fußpilz«, sagte ich zu Kristin. Woher er den auch immer hatte, vielleicht aus dem Schwimmunterricht, den er seit einigen Wochen besuchte. Praktischerweise hatten wir noch Salbe im Haus. Ich kramte danach, gab Kristin die Salbe und bat sie, Tim damit einzucremen. Das sollte helfen, dachte ich. Doch es half nicht. Die Pusteln wurden mehr und größer und wuchsen über die Zehen hinaus über den ganzen Vorderfuß. Sie wuchsen auch am rechten Fuß, und am Ende einer unruhigen Nacht, in der Timmi immer wieder an Kristins Bettkante gestanden hatte, hatte sie es auch an den Händen.

»Das mit dem Fußpilz war Quatsch«, sagte Kristin, und da musste ich ihr recht geben. Jetzt dachte ich: Vielleicht kommt es von dieser blöden Lampe, diesem Gas darin oder der elektrischen Vibration. Vielleicht ist es eine Allergie oder so etwas. Ich ging zu Timmi und blickte ihm fest in die Augen.

»Hast du die Lampe angefasst?«, fragte ich ihn. Er schüttelte schwach den Kopf und sein Mund stand offen dabei. »Hör mir gut zu, Timmi«, sagte ich. »Du darfst diese Lampe nicht berühren. Nie mehr, verstehst du? Am besten schaust du gar nicht rein.«

Zu diesem Zeitpunkt kam zu dem Ausschlag noch ein leichtes Fieber hinzu. Kristin sagte: »Ich gehe zum Arzt mit ihm.« Sie half dem Jungen beim Anziehen, auch der Schuhe, was nicht einfach war, denn seine Füße glühten von den Pusteln. »Ich bin ganz vorsichtig, Timmi«, sagte sie, während sie vor dem Jungen kniete und ihm in die Sandalen half.

Sie blieben lange weg. So lange, dass ich mir auszumalen begann, wie Timmi ins Krankenhaus musste, wie man ihn dort an den Tropf hängte und wie wir ihn nur mit Mundschutz besuchen dürften. Ich sah uns beide, Kristin und mich, in den Nächten hier im Wohnzimmer sitzen und uns fragen, ob er wohl durchkommen wird, unser kleiner, tapferer Timmi. Ich dachte auch an die Lampe und daran, was ich mit ihr anstellen würde, wenn sie wirklich die Ursache für Timmis Krankheit wäre. Ich würde sie Toni gegen den Schädel schlagen.

Mittag war schon vorbei, da hörte ich endlich den Schlüssel im Schloss.

Kristin kam den Flur entlanggelaufen und blieb im Türrahmen des Wohnzimmers stehen. Weiter ging sie nicht. Sie sagte: »Jetzt wissen wir, was los ist. Er hat die Hand-Mund-Fuß-Krankheit. Es ist das Gleiche wie bei den Tieren, Maul- und Klauenseuche heißt es bei denen, aber es ist harmloser. Es ist nicht gefährlich. Nur lästig. Der Arzt hat gesagt, er soll Bäder nehmen und Bettruhe halten. Nach zehn Tagen ist es vorbei.«

Dann fing sie an, in ihrer Handtasche zu kramen. »Wir mussten ewig warten«, sagte sie in die Tasche hinein. Von hinten tauchte Timmi im Türrahmen auf, er drückte sich an Kristin vorbei und ließ sich in den Sessel mir gegenüber fallen. Schließlich zog Kristin ein Rezept aus der Tasche, legte es auf den Couchtisch.

»Bitte lös du das ein. Ich muss los, sonst komme ich zu spät zur Arbeit.«

Ich fand es schade, dass sie wieder gehen musste. Hätten wir das nicht feiern können, dass Timmi nur eine harmlose Hautgeschichte hat? Aber ich verstand es natürlich. Sie musste los. Einer musste hier ja arbeiten gehen.

Sie wuschelte Tim kurz durchs Haar und sagte: »Pass gut auf ihn auf. Fangt am besten gleich mit den Bädern an.« Sie hatte ihre Straßenschuhe gar nicht ausgezogen, und ich hörte ihren schnellen, festen Schritt im Flur und das Zuschlagen der Tür. Ich blickte zu Timmi, der mit schwiemligen Augen auf seinem Sessel lag.

»Dann wollen wir mal, mein Freund«, sagte ich.

Das Nervigste waren die Nächte. Timmi schlief schlecht, weil ihn der Juckreiz immer wieder weckte. Kristin hatte Frühschicht und musste morgens früh raus, und deshalb zog ich ins Kinderzimmer.

Timmi hatte sich gewünscht, dass wir die Lampe von Onkel Toni während der Nacht brennen lassen. Ich war dagegen. Das unruhige Licht, der eigenartige Geruch.

Diese verdammte Lampe, ich brauchte sie nicht. Doch Timmi bestand darauf. Was sollte ich sagen? Schließlich war er krank, und ich gab ihm seinen Willen. Wir ließen die Lampe brennen. Ein seltsam waberndes Licht erfüllte das Kinderzimmer. Ich schlief neben dem Jungen auf einer alten Schaumstoffmatratze. Wenn Timmi sich wieder kratzen wollte, stand ich auf und fasste ihn am Handgelenk. »Lass es bitte, Timmi«, sagte ich. »Du machst es nur noch schlimmer.« Zehn Minuten später kratzte er sich schon wieder.

Manchmal, wenn ich nicht mehr einschlafen konnte, stand ich auf und fuhr mit den Fingern über die Kugel. Ich verfolgte die gleißenden Fäden, die sich im Inneren der Lampe bildeten, sobald ich das Glas anfasste. Es war, als würde etwas Lebendiges darin wohnen, das nur darauf wartete, berührt zu werden.

Am Tag machten wir es uns gemütlich. Wir blieben im Schlafanzug und spielten seine Quartette, von denen er eine beachtliche Sammlung besaß. Zwischendurch richtete ich die Bäder her, und der Geruch der Kamille erfüllte die Räume unserer Wohnung, und es roch überall wie auf einer Frühlingswiese.

Irgendwann hatten wir alle Kartenspiele durch, die Schiffe, die Jets, die Wildkatzen und Luxuskarossen. Ich war diese Karten über.

Ich sagte: »Bitte, Timmi, ich kann nicht mehr. Ich mag diese Karten nicht mehr spielen.«

Timmi schaute mich an. Er schien zu überlegen. Dann sagte er: »Du hast doch noch das Spiel von Onkel Toni.«

»Welches Spiel?«, fragte ich.

»Das Quartett, das er letztes Mal mitgebracht hat.«

»Woher weißt du das?«, fragte ich.

»Von der Mama«, sagte er.

Ich stand auf und atmete tief ein.

»Okay«, sagte ich. »Ich bin gleich wieder da.«

Dann ging ich ins Schlafzimmer, zog die Nachttisch-schublade auf und holte das Diktatorenquartett raus. Ich hatte Skrupel, es mit Timmi zu spielen. Aber ich begriff sehr bald, dass ihm das alles gar nichts sagte. Er sah die Porträts dieser Männer in Uniformen oder glatten An-zügen, und er spielte mit ihnen. Für ihn waren die Herr-schaftsjahre eines Diktators nichts anderes als die Spann-weite eines Düsenjets. Es gab für ihn keinen Unterschied zwischen der Zahl ihrer Todesopfer und den Hubraum-angaben im Autoquartett. Es war alles dasselbe. Es war ein Spiel.

Man gewann, wenn man Idi Amin auf der Hand hatte, mit der unfassbaren Zahl von eins Komma zwei Millionen Todesopfern, oder mit Fidel Castro, der auf neunund-vierzig Regierungsjahre kam. Idi Amin und Fidel Castro, das waren unschlagbare Diktatoren. Das Dream-Team. Irgendwann begann auch das Diktatorenquartett zu langweilen, und weil gerade ein Stift herumlag auf dem Boden des Kinderzimmers, fing ich ohne zu überlegen an, einem von den schweren Jungs einen Bart zu malen.

»Was machst du da, Papa?«, fragte Timmi.

Ich hielt ihm die Karte hin. Ein Lächeln huschte über sein Gesicht. Das gefiel ihm. Und wie ihm das gefiel! Jetzt malten wir beide den Quartettdiktatoren Bärte auf, Schnurrbärte und Zwergenbärte. Wir zeichneten ihnen Schweineohren, Tabakpfeifen oder Brillen, wenn sie nicht, wie Muammar al-Gaddafi, sowieso schon Son-nenbrille trugen. Ich mochte es, wie Timmi dabei lachte. Es war schön, ihn so zu sehen. Ich hatte ihn lange nicht lachen sehen. Das fiel mir jetzt auf. Sicher, er war krank, und wer die Hand-Mund-Fuß-Krankheit hat, der hat nicht viel zu lachen. Aber das war es nicht. Ich dachte: Er ist wirklich ein ernstes Kind. Doch als wir den Diktatoren die Bärte malten, da lachte er, und wenige Tage danach war er wieder gesund. Vollkommen geheilt, ich konnte es kaum glauben. Immer wieder strich ich ihm über Arme und Beine, glatt und makellos, als hätte es nie die jucken- den Pusteln und diese brennenden Flächen gegeben.

So endete diese Zeit. Timmi musste wieder in die Schule, und ich blieb allein zu Haus. Ich starrte die Wand an und lauschte dem harten Sekundenschlag der Küchenuhr. Manchmal ging ich auf den Balkon und rauchte eine Zi- garette, oder ich setzte mich in Timmis Zimmer auf die Schaumstoffmatratze, die dort immer noch lag, zog das Rollo runter und glotzte in die Lampe. Einmal habe ich mir ein Vollbad gegönnt. Ich goss den Rest aus der Ka- millosan-Flasche in die Wanne. Ein sonnengelber Film überzog das Wasser, und ich sog den Duft, der mit dem Dampf aufstieg, ein. Ich stieg in die Badewanne und blieb lange darin sitzen, so lange, bis mir die Haut schrumpelig wurde, an meinen Händen, an meinen Füßen.

BOV BJERG

Beschissene Jobs, Folge 24: Gott

Ich glaubte nicht an Horoskope. Das änderte sich wenig, als ich sie selber schrieb. Für einen Tag, zwölf kleine Texte, Liebeberufgesundheit, von Steinbock bis Schütze, brauchte ich eine Stunde. Dafür bekam ich acht Euro. Alle paar Monate kam von der Agentur eine Mail, »brauchen in zwei Wochen August bis Dezember«, und ich unterbrach mein Leben und schrieb 31+30+31+30+31= 153 mal 12 Horoskope. Je länger ich schrieb, desto langsamer wurde ich. Wie beim Dauerlauf. Die Agentur verkaufte meine Arbeit an Contentmakler und Zeitungen. Ich wusste nicht, wie viel die Agentur dafür bekam.

Nach dem Kaffee drei Minuten Autogenes Training, Kopf auf Durchzug, ich tippte los. Ein Satz gab den nächsten, ganz wie es den Sternen beliebte:

Wassermann. Ihr Partner will Ihnen etwas sagen. Aber worum es wirklich geht, können Sie nur mit viel Geduld herausfinden. – Wenn Sie weiter so viel arbeiten, macht Ihnen das nicht nur Freunde. – Sie brauchen einen klaren Kopf. Meiden Sie heute Alkohol!

Es kam nur darauf an, die ärgsten Widersprüche zu vermeiden. Mitte August brauchte man niemanden zu ermahnen, beim Ausgehen den Schal nicht zu vergessen. Und wenn man einem Löwen am einen Tag »großartige Flirtchancen« versprach, dann durften sich die Flirtchan-

cen nicht am nächsten Tag »endlich bessern«. Horoskop-
leser hatten ein gutes Gedächtnis. Das einfachste war
Gesundheit. Wenn ich all meine Weisheiten abgespult
hatte, rief ich Mutter an, »ich bin's, wollt mich mal wieder melden«. Eine halbe Stunde später hatte ich genug
Ratschläge für einen ganzen Monat beisammen. »Wann
haben Sie eigentlich das letzte Mal Obst gegessen? Zu
viel Koffein kann auch müde machen. Versuchen Sie's
doch mal mit Früchtetee. Beim Heben schwerer Lasten
nicht den Rücken beugen, sondern in die Hocke gehen.
Ihre Bandscheiben werden es Ihnen danken.«

Ich tippte zwei Wochen lang, aß nicht viel, schlief
nicht tief, aber jeden Nachmittag rannte ich wenigstens
ein paar Kilometer durch die Stadt da draußen mit ihren
beruhigend klaren Konturen. Granit, Plastik, Glas, da
wusste ich, woran ich war. Gummisohlen auf Asphalt:
eine reelle Sache. Gegen Ende der Schreibsessions hielt
ich mich bei Laune, indem ich ein paar Gimmicks ein-
baute: »Holzsplitter lassen sich ganz leicht herausziehen,
wenn Sie die Wunde erst eine Woche lang eitern lassen.«
Beim Korrekturlesen strich ich solche Mätzchen wieder
heraus. Ich wollte den Job ja behalten. Nur den Spaß mit
den Anfangsbuchstaben ließ ich manchmal stehen: »Skor-
pion. Sie können ohne Reue planen. Ihre Ohnmacht
neigt ...«

Neigt was?

»... sich dem Ende.« Die es anging, würden schon wissen, was damit gemeint war.

Wenn alle 1836 Horoskope geschrieben waren, war das
Leben sehr einfach. *Wovor haben Sie eigentlich Angst?*
Rom wurde auch nicht an einem Tag erbaut. Nehmen Sie
lieber vier kleine Mahlzeiten zu sich als zwei große. Wer
rastet, der rostet.

Gespräche im herkömmlichen Sinn, also mit anderen Menschen, waren so natürlich nicht möglich. Ich verbrachte noch ein paar Tage in Quarantäne. Ich zappte durch die Fernsehprogramme, zwölf, sechzehn Stunden am Tag, um wieder zu lernen, wie Dialoge sich anhörten. Zwischendrin band ich jeden Nachmittag die Laufschuhe zu, rannte los, ganz leicht, wie nicht von dieser Welt, in langen Sätzen den Radweg bergab, den Radlern entgegen, die fluchten. Rannte rein in den Park, jeden Tag zwei Runden mehr, keine Erschöpfung, kein Schmerz. Den einen Tag, die Quarantäne ging zu Ende, ich spürte es, wollte ich hinter der Kaufhalle wieder bergauf. Wadenkrampf. *Sie machen sich selbst das Leben schwer. Reduzieren Sie Ihre hohen Ansprüche.*

Die Frau im weißen Kittel stand hinter dem Flachbau und rauchte. Sie schaute zu, wie ich die Beine vorsichtig streckte, das linke, dann das rechte gegen einen Poller drückte, Muskeln dehnte, Unterschenkel massierte. Unterm T-Shirt kitzelte der Schweiß. »Momentchen«, sagte sie und streckte die Hand mit der Kippe aus. »Halt mal. Bin gleich wieder da.«

Sie kam mit einer Flasche Mineralwasser wieder. »Hier«, sagte sie. »*Was auch alles geschieht, eine gute Tat kann Ihr ganzes Leben verändern.* Stand heut' in mei'm Horoskop.«

Ich presste durch die Zähne: »Waage, stimmt's?«

Sie sagte: »Wusst ich doch, dass du nicht normal bist. Woher weißt'n das?«

Vom Horoskopeschreiben war mein Hirn so leer wie das Gehirn einer frisch geschlüpften Graugans, und sie war die erste Frau, die ich sah. Ich dachte: »Ihre Flirtchancen könnten gar nicht besser sein.« Ich sagte: »Wusst' ich halt. Ich seh' so was.«

Frau Delion. Jeden Nachmittag lief ich zum Hintereingang der Kaufhalle. Dort verschnaufte ich und machte Dehnübungen, bis sie zur Zigarettenpause vor die Tür kam, eine Flasche Mineralwasser im Arm. Ich sagte: »Du rauchst ganz schön viel.« Sie sagte: »Du läufst ganz schön viel.« Oft erzählte sie, was in ihrem Horoskop stand, und manchmal las sie mein Horoskop vor. Mein Schicksal, von mir selbst geschrieben. Ich glaubte noch ein bisschen weniger daran als früher, aber man konnte nie wissen.

Unser letzter Tag war ein Freitag. Am Mittag hatte es geregnet, der Himmel war jetzt weiß gesprenkelt, die Luft frisch. Gerade hatte ich wieder sprechen gelernt, da tippte ich am Folgeauftrag, Januar bis Mai. Am Nachmittag rannte ich den Berg hinunter. »Was macht Sie eigentlich so nervös? Es läuft doch alles ganz hervorragend.« Frau Delion stand schon in der Tür. Sie rauchte nicht. Sie kaute Kaugummi. Sie streckte die Zeitung rüber: »Waage. Heute nach der Tagesschau müssen Sie sterben.«

Scheiße. Ich hatte vergessen, mein Gimmick wieder rauszustreichen. Die Agentur hatte es nicht bemerkt, und auch der Zeitungsredaktion war es nicht aufgefallen.

Es war fast keiner Zeitung aufgefallen. Im ganzen Land lasen die Waagen an diesem Tag, dass sie nach der Tagesschau würden sterben müssen. Zu Hunderten riefen sie in den Zeitungsredaktionen an und schimpften und weinten aus den Telefonhörern. Nur eine Redakteurin der Lausitzer Rundschau, hörte ich später, habe das Gimmick gelesen. Sie soll selbst Waage gewesen sein. Bevor die Seite mit den Horoskopen in Druck ging, habe sie eigenmächtig den Satz geändert: »Heute nach der Tagesschau müssen Sie sich strecken.« Die es anging, würden schon wissen, was damit gemeint war.

Ich erinnerte mich an den Tag, als ich das geschrieben

hatte. Kein guter Tag. Ich war fast am Ziel, doch kurz vorm Ende stand ich still. Jeder Satz verdrehte sich in sich selbst, verknotete und verklumpte zu einem grässlichen Monster mit dreizehn blumigen Verben und tausendundeinem billigen Adjektiv. Ich starrte auf den Monitor, Arschbacken zusammengekniffen, spielte dreihundert Runden Tetris, ohne auch nur in die Nähe meines Highscore zu kommen, und mein Stundenlohn sank und sank. Ich verfluchte diesen Job, ich verfluchte die mickrigen Kröten, die ich damit verdiente, ich verfluchte die Millionen einfältiger Trottel, für die ich diesen Käse rieb.

Nach der Tagesschau sterben. Das war harmlos gegen die Sätze, die ich gestrichen hatte. Frau Delion fragte: »Glaubst du, da ist was dran?«

Ich sagte: »Nein, natürlich nicht.« Und dachte daran, dass ich schon in wenigen Tagen wieder verlernt haben würde zu sprechen. Und dachte: *Ergreifen Sie endlich die Initiative. Jemand wartet darauf.* Und sagte: »Aber man kann nie wissen. Woll'n wir die Tagesschau zusammen gucken?«

Um zwei vor acht stand sie vor der Tür. Wir setzten uns.

Im Fernseher trieben die dicken Windpfeile über die Deutschlandkarte. Wir tranken unseren ersten und letzten Schluck Wein zusammen.

Hinten scheppterte die Eurovisions-Hymne. Vorn sagte Frau Delion: »Weißt du, ich bin verheiratet.« Und dass ihr Mann um neun von der Spätschicht komme, dann wolle sie zu Hause sein. Sie habe mal sehen wollen, wie ich so lebte. Sie habe nicht wirklich geglaubt, dass da was dran sei an diesem Horoskop. Sie habe bei der Zeitung angerufen, und die würden ihren Astrologen jetzt wechseln. Dass das ja nicht gehe, den Leuten so was auf den

Kopf zuzusagen. Selbst, wenn es stimmen sollte. Selbst dann gehe das nicht. Selbst dann nicht.

Halb neun, sie stand auf und strich ihr Kleid glatt. Ich hatte wenig Lust, mit einem Bauschlosser zu konkurrieren. Aber ich sagte: »Die haben nicht geschrieben, nach welcher Tagesschau. Die letzte kommt erst um eins.«

Frau Delion lachte im Gehen: »Dann sterb' ich eben im Schlaf.«

Ich trank den zweiten Schluck Wein. Als ich die zweite Flasche geleert hatte, nahm ich die Zeitung noch einmal zur Hand und las mein eigenes Horoskop. Gründlich.

ELKE HEIDENREICH

Der perfekte Mann

Er saß im Café am Tisch und las. Schon das allein: ein Mann, der las! Er las nicht auf seinem Handy, er las nicht die Sportzeitung, er las ein Buch. Er war versunken in eine Geschichte, er hatte keine Ahnung, wie erotisch lesende Männer auf gewisse Frauen wirken.

Sie saß zwei, drei Tische weiter weg, setzte vorsichtig ihre Brille auf und betrachtete ihn. Er war gut angezogen, der graue Pullover sah nach Kaschmir aus. Dunkle Hose. Die Schuhe geputzt, gute Lederschuhe, seit Monaten, Jahren, gefühlten Jahrtausenden endlich mal wieder ein Mann in Lederschuhen, keine Sneakers! Er trank einen weißen Wein, aß dazu ein Schweineohr und las. Weißer Wein und Schweineohr! Was für eine hochinteressante Mischung! Wenigstens kein Kaffee. Männer, die immerzu Kaffee trinken, sind meistens Quatschtanten, Plaudertaschen, von Mutti auf Käffchen programmiert; ein Nespresso mit Clooney, ja, das geht, aber doch nicht ein Mann im Café mit einem Kännchen Bohnenkaffee. Wie bei Oma. Der hier trank kühlen Wein, aß ein leckeres Schweineöhrchen aus Blätterteig, wischte sich die Krümel mit einer Serviette vom Mund, blätterte um, las seinen Roman, versunken.

Schon war sie verliebt. Sie verliebte sich gern, schnell und auch nur stundenweise. Sie wollte wissen, wie er roch, nach was er duftete, sie wollte wissen, was er las, bitte jetzt nicht *Die Tribute von Panem*, bitte nicht *Steuer-*

erklärung leicht gemacht, lieber Gott, lass ihn bitte *Madame Bovary* lesen oder *Der Gesang der Flusskrebse* oder, noch besser, *Die Wand* von Marlen Haushofer. Wenn er *Die Wand* lesen würde, dann würde sie ihn ansprechen, sie kannte keinen Mann, der *Die Wand* las, aber sie wünschte sich so einen schon so lange.

Sie ging an ihm vorbei zur Toilette, etwas zu nah. Sie nahm einen schwachen Duft wahr – das konnte vieles sein, sie erkannte es nicht, ein Japaner? Issey Miyake? Und sie konnte leider nicht sehen, was er las. Ein Taschenbuch.

Sie sah aber etwas anderes und ganz und gar Erstaunliches. Sie sah, dass er seinen schönen grauen Pullover auf links anhatte. Das Etikett war außen, die Innennähte zu sehen, der perfekte Mann trug eindeutig den Pullover falsch rum. Eigentlich war das rührend. Ja, sogar sehr rührend, er war ein Träumer, er hatte gar nicht darauf geachtet, wie herum er seinen guten Pullover über den Kopf zog, nein, wie sympathisch war das, dieses bisschen Schusseligkeit … ihr wurde ganz warm und glücklich zumute, und über all das musste sie jetzt erst mal nachdenken. Sie ging zur Toilette, kämmte sich, zog die Lippen nach, sprühte etwas *Portrait of a Lady* auf den Hals und nahm sich vor, ihn sehr liebevoll anzusehen. Vielleicht zu fragen: »Was lesen Sie da so versunken?«

Als sie zurückkam, zahlte er gerade und das Buch lag mit dem Rücken nach oben auf dem Tisch.

Er las *Fifty shades of grey.*

»Sie haben Ihren Pullover falsch rum an«, sagte sie etwas giftiger, als nötig gewesen wäre, und ging zu ihrem Platz.

ULRIKE HERWIG

Ein guter Tropfen

Michael stand neben dem kleinen Springbrunnen am Eingang der Einkaufspassage und blickte entnervt auf seine Uhr. Wo blieb Antonia nur? Sie hatten vereinbart, sich um 13.00 Uhr wieder zu treffen. Auf diese Weise musste er ihr nicht qualvoll langsam durch endlose Schuhläden folgen und sie konnte ihn ihrerseits nicht mit: »Nun komm schon!«, hetzen, wenn er sich mal in Ruhe ein paar neue technische Spitzfindigkeiten im Elektroladen ansehen wollte.

Es war bereits 13.23 Uhr. Er schickte eine weitere Nachricht an sie ab: Wo bleibst du? Brauchen noch das Geschenk!

Das Geschenk zum fünfzigsten Geburtstag seines Kumpels Frank mussten sie schließlich noch besorgen, eigentlich der Hauptgrund, warum sie sich in die samstägliche Hölle des Einkaufszentrums begeben hatten. Der feierte heute Abend ganz groß. Michael hatte da schon so eine Idee. Als alten Schottlandfan konnte man Frank sicher mit einer exzellenten Flasche Whisky erfreuen. Ein guter Tropfen – etwas Auserlesenes, Besonderes. Man wurde ja nur einmal fünfzig.

Manche schafften es nie bis dahin.

Endlich kam sie, bepackt wie ein viktorianischer Kofferträger. Ein riesiges viereckiges Paket klemmte unter ihrem Arm.

»Was hast du denn alles eingekauft?«, fragte er entgeistert.

»Was Schickes zum Anziehen für heute Abend. Frank wird nur einmal fünfzig. Und dann noch Pralinen und einen Bildband als Geschenk für ihn.«

»Einen Bildband? Wieso das denn?«, rutschte es ihm heraus.

Antonia war sofort beleidigt. »Also entschuldige mal«, wehrte sie sich. »Warum denn nicht? Es ist ein Sechzig-Euro-Bildband über die schottischen Highlands, damit machen wir ihm eine riesige Freude!«

»Frank ist doch kein Greis mit Gehhilfe, der sich die Dinge nur noch aus der Ferne in einem Bildband angucken kann. Ich schlage vor, wir kaufen ihm eine gute Flasche Whisky, und du schaffst das Ding wieder zurück.«

»Wie komme ich denn dazu?« Antonia drückte den unförmigen Bildband wie ein Baby an ihre Brust.

Sie fixierten sich wie zwei Boxer im Ring.

»Schön«, gab Michael nach. »Dann schenkst du ihm eben den sinnlosen Bildband. Ich jedenfalls kaufe jetzt meinem besten Freund ein richtiges Geschenk. Eins, worüber er sich wirklich freut.« Und mit diesen Worten marschierte er los in Richtung Delikatessenladen an der Ecke.

»Ich warte hier«, rief Antonia ihm hinterher. Doch als er sich nicht einmal umdrehte, lief sie ihm kurz entschlossen hinterher. Einen Mann unüberwacht auf zahllose Fressalien und Schnapsflaschen loszulassen, war keine gute Idee.

Der Verkäufer des Delikatessenladens musste hinter der Tür auf sie gelauert haben, denn er sprang sie beim Betreten des Geschäfts förmlich an.

»Kann ich Ihnen helfen?«

Antonia zuckte erschrocken zurück und bemühte sich, mit ihren sperrigen Tüten nicht die kunstvoll aufgebauten Arrangements aus französischem Käse, Kaviardöschen und Trüffelölen herunterzufegen. Leise Jazzmusik dudelte im Hintergrund und selbst die kleinen Schälchen mit Oliven machten einen vornehmen Eindruck.

»Einen Whisky suche ich«, erklärte Michael forsch. »Etwas Schottisches, wenn es geht. Ein bisschen was Gutes!«

Der Delikatessenmann zuckte für den Bruchteil einer Sekunde belustigt mit dem Mundwinkel. Mit seinem letzten Satz hatte Michael sich als ein Banause geoutet, der offenbar nur selten in diesen exquisiten Lokalitäten einkaufte.

»An was dachten Sie denn?«, fragte der Mann jetzt mit herrschaftlicher Miene. »Single Malt, Single Grain oder Blended?«

Michael ließ seinen Blick unschlüssig durch den Raum wandern und drehte sich dann hilfesuchend zu Antonia um.

»Was meinst du?«, fragte er sie.

Sie zuckte nur mit den Schultern und schwieg. Wie typisch, dass er jetzt alles auf sie abwälzen wollte.

»Single Malt«, entschied Michael nach einer Pause.

»Single Malt«, wiederholte der Verkäufer befriedigt. »Schwebt Ihnen eine bestimmte Destillerie vor? Aus den Highlands? Oder vielleicht von den Orkney Islands?«

Diesmal wartete er keine Antwort ab, sondern bewegte sich wieselflink in eine Ecke des Ladens, wo schier unzählige Sorten von goldgelben Whiskyflaschen im Regal standen wie Zinnsoldaten.

Michael unterdrückte den Impuls, wahllos eine Flasche zu greifen, zu zahlen und zu gehen. Die Auswahl gestaltete sich schwieriger, als er gedacht hatte.

»Highlands vielleicht? Welcher schmeckt denn gut?«, fragte er verwirrt.

»Nun, dieser hier wird immer wieder gern gekauft.« Der Verkäufer griff behutsam nach einer bauchigen Flasche, in der eine honigfarbene Flüssigkeit schimmerte.

»Glenmorangie Quarter Century, 25 Jahre alt. Ein delikater Single Malt der Extraklasse.«

Michael bemühte sich um einen Kennerblick. Prüfend strich er mit dem Finger über das Etikett, auf dem irgendwelche unverständlichen gälischen Worte einen Reigen bildeten.

»Aus den Highlands, selbstverständlich«, fügte der Verkäufer hinzu, offenbar in der lächerlichen Annahme, dass es irgendeinen Unterschied in Michaels Entscheidung machen würde.

»Klingt gut«, meinte Michael. »Was kostet der denn?«

»329 Euro«, antwortete der Verkäufer, ohne mit der Wimper zu zucken.

Antonia ließ vor Überraschung die Tüte mit den Pralinen fallen.

»Oh«, brachte Michael heraus. Dann kapitulierte er. »Das ist mir zu teuer. Gibt es auch etwas Billigeres in dieser … äh … Sorte?«

»Selbstverständlich. Dieser Glenmorangie hier kostet nur zweihundert Euro. Allerdings hat er keine Altersangabe. Ich weiß ja nicht, wie wichtig Ihnen das ist. Soll es ein Geschenk sein?«

Michael nickte stumm. Er schwitzte in seiner blauen Windjacke. Auf eine unbegreifliche Weise hatte der Verkäufer es fertiggebracht, ihn innerhalb weniger Minuten von einem generösen Mann, der seinem Kumpel eine Freude machen wollte, zu einem hinterwäldlerischen Geizhals zu degradieren.

»Immer noch zu teuer?«, fragte der Verkäufer lauernd.

Antonia räusperte sich laut. *Lass uns sofort gehen*, hieß das.

Michael wandte sich mit flehendem Blick an sie.

»Wir könnten doch den Bildband zurückbringen.«

»Meinen Bildband würde ich gern behalten«, gab sie unbarmherzig zurück.

»Was ist mit dem hier?«, fragte Michael und zeigte auf eine etwas schlankere Flasche mit demselben Etikett.

»15 Jahre alt, weich und leicht, Wood Finish«, zitierte der Verkäufer eine unsichtbare Quelle. »139,50 Euro.« Er sah Michael jetzt direkt in die Augen.

»Nehm' ich!«, krächzte dieser mit letzter Kraft.

»Exzellente Wahl!« Sein Gegenüber nickte und verpackte den teuren Whisky in eine kleine mit Stroh gefüllte Holzkiste wie einen Hamster.

Wie betäubt unterschrieb Michael seine Kreditkartenrechnung und nahm das Whisky-Kästchen in Empfang, wobei er es vermied, seine Frau anzusehen.

»Hundertneununddreißig Euro«, sagte Antonia kopfschüttelnd, sobald sie vor der Tür standen. Den ganzen Heimweg lang sprachen sie kein Wort mehr miteinander.

Zu Hause blätterte Antonia demonstrativ in dem neuen Bildband und gab ab und zu kleine Ausrufe des Entzückens von sich.

»Diese Berge! Diese Natur!«

Michael rutschte auf der Sesselkante hin und her. Er hatte sich bereits umgezogen, obwohl es fast noch zwei Stunden Zeit war, bis die Party anfing.

»Ist wohl ein schöner Bildband?«, fragte er schließlich.

»Unglaublich. Der Fotograf ist ein Genie. Übrigens interessiert sich Frank auch für Fotografie.« Sie seufzte.

Michael betrachtete die kostbare Flasche, die wie ein

Eindringling aus dem All auf ihrem IKEA-Couchtisch stand.

So etwas Edles hatte er noch nie getrunken, geschweige denn geschenkt bekommen.

»Wusste ich gar nicht«, bemerkte er nach einer Weile.

Endlich schaute sie auf. »Was wusstest du nicht?«

»Dass er gern fotografiert.«

»Dann weißt du es jetzt. Besonders Landschaftsfotos.«

Sie guckte wieder auf die Fotos, aber ihm fiel auf, dass sie nicht mehr weiterblätterte.

»Was hat Frank dir eigentlich zum Fünfzigsten geschenkt?«, fragte sie plötzlich.

»Eine Karte.«

»Eine Karte!« Sie gluckste. So wie sie es aussprach, klang es wie *Kakerlake*.

Michael knetete seine Finger.

»Du denkst also wirklich, dass er sich über den Bildband freuen würde?« Seine Ohren glühten.

»Natürlich«, versetzte sie ungerührt. »Sonst hätte ich ihn ja nicht gekauft.«

»Na dann.« Er stand auf.

»Was – na dann?«

»Gehe ich mal zwei Gläser holen.«

»Wozu?« Sie wirkte immer noch eingeschnappt, aber er konnte sehen, wie sich ein winzig kleines Lächeln um ihre Augen herum anbahnte.

»Wirst du schon sehen.«

Als Michael wiederkam, hatte sie den Bildband dekorativ auf den Tisch gestellt.

»Der macht sich gut hier«, bemerkte er und holte die Whiskyflasche aus ihrem Verlies.

»Finde ich auch.« Sie sah ihn endlich an. »Ich wollte schon immer mal nach Schottland.«

»Tja, dann schlage ich vor, wir gönnen uns jetzt einen

guten Tropfen und gucken uns zusammen unseren neuen Bildband an.«

Sie prustete los. »Ich glaube, ich hab irgendwo noch eine Glückwunschkarte.«

Er grinste und füllte zwei Gläser mit der skandalös teuren Flüssigkeit. »Na dann – Prost!«

Antonia nahm ihr Glas entgegen. »Auf Frank!«

F. SCOTT FITZGERALD

Bernice schneidet ihr Haar ab

I

Wenn man sich an Samstagabenden nach Einbruch der Dunkelheit auf dem Golfplatz an den ersten Abschlag stellte, lagen die Fenster des Country Clubs wie ein gelber Horizont über einem schwarzen, bewegten Meer. Die Wellen dieses Meeres waren die Köpfe der vielen neugierigen Caddies, der etwas schlaueren Chauffeure und der tauben Schwester des Golflehrers. Normalerweise gab es auch ein paar andere, sanfte Wellen, die genauso gut im Inneren hätten plätschern können, wenn sie gewollt hätten. Das war die Galerie.

Der »Balkon« befand sich im Inneren. Er bestand aus einem Kreis von Korbstühlen an den Wänden des großen Clubraums, der an diesen Abenden zum Ballsaal wurde. Dieser Bereich war erfüllt von einem großen weiblichen Stimmengewirr, hervorgerufen von Damen mittleren Alters mit scharfen Augen und eisigen Herzen hinter Lorgnetten und breiten Busen. Die Hauptfunktion des Balkons war kritischer Natur. Gelegentlich zeigte er widerwillige Bewunderung, aber gebilligt wurde hier gar nichts, denn unter Damen über fünfunddreißig ist wohlbekannt, dass die jungen Leute nur die übelsten Absichten hegen, wenn sie sich im Sommer zum Tanz treffen, dass verirrte einzelne Pärchen in den Ecken barbarische Dinge tun, wenn sie nicht ständig mit versteinerten Blicken traktiert werden, und dass die beliebtesten und gefährlichsten Mädchen manchmal sogar in den geparkten Limousinen ahnungsloser Matronen geküsst werden.

Aber letztlich ist dieser Kreis von Kritikerinnen nicht nahe genug an der Bühne, um die Gesichter der Schauspieler sehen zu können und die subtilen Nuancen der Handlung genau zu erfassen. Sie können nur die Stirn runzeln und die Köpfe zusammenstecken, Fragen stellen und befriedigte Schlüsse aus ihren Prinzipien ziehen, zu denen unter anderem gehört, dass jeder junge Mann mit einem höheren Einkommen das Leben eines gejagten Rebhuhns führt. Das eigentliche Drama der trügerischen, halbgrausamen Welt der Adoleszenz können sie niemals begreifen. Nein, die Hauptdarsteller, der Chor, die »Logen« und das »Parkett« befinden sich in jenem Wirbel von Gesichtern und Stimmen, der sich zu den klagenden afrikanischen Lauten von Dyer's Orchester im Tanz wiegt.

Vom sechzehnjährigen Otis Ormonde, der noch zwei Jahre auf der Hill School bleiben muss, bis zu G. Reece Stoddard, der zu Hause über dem Schreibtisch schon ein juristisches Diplom aus Harvard hängen hat, von der kleinen Madeleine Hogue, die sich immer noch seltsam und unbehaglich mit der hochgesteckten Frisur fühlt, bis zu Bessie MacRae, die schon ein bisschen zu lange – mehr als zehn Jahre – der Mittelpunkt jeder Party ist, bildet dieses bunte Durcheinander nicht nur die eigentliche Bühne, sondern umfasst auch die einzigen Leute, die einen ungehinderten Blick darauf haben.

Mit einem Tusch hört die Musik auf. Die Paare tauschen ein müheloses, künstliches Lächeln, wiederholen spöttisch die letzten Takte: *la-di-da-da dum-dum*, und dann übertönt das Gickern junger weiblicher Stimmen das Beifallklatschen.

Ein paar enttäuschte junge Männer, die gerade abklatschen wollten und mitten auf der Tanzfläche vom Ende der Musik überrascht worden sind, kehren lustlos an die Wände zurück. Hier ging es nicht so wild wie bei den Bällen zur Weihnachtszeit zu. Die sommerlichen Tanzereien wurden als nette, anregende Feste betrachtet, wo auch die Jungverheirateten noch gelegentlich aufstanden und zur gutmütigen Erheiterung ihrer jüngeren Brüder und Schwestern altmodische Walzer und einen ängstlichen Foxtrott vorführten.

Warren McIntyre, der ohne großes Engagement in Yale studierte, war einer dieser Enttäuschten; er tastete in der Jacke seines Abendanzugs nach einer Zigarette und schlenderte auf die große, halb im Dunkeln liegende Veranda hinaus, wo die Paare an Tischen verstreut saßen und die von Lampions beleuchtete Nacht mit unbestimmten Worten und flüchtigem Lachen erfüllten. Er nickte hierhin und dorthin, wo die weniger mit sich selbst Beschäftigten saßen, und jedes Mal, wenn er an einem Paar vorbeikam, lief ein halbvergessenes Bruchstück einer Geschichte vor seinem geistigen Auge ab, denn es war keine große Stadt und jeder war ein *Who's who* aller anderen. Da saßen zum Beispiel Jim Strain und Ethel Demorest, die seit drei Jahren heimlich verlobt waren. Jeder wusste, dass sie ihn sofort heiraten würde, wenn es Jim gelingen sollte, sich mal zwei Monate lang an einer Arbeitsstelle zu halten. Trotzdem sahen sie so gelangweilt aus, und Ethel schaute Jim so müde an, als ob sie sich fragte, warum sie die Ranken ihrer Zuneigung gerade an eine so schwankende Pappel geheftet hatte.

Warren war neunzehn und bedauerte alle seine Freunde, die nicht nach Osten aufs College gegangen waren. Aber wie alle Jungen gab er mächtig mit den Mädchen aus seiner Stadt an, wenn er weit genug weg war. Da war Genevieve Ormonde, die bei allen Bällen, Hauspartys und Footballschlachten in Princeton, Yale, Williams und Cornell die Runde machte. Da war die schwarzäugige Roberta Dillon, die in ihrem Jahrgang genauso berühmt war wie Hiram Johnson oder Ty Cobb; und natürlich war da Marjorie Harvey, die abgesehen davon, dass sie ein feenhaftes Gesicht und eine schnelle, verwirrende Zunge hatte, zu Recht auch dafür gefeiert wurde, dass sie beim letzten Pump-and-Slipper-Ball in Yale fünfmal hintereinander Rad geschlagen hatte.

Warren, der auf der gegenüberliegenden Straßenseite aufgewachsen war, war schon seit Längerem »verrückt nach ihr«. Manchmal schien sie sein Gefühl mit einer blassen Dankbarkeit zu erwidern, aber sie hatte ihn mit ihrem unfehlbaren Test geprüft und ihm mit ernster Miene mitgeteilt, dass sie ihn nicht liebte. Der Test bestand darin, dass sie ihn immer vergaß, wenn sie nicht in seiner Nähe war, und Geschichten mit anderen Jungs anfing. Warren fand das entmutigend, besonders, weil sie den ganzen Sommer über kleine Reisen gemacht hatte und er jedes Mal, wenn sie wieder zu Hause war, auf dem Tisch in der Garderobe der Harveys mehrere Tage lang haufenweise Briefe gesehen hatte, die in verschiedenen männlichen Handschriften an Marjorie adressiert waren. Und um alles noch schlimmer zu machen, hatte sie auch noch den ganzen August Besuch von ihrer Cousine Bernice aus Eau Claire und es schien unmöglich, sie mal alleine zu treffen. Ständig musste man nach jemandem suchen, der sich um Bernice kümmerte, und je weiter der August voranschritt, desto schwieriger wurde das.

Obwohl er Marjorie anbetete, musste Warren doch zugeben, dass ihre Cousine Bernice irgendwie lahm war. Sie war hübsch, hatte dunkles Haar und einen schönen Teint, aber es machte keinen Spaß mit ihr auf einer Party.

Jeden Samstag tanzte er einen langen, mühseligen Pflichttanz mit ihr, um Marjorie zu gefallen, aber er hatte sich immer nur gelangweilt in ihrer Gesellschaft.

»Warren –« Eine leise Stimme und eine Berührung an seinem Ellbogen unterbrachen seine Gedanken. Er wandte sich um und sah Marjorie, erhitzt und strahlend wie immer. Sie legte ihm die Hand auf die Schulter und sofort begann er unmerklich zu glühen.

»Warren«, flüsterte sie. »Tu mir einen Gefallen und tanz mit Bernice. Sie hängt jetzt schon fast eine Stunde bei dem kleinen Otis Ormonde fest.«

Warrens Glühen verblasste.

»Klar, natürlich«, sagte er halbherzig.

»Es macht dir doch nichts aus, oder? Ich achte schon darauf, dass du nicht an ihr kleben bleibst.«

»Schon gut.«

Marjorie lächelte – und dieses Lächeln war Belohnung genug. »Du bist ein Engel, ich bin dir total dankbar.«

Mit einem Seufzer sah der Engel sich auf der Veranda um, aber Bernice und Otis waren nirgends zu sehen. Er ging wieder hinein, und da fand er Otis vor der Damentoilette inmitten einer Gruppe von jungen Männern, die sich vor Lachen krümmten. Otis schwenkte ein Stück Holz, das er aufgehoben hatte, und führte wilde Reden.

»Sie ist reingegangen, um sich die Haare zu richten«, erklärte er lautstark. »Und ich darf jetzt darauf warten, eine weitere Stunde mit ihr zu tanzen.«

Das Lachen erhob sich von Neuem.

»Warum klatscht sie von euch keiner ab?«, rief Otis empört. »Sie möchte auch etwas Abwechslung.«

»Aber Otis«, sagte einer der Freunde. »Du hast dich doch gerade erst an sie gewöhnt.«

»Was willst du denn mit dem Balken da?«, fragte Warren lächelnd.

»Welcher Balken? Ach, der? Das ist eine Keule, wenn sie wieder rauskommt, hau ich sie ihr über den Schädel und schubse sie wieder rein.«

Warren ließ sich auf ein Sofa fallen und lachte. »Keine Sorge, Otis«, sagte er schließlich. »Diesmal werd ich dich erlösen.«

Otis simulierte einen plötzlichen Ohnmachtsanfall und gab Warren den Stock.

»Falls du ihn brauchst, alter Junge«, sagte er heiser.

Ganz egal, wie schön oder klug ein Mädchen sein mag – wenn sie den Ruf hat, selten abgeklatscht zu werden, ist das eine heikle Lage auf einem Ball. Die jungen Männer finden ihre Gesellschaft vielleicht sogar reizvoller als die der vielen Schmetterlinge, mit denen sie ein Dutzend Mal am Abend tanzen, aber die Jazzgeneration ist nun einmal ruhelos, und die Vorstellung, einen ganzen Foxtrott mit demselben Mädchen zu tanzen, erscheint ihnen unangenehm, ja absolut grässlich. Wenn es gar um mehrere Tänze hintereinander geht, einschließlich der Pausen dazwischen, dann kann sie sicher sein, dass ihr der junge Mann, wenn er endlich abgelöst worden ist, nie wieder auf die eigensinnigen Zehen treten wird.

Warren tanzte den ganzen nächsten Tanz mit Bernice und führte sie schließlich – dankbar für die Unterbrechung – zu einem Tisch auf der Veranda. Es entstand eine Pause, in der sie wenig imponierende Dinge mit ihrem Fächer tat.

»Hier ist es heißer als in Eau Claire«, sagte sie.

Warren unterdrückte ein Stöhnen und nickte. Das war – soweit er wusste – durchaus möglich. Müßig überlegte er, ob sie so wenig Aufmerksamkeit fand, weil sie eine schlechte Gesprächspartnerin war, oder ob sie eine schlechte Gesprächspartnerin war, weil sie so wenig Aufmerksamkeit fand.

»Bleibst du noch lange hier?«, fragte er, und dann wurde er rot. Womöglich erriet sie den Grund seiner Frage.

»Noch eine Woche«, erwiderte sie und starrte ihn an, um sich augenblicklich auf seine nächste Bemerkung zu stürzen, wenn sie seine Lippen verließ.

Warren zappelte herum. Einem plötzlichen barmherzigen Impuls folgend beschloss er, einen seiner Sprüche bei ihr zu probieren. Er wandte sich ihr zu und sah ihr in die Augen.

»Du hast einen richtigen Kussmund«, flüsterte er.

Das war ein Satz, den er gelegentlich bei College-Bällen benutzte, wenn er mit einem Mädchen in ähnlichem Halbdunkel saß. Bernice zuckte sichtlich zusammen. Sie wurde auf unattraktive Weise rot und hantierte ungeschickt mit dem Fächer. So etwas hatte noch nie jemand zu ihr gesagt.

»Frech!« – das Wort entfuhr ihr, ehe sie es richtig merkte, und sie biss sich sofort auf die Lippen. Viel zu spät entschloss sie sich, amüsiert zu sein, und schenkte ihm ein verlegenes Lächeln.

Warren war genervt. Er war es zwar gewöhnt, dass dieser Spruch nicht ernst genommen wurde, aber zumindest rief er doch meist ein Lachen oder ein paar Zeilen sentimentales Geplänkel hervor. Und er hasste es, wenn man ihn frech nannte, außer natürlich im Scherz. Sein barmherziger Impuls erstarb, und er wechselte das Thema.

»Jim Strain und Ethel Demorest sitzen natürlich auch wieder draußen«, sagte er.

Das lag mehr auf ihrer Linie, aber in ihre Erleichterung über den Themenwechsel mischte sich auch ein leichtes Bedauern. Männer redeten nicht mit ihr über Kussmünder, aber sie wusste, dass sie mit anderen Mädchen über so etwas redeten.

»Oh ja«, sagte sie und lachte. »Ich habe gehört, dass sie sich schon seit Jahren anschwärmen – ohne einen roten Heller zu haben. Ist das nicht albern?«

Warrens Abneigung wuchs. Jim Strain war ein enger Freund seines Bruders, und außerdem fand er es ganz schlechten Stil, wenn man sich über Leute lustig machte, weil sie kein Geld hatten. Aber Bernice wollte sich gar nicht lustig machen. Sie war bloß nervös.

2

Als Marjorie und Bernice eine halbe Stunde nach Mitternacht nach Hause kamen, sagten sie sich am oberen Ende der Treppe gute Nacht. Sie waren Cousinen, standen sich aber nicht nahe. Genau betrachtet hatte Marjorie gar keine engen Freundinnen – sie hielt Mädchen für dumm. Bernice dagegen hatte sich sehr danach gesehnt, bei diesem von den Eltern arrangierten Besuch mit Kichern und Tränen gewürzte Geheimnisse auszutauschen. Sie hielt das für einen unverzichtbaren Faktor bei jedem Gespräch unter Frauen. Aber in dieser Hinsicht hatte sie Marjorie eher kalt gefunden; mit ihr zu reden war für Bernice genauso schwierig wie die Gespräche mit Männern. Marjorie kicherte nie und hatte nie Angst, auch verlegen war sie nur selten. Sie hatte überhaupt nur sehr wenige von den Eigenschaften, die Bernice für angemessen und wunderbar weiblich hielt.

Als Bernice an diesem Abend mit ihrer Zahnpasta hantierte, fragte sie sich zum hundertsten Mal, warum ihr nie jemand Aufmerksamkeit schenkte, wenn sie von zu Hause weg war. Dass ihre Familie die reichste in Eau Claire war, dass ihre Mutter ständig Einladungen gab und vor jedem Ball ein kleines Abendessen für ihre Tochter, dass sie ihr sogar ein eigenes Auto gekauft hatte, in dem sie herumfahren konnte, hatte sie nie als wesentliche Faktoren für ihren gesellschaftlichen Erfolg in der Heimatstadt wahrgenommen. Wie die meisten Mädchen war sie mit dem lauwarmen Milchbrei von Annie Fellows Johnston und anderen Romanen gefüttert worden, in denen die Frauen wegen irgendwelcher geheimnisvollen weiblichen Qualitäten geliebt wurden, die ständig erwähnt, aber nie genau dargestellt wurden.

Bernice empfand einen vagen Schmerz darüber, dass sie nicht populär war. Sie wusste nicht, dass sie den ganzen Abend mit demselben jungen Mann getanzt hätte, wenn sich Marjorie nicht für sie eingesetzt hätte; aber sie wusste, dass sogar in Eau Claire viele Mädchen von weitaus bescheidenerer Stellung und geringerer Schönheit sehr viel mehr Aufsehen erregten. Sie führte das auf eine subtile Skrupellosigkeit dieser Mädchen zurück. Es hatte sie nie beunruhigt, und wenn es das getan hätte, dann hätte ihre Mutter sie damit beruhigt, dass die anderen Mädchen sich irgendwie billig machten und die Männer in Wirklichkeit Mädchen wie sie schätzten.

Sie drehte das Licht im Bad aus und beschloss aus einer Laune heraus, noch ein bisschen mit ihrer Tante Josephine zu plaudern, bei der noch Licht brannte. Ihre weichen Slipper glitten lautlos über den Teppich im Flur, aber als sie das Zimmer ihrer Tante erreichte, hörte sie Stimmen von drinnen. Sie schnappte ihren eigenen Namen auf, und ohne eigentlich lauschen zu wollen, blieb sie vor der nur angelehnten Tür stehen. Der Gesprächsfaden im Inneren durchschnitt ihr Bewusstsein so scharf, als würde er mit einer Nadel hindurchgezogen.

»Sie ist absolut hoffnungslos!« Das war Marjories Stimme. »Ach, ich weiß genau, was du sagen wirst! So viele Leute haben dir erzählt, wie hübsch und süß sie ist und wie gut sie kocht! Na und? Sie hat eine ganz miese Zeit hier. Die Männer mögen sie nicht.«

»Was ist schon ein bisschen billige Beliebtheit?« Mrs Harvey klang ärgerlich.

»Das ist das einzig Wichtige, wenn man achtzehn ist«, sagte Marjorie mit Nachdruck. »Ich hab doch mein Bestes getan. Ich bin höflich gewesen, ich hab die Männer gezwungen, mit ihr zu tanzen, aber die Männer langweilen sich nun mal nicht gern. Wenn ich diese fabelhafte Haarfarbe sehe, die an so ein Pusselchen verschwendet ist, und daran denke, was Martha Carey daraus machen würde – ach!«

»Es gibt keinen Anstand mehr heute.« Mrs Harveys Stimme implizierte, dass ihr das moderne Leben zu viel war. Als sie noch jung war, hatten alle jungen Mädchen, die zu guten Familien gehörten, immer eine herrliche Zeit.

»Na ja«, sagte Marjorie. »So eine lahme Ente kann man auf Dauer nicht durchschleppen. Heutzutage muss jedes Mädchen für sich selbst sorgen. Ich habe ihr sogar schon Tipps wegen ihrer Kleider und anderer Dinge zu geben versucht, aber da ist sie bloß wütend geworden und hat mich ganz komisch angeschaut. Sie ist sensibel genug, um zu merken, dass sie nicht gut ankommt, aber ich wette, sie tröstet sich damit, dass sie denkt, sie ist tugendhaft und ich würde ein böses Ende nehmen, weil ich so leichtsinnig bin. So denken diese Mauerblümchen doch alle. Saure Trauben! Sarah Hopkins nennt Genevieve, Roberta und mich die ›Gardenien-Mädchen‹. Ich wette, sie würde zehn Jahre ihres Lebens und ihre feine europäische Erziehung geben, wenn sie dafür ein ›Gardenien-Mädchen‹ sein könnte, drei oder vier Männer hätte, die in sie verliebt sind, und beim Tanzen alle paar Schritte abgeklatscht würde.«

»Ich habe den Eindruck«, unterbrach Mrs Harvey etwas ermüdet, »dass du durchaus etwas für Bernice tun könntest. Ich weiß, dass sie nicht sehr temperamentvoll ist.«

Marjorie stöhnte. »Temperamentvoll! Du meine Güte! Ich habe noch nie gehört, dass sie zu einem Jungen etwas anderes gesagt hätte als: Heiß ist es hier, voll ist es hier, nächstes Jahr gehe ich nach New York auf die Uni. Manchmal fragt sie auch, was für Autos sie haben, und erzählt ihnen, was sie für eins hat. Aufregend!«

Sie schwiegen kurz, und dann nahm Mrs Harvey ihren Refrain wieder auf: »Ich weiß nur, dass andere Mädchen, die nicht halb so attraktiv und süß sind, jederzeit Tanzpartner finden. Martha Carey zum Beispiel ist stämmig und laut, und ihre Mutter ist höchst gewöhnlich. Roberta Dillon ist dieses Jahr so dünn, dass man denkt, sie müsste nach Arizona. Und sie tanzt sich zu Tode.«

»Aber Mutter«, protestierte Marjorie ungeduldig. »Martha ist fröhlich und schrecklich witzig und clever, und Roberta ist eine fabelhafte Tänzerin. Sie ist schon seit Ewigkeiten so populär!«

Mrs Harvey gähnte.

»Ich glaube, es ist dieses verrückte Indianerblut bei Bernice«, fuhr Marjorie fort. »Vielleicht ist sie ein genetischer Rückfall. Die Indianerfrauen haben ja auch immer bloß rumgesessen und nie was gesagt.«

»Geh jetzt ins Bett, du dummes Kind«, lachte Mrs Harvey. »Ich hätte dir das nie erzählt, wenn ich gewusst hätte, dass du dir das merken würdest. Und die meisten deiner Ideen finde ich völlig idiotisch«, ergänzte sie schläfrig.

Es entstand eine weitere Pause, in der Marjorie überlegte, ob es sich lohnte, ihre Mutter zu überzeugen. Frauen über vierzig können selten von irgendwas überzeugt werden. Mit achtzehn sind unsere Überzeugungen

Berge, von denen wir herunterschauen; mit fünfundvierzig sind es Höhlen, in denen wir uns verstecken.

Nachdem sie sich das noch einmal vor Augen gehalten hatte, sagte Marjorie gute Nacht. Als sie auf den Flur trat, war er vollkommen leer.

3

Als Marjorie am nächsten Tag beim späten Frühstück saß, betrat Bernice das Zimmer mit einem sehr förmlichen Guten Morgen, setzte sich ihr gegenüber, sah sie aufmerksam an und befeuchtete leicht ihre Lippen.

»Hast du was auf dem Herzen?«, fragte Marjorie, etwas verwirrt.

Bernice machte eine Pause, ehe sie ihre Handgranate warf. »Ich habe gehört, was du gestern über mich zu deiner Mutter gesagt hast.«

Marjorie war erschrocken, zeigte aber nur eine leichte Röte, und ihre Stimme blieb ruhig. »Wo warst du?«

»Auf dem Flur. Ich wollte zuerst gar nicht zuhören.«

Nach einem unfreiwilligen Blick der Verachtung senkte Marjorie den Blick und begann sich sehr für eine verirrte Frühstücksflocke zu interessieren, die sie auf ihrem Zeigefinger balancierte.

»Ich glaube, ich sollte lieber nach Eau Claire zurückfahren – wenn ich so lästig bin«, sagte Bernice. Ihre Unterlippe zitterte heftig, als sie mit schwankender Stimme fortfuhr. »Ich habe versucht, nett zu sein, aber – erst bin ich ignoriert und dann beleidigt worden. Mich hat noch keiner besucht und ist so behandelt worden.«

Marjorie blieb stumm.

»Aber jetzt weiß ich ja, dass ich im Weg bin. Ich bin für dich eine Last. Deine Freunde mögen mich nicht.«

Sie machte eine Pause. Dann erinnerte sie sich an eine weitere Kränkung. »Natürlich war ich wütend, als du letzte Woche anzudeuten versucht hast, mein Kleid wäre unvorteilhaft. Denkst du, ich wüsste nicht, wie man sich kleidet?«

»Nein«, murmelte Marjorie nicht allzu leise.

»Was?«

»Ich habe überhaupt nichts angedeutet«, sagte Marjorie lapidar. »Wenn ich mich recht erinnere, hab ich gesagt, dass es besser sei, ein vorteilhaftes Kleid dreimal hintereinander anzuziehen, als zwischendurch zwei Scheußlichkeiten zu tragen.«

»Findest du, dass das eine nette Bemerkung war?«

»Ich hab gar nicht versucht, nett zu sein.« Dann nach einer Pause. »Wann willst du denn fahren?«

Bernice sog scharf die Luft ein. »Oh!« Es war ein kleiner schmerzlicher Aufschrei.

Marjorie sah überrascht hoch. »Hattest du nicht gesagt, du wolltest nach Hause?«

»Ja, aber –«

»Ach so, du hast bloß geblufft!«

Sie starrten sich einen Augenblick über den Frühstückstisch an. Neblige Wellen senkten sich über den Blick von Bernice, während Marjorie den ziemlich harten Gesichtsausdruck zeigte, den sie aufsetzte, wenn angetrunkene Erstsemester mit ihr zu schmusen versuchten.

»Du hast also geblufft«, wiederholte sie, als wäre von Bernice gar nichts anderes zu erwarten gewesen.

Bernice gab es zu, indem sie in Tränen ausbrach. Marjories Blick zeigte nur Langeweile.

»Du bist doch meine Cousine«, schluchzte Bernice. »Ich b-besuche dich doch. Ich sollte einen Monat lang bleiben – w-wenn ich jetzt nach Hause komme, wird es meine Mutter erfahren und sich f-fragen –«

Marjorie wartete, bis sich der Schwall von kaputten kleinen Wörtern in Schniefen auflöste. »Ich gebe dir mein Taschengeld für diesen Monat«, sagte sie kalt. »Dann kannst du die letzte Woche verbringen, wo du willst. Es gibt ein sehr hübsches kleines Hotel –«

Das Schluchzen wurde zu einem schrillen Flötenton, dann sprang Bernice abrupt auf und lief aus dem Zimmer.

Eine Stunde später, als Marjorie in der Bibliothek saß und intensiv damit beschäftigt war, einen der unverbindlichen, wunderbar ausweichenden Briefe zu verfassen, wie sie nur ein junges Mädchen zustande bringt, erschien Bernice wieder, rotäugig und angestrengt ruhig. Sie gönnte Marjorie keinen Blick, sondern nahm aufs Geratewohl ein Buch aus dem Regal und setzte sich, als wollte sie lesen. Marjorie schien völlig absorbiert von ihrem Brief und schrieb einfach weiter.

Als die Uhr Mittag schlug, klappte Bernice mit einem lauten Schnappen ihr Buch zu. »Ich sollte mir wohl lieber meine Fahrkarte kaufen.«

Das war keineswegs der Anfang der Rede, die sie oben eingeübt hatte, aber nachdem Marjorie ihr keine Stichworte gab und sie nicht bat, doch vernünftig zu sein, es sei alles ein Irrtum, war es die beste Eröffnung, die ihr noch einfiel.

»Warte, bis ich den Brief fertig habe«, sagte Marjorie, ohne sich umzusehen. »Den will ich heute noch auf die Post bringen.«

Nach einer weiteren Minute, in der ihr Federhalter eifrig kratzte, drehte sie sich um und entspannte sich mit einem Gesichtsausdruck, der besagte »ganz zu deiner Verfügung«. Wieder fiel es Bernice zu, etwas zu sagen.

»Willst du, dass ich nach Hause fahre?«

»Na ja«, überlegte Marjorie. »Wenn du hier keinen Spaß hast, fährst du wohl besser. Es hat ja keinen Sinn, unglücklich zu sein.«

»Findest du nicht, dass ein bisschen menschliche Freundlichkeit –«

»Jetzt komm mir bitte nicht mit den ›Little Women‹!«, rief Marjorie ungeduldig. »Das ist nun wirklich *passé*.«

»Findest du?«

»Um Himmels willen! Natürlich. Welches moderne Mädchen könnte wie diese albernen Frauen leben?«

»Das waren die Vorbilder unserer Mütter.«

Marjorie lachte. »Ach, das waren sie doch nicht wirklich. Außerdem waren unsere Mütter auf ihre Weise völlig in Ordnung, aber von den Problemen ihrer Töchter wissen sie wenig.«

Bernice setzte sich sehr gerade hin. »Bitte rede nicht so über meine Mutter.«

Marjorie lachte. »Ich wüsste nicht, dass ich sie erwähnt hätte.«

Bernice hatte das Gefühl, dass sie von ihrem Thema abgelenkt wurde. »Findest du, dass du mich gut behandelt hast?«

»Ich habe mein Bestes getan. Du bist ziemlich sprödes Material zum Bearbeiten.«

Die Lider ihrer Cousine begannen sich wieder zu röten. »Ich finde, du bist hart und egoistisch und hast keinerlei weibliche Eigenschaften an dir.«

»Ach, du lieber Gott!«, rief Marjorie voller Verzweiflung. »Du kleines Dummchen! Solche Mädchen wie du sind für sämtliche farblosen, müden Ehen verantwortlich und für die ganzen entsetzlichen Hilflosigkeiten, die als weibliche Eigenschaften bezeichnet werden. Das muss schon ein ziemlicher Schlag sein, wenn so ein Mann mit Fantasie das Bündel aus schönen Kleidern heiratet, um das er seine Visionen gebaut hat, und dann feststellen muss, dass es bloß ein schwacher, wehleidiger Pudding voller Ängste und aufgesetzter Gefühle ist.«

Bernice blieb der Mund offen.

»Die weibliche Frau!«, fuhr Marjorie fort. »Die Hälfte ihres Lebens ist sie damit beschäftigt, über Mädchen wie mich zu jammern, die wirklich ein bisschen Spaß haben.«

Bernice sank der Unterkiefer noch ein Stück weiter herunter, während Marjorie immer lauter wurde.

»Es ist ja noch verständlich, wenn ein hässliches Mädchen herumjammert. Wenn ich unrettbar hässlich wäre, hätte ich meinen Eltern nie verziehen, dass sie mich in die Welt gesetzt haben. Aber du beginnst das Leben doch ganz ohne Einschränkungen –« Marjorie ballte die kleine Faust. »Wenn du erwartest, dass ich dich bemitleide, dann muss ich dich leider enttäuschen. Fahr weg oder bleib, ganz wie du willst.« Sie nahm ihre Briefe und ging aus dem Zimmer.

Bernice täuschte Kopfschmerzen vor und erschien nicht zum Mittagessen. Am Nachmittag hatten sie eine Verabredung zu einer Matinee, aber Marjorie musste ihre Cousine »wegen anhaltender Kopfschmerzen« bei einem nicht allzu enttäuschten Jungen entschuldigen. Als sie gegen Abend ins Haus zurückkehrte, fand sie Bernice mit eigenartig entschlossenem Gesicht in ihrem Schlafzimmer vor.

»Ich bin zu dem Ergebnis gekommen«, sagte Bernice ohne irgendeine Vorrede, »dass du vielleicht recht hast – vielleicht aber auch nicht. Aber wenn du mir sagst, warum deine Freunde … nicht an mir interessiert sind, dann werde ich versuchen, das zu tun, was du von mir willst.«

Marjorie saß vor dem Spiegel und löste gerade ihr Haar. »Meinst du das ernst?«

»Ja.«

»Ohne Vorbehalt? Wirst du alles tun, was ich sage?«

»Nun ja, ich –«

»Kein Wenn und Aber! Wirst du genau das tun, was ich sage?«

»Wenn es vernünftige Dinge sind.«

»Das sind sie bestimmt nicht! Du bist kein Fall für vernünftige Dinge.«

»Wirst du mich – wirst du empfehlen –«

»Ja, alles. Wenn ich dir sage, du sollst Boxunterricht nehmen, dann musst du das auch machen. Schreib deiner Mutter, dass du noch zwei Wochen bleibst.«

»Wenn du mir sagen könntest –«

»Na schön, ich geb dir ein paar Beispiele. Vor allem fehlt dir die Leichtigkeit im Umgang mit anderen. Und warum? Weil du dir deiner äußeren Erscheinung nicht sicher bist. Wenn eine Frau das Gefühl hat, perfekt gepflegt und gekleidet zu sein, dann braucht sie über diesen Teil von sich gar nicht mehr nachzudenken. Das nennt man Charme. Je mehr du von dir vergessen kannst, desto mehr Charme hast du.«

»Sehe ich denn nicht in Ordnung aus?«

»Nein. Zum Beispiel kümmerst du dich nie um deine Augenbrauen. Sie sind schwarz und glänzen, aber weil du sie so struppig lässt, sind sie ein Schandfleck. Sie könnten sehr schön sein, wenn du ein Zehntel der Zeit, die du mit Nichtstun verbringst, darauf verwenden würdest, sie ein bisschen zu pflegen. Du brauchst sie bloß zu bürsten, damit sie gerade und glatt liegen.«

Bernice hob die infrage stehenden Brauen. »Willst du damit sagen, Männer achten auf so was?«

»Ja – unbewusst. Und wenn du wieder zu Hause bist, solltest du dir die Zähne richten lassen. Es ist zwar kaum zu merken, aber trotzdem –«

»Aber ich dachte«, unterbrach Bernice sie verwirrt, »dass du die niedlichen kleinen Püppchen verachtest.«

»Ich hasse das niedliche Denken«, erwiderte Marjorie. »Aber in seinem Äußeren muss ein Mädchen durchaus niedlich sein. Wenn du klasse aussiehst, kannst du über Russland, Pingpong oder den Völkerbund reden und niemand nimmt es dir übel.«

»Sonst noch was?«

»Oh, ich habe gerade erst angefangen! Da ist zum Beispiel deine Art zu tanzen.«

»Tanze ich denn nicht richtig?«

»Nein, tust du nicht. Du stützt dich auf die Männer – doch, doch, das tust du, wenn auch nur ganz leicht. Ich habe es gestern gemerkt, als wir zusammen getanzt haben. Außerdem stehst du ganz gerade, statt dich ein bisschen vorzubeugen. Wahrscheinlich hat dir mal eine alte Dame gesagt, dass es würdevoll aussieht, aber für die Männer ist es viel schwerer, außer bei einem sehr kleinen Mädchen. Und auf die Männer kommt es ja an.«

»Mach weiter.« Bernice spürte, wie ihre Gedanken sich überschlugen.

»Nun ja, du musst lernen, auch zu Männern nett zu sein, die eher traurige Vögel sind. Du siehst immer gleich beleidigt aus, wenn du an jemanden gerätst, der nicht zu den allerbeliebtesten Jungen gehört. Schau, Bernice, ich werde alle paar Meter abgeklatscht – und wer sind diese Männer? Nun, es sind gerade die traurigen Vögel. Kein Mädchen kann es sich leisten, sie einfach zu ignorieren. Sie sind fast immer in der Überzahl. Gerade junge Männer, die zu schüchtern sind, um zu reden, sind die besten Übungsobjekte für die Konversation. Auch unbeholfene Tanzpartner sind ideal, um zu üben. Wenn es dir gelingt, dich von so einem Tollpatsch führen zu lassen und dabei anmutig auszusehen, dann kannst du auch einem Panzer durch ein himmelhohes Stacheldrahtverhau folgen.«

Bernice stöhnte aus tiefster Seele, aber Marjorie war noch nicht fertig.

»Wenn du zu einem Ball gehst und, sagen wir mal, drei traurige Vögel findest, die mit dir tanzen und die du so gut unterhältst, dass sie gar nicht mehr wegwollen, dann hast du schon etwas erreicht. Die kommen das nächste Mal wieder, und bald werden so viele traurige Vögel mit dir tanzen, dass die attraktiven Jungs aufmerksam werden. Und wenn sie merken, dass nicht die Gefahr besteht, dass sie an dir kleben bleiben, dann werden sie auch mit dir tanzen wollen.«

»Ja«, sagte Bernice schwach. »Ich glaube, ich verstehe allmählich.«

»Und am Ende«, sagte Marjorie abschließend, »werden Gelassenheit und Charme ganz von selbst kommen. Eines Morgens wachst du auf und weißt, dass du sie hast. Und die Männer werden es auch wissen.«

Bernice stand auf. »Das war sehr nett von dir. Niemand hat je so mit mir geredet, und ich bin ein bisschen verdutzt.«

Marjorie gab keine Antwort, sondern starrte nachdenklich ihr Spiegelbild an.

»Du bist ein Schatz, dass du mir hilfst«, sagte Bernice.

Marjorie sagte immer noch nichts, und Bernice überlegte, ob sie vielleicht zu dankbar geklungen hatte.

»Ich weiß, du magst keine Sentimentalitäten«, sagte sie ängstlich.

Marjorie drehte sich abrupt zu ihr um.

»Ach, darüber habe ich gar nicht nachgedacht. Ich habe überlegt, ob wir nicht deine Haare abschneiden müssen.«

Bernice brach rücklings auf dem Bett zusammen.

4

Am darauffolgenden Mittwoch fand ein Dinner Dance im Country Club statt. Als sie mit den anderen Gästen hereinschlenderte und ihre Tischkarte suchte, war Bernice leicht irritiert. Zu ihrer Rechten saß G. Reece Stoddard, ein höchst angesehener und begehrenswerter Junggeselle, aber für die alles entscheidende Linke war nur Charley Paulson vorgesehen. Charley mangelte es an Körpergröße, Schönheit und gesellschaftlichem Geschick, und im Licht ihrer neuen Erkenntnisse kam Bernice zu dem Schluss, dass er wahrscheinlich nur deshalb ihr Partner geworden war, weil er noch nie an ihr kleben geblieben war. Aber ihre Irritationen verschwanden bereits nach der Suppe. Sie erinnerte sich an Marjories ganz spezifische Instruktionen, schluckte ihren Stolz, wandte sich Charley zu und stürzte sich ins Gespräch.

»Finden Sie, ich sollte mir die Haare abschneiden lassen, Mr Paulson?«

Charley hob erschrocken den Kopf. »Warum?«

»Weil ich darüber nachdenke. Es ist so ein einfaches und zugleich unfehlbares Mittel, um Aufmerksamkeit zu erregen.«

Charley lächelte freundlich. Er konnte nicht wissen, wie lange Bernice das geprobt hatte.

Er wisse nicht viel über kurzes Haar, sagte er. Aber Bernice war schon dabei, ihn aufzuklären.

»Wissen Sie, ich möchte ein richtiger Vamp werden«, erklärte sie kühl und teilte ihm mit, dass abgeschnittenes Haar die unumgängliche Voraussetzung dafür sei. Sie frage deshalb gerade ihn, sagte sie, weil sie gehört habe, dass er bei Frauen so wählerisch sei.

Charley, der über weibliche Psychologie so viel wusste

wie über buddhistische Meditation, fühlte sich vage geschmeichelt.

»Ich habe mich entschlossen«, sagte sie mit leicht gehobener Stimme, »dass ich nächste Woche zum Friseur im Sevier Hotel gehe, mich auf den ersten Stuhl setze und mir die Haare abschneiden lasse.« Sie geriet ins Stocken, weil sie merkte, dass die Leute in der Umgebung ihre Gespräche unterbrochen hatten und zuhörten; aber nach einer Sekunde der Verwirrung zahlte Marjories Training sich aus und sie beendete ihre Ausführungen so laut, dass alle in der Nähe mithören konnten. »Natürlich werde ich Eintritt verlangen müssen, aber wenn ihr zuschauen wollt und mich unterstützt, kann ich euch Plätze in der ersten Reihe versprechen.«

Es gab eine Welle anerkennenden Lachens, und unter diesem Deckmantel beugte sich G. Reece Stoddard herüber und sagte ihr blitzschnell ins Ohr: »Ich nehme sofort eine Loge.«

Sie sah ihn an und lächelte, als hätte er etwas überragend Brillantes gesagt.

»Glauben Sie an kurze Haare?«, fragte G. Reece mit demselben Unterton.

»Ich glaube, sie sind unmoralisch«, sagte Bernice ernsthaft. »Aber was soll ich machen? Man muss die Leute entweder amüsieren, füttern oder schockieren.« Das hatte Marjorie bei Oscar Wilde geklaut. Es wurde von einer neuen Welle von Gelächter vonseiten der Herren und einigen schnellen, angespannten Blicken vonseiten der Mädchen begrüßt. Dann, als hätte sie gar nichts Witziges oder Bedeutsames gesagt, wandte sich Bernice wieder Charley zu und sagte ihm vertraulich ins Ohr: »Ich wollte Sie nach Ihrer Meinung über verschiedene Leute fragen. Ich vermute, Sie sind ein wunderbarer Menschenkenner.«

Charley war von Begeisterung ganz durchdrungen und machte ihr ein subtiles Kompliment, indem er ihr Wasserglas umkippte.

Zwei Stunden später, als Warren McIntyre untätig bei den anderen jungen Männern herumstand, die Tanzenden beobachtete und sich fragte, wohin und vor allem mit wem Marjorie wohl verschwunden war, fiel ihm plötzlich etwas auf, was damit gar nichts zu tun hatte: Bernice, die Cousine von Marjorie, war in den letzten fünf Minuten gleich mehrfach abgeklatscht worden. Er schloss die Augen, machte sie wieder auf und schaute noch mal hin. Vor ein paar Minuten hatte sie noch mit einem Jungen getanzt, der zu Besuch in der Stadt war, was sich leicht erklären ließ: Er wusste es eben nicht besser. Aber jetzt tanzte sie schon wieder mit jemand anders, und Charley Paulson steuerte mit begeisterter Entschlossenheit auf sie zu. Komisch – Charley tanzte selten mit mehr als drei Mädchen am Abend.

Noch überraschter war Warren allerdings, als er sah, wer da abgelöst wurde: G. Reece Stoddard persönlich. Und er schien keineswegs glücklich darüber, dass er abgelöst wurde. Als Bernice das nächste Mal in der Nähe vorbeitanzte, warf Warren ihr einen prüfenden Blick zu. Ja, sie war hübsch, ganz eindeutig hübsch; und ihr Gesicht schien heute Abend richtig lebendig. Sie zeigte jenen Gesichtsausdruck, den keine schauspielerisch noch so begabte Frau glaubhaft vortäuschen konnte – sie sah aus, als hätte sie richtig Spaß. Die Art und Weise, wie sie ihr Haar trug, gefiel ihm. Er fragte sich, ob sie Brillantine benutzt hatte, weil es so glänzte. Und ihr Kleid stand ihr sehr gut – ein dunkles Rot, das ihre umschatteten Augen und heißen Wangen zur Geltung brachte. Er erinnerte sich, dass er sie sehr hübsch gefunden hatte, als sie in die Stadt gekommen war und er noch nicht wusste, dass sie langweilig war. Zu schade, dass sie langweilig war – langweilige Mädchen sind unerträglich –, aber hübsch genug war sie.

Seine Gedanken kehrten im Zickzack zu Marjorie zurück. Dieses Verschwinden würde genauso sein wie die anderen Abwesenheiten. Wenn sie wieder auftauchte, würde er fragen, wo sie gewesen war – und sie würde ihm nachdrücklich erklären, dass ihn das nichts anginge. Was für eine Schande, dass sie sich seiner so sicher sein konnte! Sie sonnte sich in der Gewissheit, dass ihn kein anderes Mädchen in der Stadt interessierte; sie forderte ihn geradezu heraus, sich in Genevieve oder Roberta zu verlieben.

Warren seufzte. Der Weg zu Marjories Zuneigung war wirklich ein Labyrinth. Er hob den Blick. Bernice tanzte erneut mit dem Jungen von auswärts. Halb unbewusst machte Warren einen Schritt vorwärts in ihre Richtung und zögerte plötzlich. Dann sagte er sich, dass es ein Akt der Nächstenliebe sei. Er ging auf sie zu – und stieß mit G. Reece Stoddard zusammen.

»Entschuldigung«, sagte Warren.

Aber G. Reece blieb keineswegs stehen, um sich zu entschuldigen. Er hatte stattdessen Bernice abgeklatscht.

Um ein Uhr morgens drehte sich Marjorie, den Finger schon am Lichtschalter, noch einmal im Flur um und warf einen letzten Blick auf die strahlenden Augen ihrer Cousine. »Es hat also wirklich geklappt?«

»Oh, ja, Marjorie!«, rief Bernice.

»Ich habe gesehen, dass du viel Spaß hattest.«

»Ja, hatte ich! Das einzige Problem war, dass ich um Mitternacht keinen Gesprächsstoff mehr hatte. Ich musste mich wiederholen – bei verschiedenen Männern natürlich. Ich hoffe, sie tauschen nicht ihre Erfahrungen aus.«

»Das tun Männer nie«, sagte Marjorie gähnend. »Und

wenn sie es täten, wäre es auch egal – sie würden dich nur für noch raffinierter halten.«

Sie knipste das Licht aus, und als sie die Treppen hinaufgingen, hielt sich Bernice dankbar am Geländer fest. Zum ersten Mal in ihrem Leben war sie müde getanzt worden.

»Siehst du?«, sagte Marjorie, als sie das obere Ende der Treppe erreichten. »Ein Mann sieht, wie ein anderer abklatscht, und schon denkt er: Da ist was zu holen. Na, für morgen werden wir uns was Neues ausdenken. Gute Nacht.«

»Gute Nacht.«

Als Bernice ihr Haar löste, ließ sie den Abend noch einmal Revue passieren. Sie hatte die Anweisungen ihrer Cousine genau befolgt. Selbst als Charley Paulson zum achten Mal abgeklatscht hatte, hatte sie Entzücken vorgetäuscht und sich geschmeichelt und interessiert gezeigt. Sie hatte weder über das Wetter noch über Eau Claire, ihre Uni oder Automobile geredet, sondern sich strikt an drei Themen gehalten: ich, du und wir.

Aber ein paar Minuten, bevor sie einschlief, rührte sich noch ein rebellischer Gedanke in ihrem schläfrigen Hirn: Letzten Endes hatte sie selbst es getan. Marjorie hatte ihr gesagt, worüber sie reden solle, das stimmte, aber Marjorie bezog einen großen Teil ihres Gesprächsstoffs aus den Büchern, die sie las. Auch das rote Kleid hatte Bernice selbst gekauft, obwohl sie es nicht wirklich zu schätzen gewusst hatte, ehe Marjorie es aus dem Koffer zog. Ihre eigene Stimme hatte die Worte gesagt, ihre eigenen Lippen hatten gelächelt und ihre eigenen Füße getanzt. Marjorie ist ein nettes Mädchen – sehr eitel – netter Abend – nette Jungs – wie dieser Warren – Warren – Warren – wie hieß er gleich – Warren –

Und damit sank sie in Schlaf.

5

Die folgende Woche war eine Offenbarung für Bernice. Mit dem Gefühl, dass die Leute sie wirklich gern ansahen und ihr gern zuhörten, wurden die Grundlagen ihres Selbstbewusstseins gelegt. Natürlich machte sie am Anfang noch zahlreiche Fehler. Sie wusste zum Beispiel nicht, dass Draycott Deyo Theologie studierte und dass er sie nur deshalb abgeklatscht hatte, weil er sie für ein stilles, zurückhaltendes Mädchen hielt. Sonst hätte sie wahrscheinlich darauf verzichtet, ihn mit einem Spruch zu begrüßen, der mit den Worten »Hallo, Sie Granate!« begann und dann in die Badewannengeschichte überging: »Im Sommer brauche ich immer ewig, um mein Haar hochzustecken. Es ist so viel davon da. Deshalb mach ich das immer zuerst, pudere mein Gesicht und setz mir den Hut auf; danach leg ich mich in die Wanne und dann zieh ich mich an. Ich finde das praktisch, Sie nicht?«

Obwohl sich Draycott gerade intensiv mit der Frage auseinandersetzte, ob der Körper bei der Taufe ganz eingetaucht werden müsste und welche Schwierigkeiten es dabei gab, vermochte er diesen Gesprächsbeitrag nicht zu würdigen. Weibliches Baden hielt er für ein unmoralisches Thema und machte Bernice daher ausführlich mit seinen Gedanken über die Verkommenheit der modernen Gesellschaft vertraut.

Zum Ausgleich für diesen unglücklichen Zwischenfall konnte sie sich aber auch einige markante Erfolge gutschreiben. Der kleine Otis Ormonde verzichtete auf einen Trip an die Ostküste und folgte ihr stattdessen mit der Ergebenheit eines Hündchens, sehr zum Ärger von G. Reece Stoddard, der gleich mehrere nachmittägliche Besuche bei Bernice durch die abscheuliche Verliebtheit, mit der Otis das Mädchen anstarrte, komplett ruiniert sah. Otis hatte ihr sogar die Geschichte von dem Knüppel erzählt, mit dem er vor der Damentoilette auf sie gewartet hatte, um ihr zu demonstrieren, wie schrecklich er und alle anderen sich in ihr getäuscht hatten. Bernice hatte ein bisschen das Gefühl, im Boden versinken zu müssen, aber sie lachte es einfach weg.

Der berühmteste und beliebteste ihrer Sprüche war nach wie vor der mit dem Haareabschneiden.

»Ach, Bernice, wann lässt du dir endlich die Haare abschneiden?«

»Übermorgen vielleicht«, würde sie sagen und lachen. »Kommt ihr auch zuschauen? Ich rechne fest mit euch, wisst ihr?«

»Und ob wir kommen! Das weißt du doch! Je schneller du's machst, umso besser!«

Bernice, deren haarschneiderische Absichten vollkommen unehrenhaft waren, lachte erneut.

»Bald ist es so weit! Ihr werdet euch wundern.«

Das bedeutendste Zeichen für ihren Erfolg allerdings war der Umstand, dass der graue Wagen des überkritischen Warren McIntyre jetzt täglich vor dem Haus parkte. Zuerst war das Dienstmädchen sehr überrascht, als er nach Bernice statt nach Marjorie fragte; aber nach einer Woche erzählte sie der Köchin, dass Bernice »Miss Marjorie den Verehrer weggeschnappt« hätte.

Und das hatte sie wirklich. Vielleicht hatte es damit angefangen, dass er Marjorie ein bisschen eifersüchtig machen wollte; vielleicht lag es daran, dass Bernice jetzt, ohne dass er das gemerkt hätte, ganz ähnlich wie Marjorie redete; vielleicht war es auch beides und außerdem noch eine ernsthafte Anziehung. Aber jedenfalls wusste innerhalb einer Woche die ganze Clique, dass Marjories zuverlässigster Verehrer eine erstaunliche Kehrtwende gemacht hatte und jetzt offensichtlich in ihre Cousine verknallt war. Die aktuelle Frage war jetzt, wie Marjorie das verkraften würde. Warren rief Bernice zweimal täglich an, schickte ihr kleine Briefchen, und sie wurden häufig zusammen in seinem Roadster gesehen, offensichtlich tief in eins jener intensiven und bedeutsamen Gespräche verwickelt, die um die Frage kreisten, wie ernst er es meinte.

Wenn Marjorie damit geneckt wurde, lachte sie nur. Sie sagte, sie sei sehr froh, dass Warren endlich jemanden gefunden habe, der ihn zu schätzen wisse. Also lachte die Clique mit ihr. Man ging davon aus, dass es Marjorie völlig egal sei, und beließ es dabei.

Als nur noch drei Tage ihres Besuchs übrig waren, wartete Bernice eines Nachmittags in der Halle auf Warren, mit dem sie zu einer Bridgeparty verabredet war. Sie war in recht glücklicher Stimmung, und als Marjorie – die ebenfalls zu der Party gehen würde – an ihrer Seite erschien und beiläufig ihren Hut im Spiegel zurechtrückte, war Bernice auf alles gefasst, nur nicht auf einen Krach. Marjorie verrichtete ihr Werk ganz knapp und kalt in drei Sätzen.

»Du kannst dir Warren aus dem Kopf schlagen«, sagte sie eisig.

»Was?« Bernice war völlig verblüfft.

»Du kannst aufhören, dich wegen Warren McIntyre zum Narren zu machen. Du bist ihm so egal wie ein Fingerschnippen.«

Einen angespannten Augenblick lang sahen sie sich an – Marjorie höhnisch und abweisend; Bernice erschrocken, halb ärgerlich und halb ängstlich. Dann fuhren zwei Autos vor, und es wurde vergnügt gehupt. Beide schluckten, drehten sich um und eilten Seite an Seite hinaus.

Während der gesamten Bridgeparty versuchte Bernice

vergebens, ihr zunehmendes Unbehagen zu unterdrücken. Sie hatte Marjorie verärgert, die Sphinx aller Sphinxen. Mit den unschuldigsten und harmlosesten Absichten der Welt hatte sie Marjories Besitz gestohlen. Sie fühlte sich plötzlich sehr schuldig. Nach dem Kartenspiel, als sie noch locker beisammensaßen und die Gespräche allgemeiner wurden, brach das Gewitter los. Es war der kleine Otis Ormond, der es versehentlich auslöste.

»Wann gehst du zurück in den Kindergarten, Otis?«, hatte jemand gefragt.

»Ich? An dem Tag, an dem Bernice sich ihr Haar stutzen lässt.«

»Dann ist deine Erziehung vorbei«, sagte Marjorie rasch. »Sie blufft nur. Ich dachte, das hättest du inzwischen gemerkt.«

»Ist das wahr?« Otis warf Bernice einen vorwurfsvollen Blick zu.

Bernice brannten die Ohren, als sie nach einer schlagfertigen Antwort suchte. Aber angesichts dieser direkten Attacke war ihr Gehirn wie gelähmt.

»Es gibt so viel Bluff in der Welt, Otis«, sagte Marjorie durchaus freundlich. »Ich hätte gedacht, du bist inzwischen alt genug, um das zu wissen.«

»Nun ja«, sagte Otis. »Das kann schon sein. Aber herrje! Bei Bernice und den Sachen, die sie so sagt –«

»Wirklich?«, gähnte Marjorie. »Was ist ihr neuestes Bonmot?«

Niemandem fiel etwas ein. Wie es schien, hatte Bernice, seit sie mit dem Verehrer ihrer Muse herumlief, überhaupt nichts besonders Witziges mehr gesagt.

»War das wirklich nur ein Spruch?«, fragte Roberta neugierig.

Bernice zögerte. Sie hatte das Gefühl, dass dringend

etwas Geistreiches von ihr verlangt wurde, aber unter den plötzlich sehr frostigen Augen ihrer Cousine war sie vollkommen erstarrt.

»Ich weiß nicht«, sagte sie zögernd.

»Quatsch«, sagte Marjorie. »Gib's einfach zu!«

Bernice sah, wie Warrens Blicke sich von der Ukulele lösten, mit der er herumgespielt hatte, und jetzt fragend auf ihr ruhten.

»Ach, ich weiß nicht!«, wiederholte sie, etwas fester. Ihre Wangen glühten inzwischen.

»Quatsch!«, sagte Marjorie noch einmal.

»Zeig's ihr, Bernice«, drängte Otis. »Sag ihr, wann Schluss ist.«

Bernice sah sich noch einmal um – Warrens Augen schien sie nicht entkommen zu können.

»Ich mag kurze Haare«, sagte sie hastig, als ob er ihr eine Frage gestellt hätte. »Und ich habe die Absicht, mir meine abschneiden zu lassen.«

»Und wann?«, fragte Marjorie.

»Jederzeit.«

»Warum nicht gleich?«, schlug Roberta vor.

Otis sprang auf die Füße. »Super!«, schrie er. »Wir machen eine Sommerschnitt-Party. Hast du nicht gesagt, beim Friseur im Sevier Hotel?«

Eine Sekunde später waren sie alle auf den Beinen. Bernice spürte, wie ihr Herz heftig pochte.

»Was?«, keuchte sie.

Aus der Gruppe erscholl Marjories Stimme, sehr klar und verächtlich. »Keine Sorge – sie wird sich drücken!«

»Komm, Bernice!«, rief Otis und machte sich auf den Weg zur Tür.

Zwei Augenpaare – Warrens und Marjories – starrten sie an und forderten sie heraus. Eine weitere Sekunde lang schwankte sie heftig.

»In Ordnung«, sagte sie rasch. »Jetzt ist es auch schon egal.«

Endlose Minuten später fuhr sie neben Warren durch den Spätnachmittag, während ihnen Robertas Wagen mit den anderen folgte. Bernice fühlte sich wie Marie Antoinette, die auf dem Schinderkarren zur Guillotine gefahren wird. Sie fragte sich vage, warum sie nicht anfing zu schreien und sagte, dass alles ein Irrtum war. Nur mit Mühe und Not konnte sie sich daran hindern, mit beiden Händen ihr Haar zu umklammern, um es vor der Welt zu beschützen, die plötzlich so feindlich geworden war. Aber sie tat weder das eine noch das andere. Selbst der Gedanke an ihre Mutter besaß keine Abschreckungskraft mehr. Das war jetzt der ultimative Test für ihren Sportsgeist; jetzt ging es um ihr Recht, unangefochten den Sternenhimmel der populären Mädchen betreten zu können.

Warren war übellaunig und stumm, und als sie zum Hotel kamen, hielt er am Straßenrand und bedeutete Bernice mit einem Kopfnicken, sie solle als Erste aussteigen. Aus Robertas Wagen stieg eine lachende Truppe und füllte das Friseurgeschäft, das zwei große Schaufensterscheiben zur Straße hin hatte.

Bernice stand auf dem Bürgersteig und schaute zu dem Schild hoch: Sevier Barber Shop. Es war wirklich die Guillotine, und der Henker war der Erste Friseur, der in seinem weißen Kittel am vordersten Stuhl lehnte und lässig eine Zigarette rauchte. Er musste von ihr gehört haben; er hatte bestimmt schon die ganze Woche gewartet und endlos Zigaretten geraucht neben diesem unheilvollen, viel zu oft beschworenen vordersten Stuhl. Würde man ihr die Augen verbinden? Nein, aber man würde ihr ein weißes Tuch um den Hals legen, damit ihr kein Blut – Unsinn – kein Haar auf die Kleider fiel.

»Also, Bernice«, sagte Warren schnell.

Mit dem Kinn in der Luft ging sie über den Bürgersteig, stieß die Pendeltür auf und marschierte, ohne die johlende Meute hinter sich zu beachten, die sich auf die Wartebank stürzte, auf den Friseurmeister zu.

»Ich möchte, dass Sie mir die Haare abschneiden.«

Der Mund des Friseurs klappte auf, und die Zigarette fiel auf den Boden.

»Häh?«

»Mein Haar – schneiden Sie's ab!«

Ohne weitere Präliminarien zu dulden, nahm Bernice ihren Platz auf dem hohen Sitz ein. Der Mann auf dem Stuhl neben ihr drehte sich zu ihr um und musterte sie mit einem Blick, der zur einen Hälfte aus Schaum und zur anderen aus Staunen bestand. Einer der Friseure erschrak und ruinierte den allmonatlichen Haarschnitt des kleinen Willy Schunemann. Mr O'Reilly auf dem letzten Stuhl grunzte und begann musikalisch auf Gälisch zu fluchen, als das Rasiermesser ihm die Backe aufritzte. Zwei Stiefelputzer kamen mit großen Augen angerannt, um sich auf ihre Füße zu stürzen. Aber nein, Bernice wollte nicht, dass man ihr die Schuhe putzte.

Draußen blieb ein Passant stehen und starrte herein; ein Ehepaar schloss sich an; ein halbes Dutzend kleiner Jungs presste die Nasen ans Glas der Schaufensterscheiben; Fetzen von Gesprächen, getragen vom Sommerwind, drangen durchs Fliegengitter herein.

»Schau dir die langen Haare von diesem Mädchen an!«

»Wie kommst du auf die Idee, dass es sich um ein Mädchen handelt? Das ist eine bärtige Lady, die er gerade rasiert hat.«

Bernice sah und hörte von alledem nichts. Sie nahm nur noch wahr, wie der Mann im weißen Kittel erst einen Schildpattkamm herauszog und dann den nächsten; wie

seine Finger ungeschickt an den ungewohnten Haar-
klammern herumfummelten; dass ihr Haar, ihr wunder-
bares Haar, sterben würde. Nie wieder würde sie das
lustvolle Ziehen spüren, wenn seine dunkelbraune Herr-
lichkeit ihr über den Rücken herabfiel.

Eine Sekunde lang wäre sie beinahe eingeknickt, aber
dann sah sie aus den Augenwinkeln ihre Cousine – Marjories Mund, der sich zu einem ironischen Lächeln ver-
zog und zu sagen schien: ›Na, gib schon auf und komm
runter! Du wolltest dich mir widersetzen, aber ich habe
deinen Bluff durchschaut. Du hast keine Chance!‹

Mit letzter Energie ballte Bernice die Fäuste unter dem
weißen Tuch, und ihre Augen zogen sich auf eine eigenartige Weise zusammen, die Marjorie sehr viel später zu
einer Bemerkung darüber veranlassen sollte.

Zwanzig Minuten später drehte der Friseur sie um, damit
sie sich im Spiegel sehen konnte, und sie zuckte zusammen, als sie das ganze Ausmaß des Schadens erkannte.
Ihr Haar war nicht lockig und hing jetzt rechts und links
in glatten, leblosen Blöcken an ihrem plötzlich toten-
blassen Gesicht herunter. Es war so hässlich wie die
Sünde – und sie hatte gewusst, dass es hässlich wie die
Sünde sein würde. Der Reiz ihres Gesichts war vor allem
die madonnenhafte Schlichtheit gewesen. Die war jetzt
verschwunden, und sie war – nun ja, schrecklich mittel-
mäßig geworden. Nicht etwa dramatisch, sondern nur
lächerlich, wie ein Mädchen aus Greenwich Village, das
seine Brille zu Hause vergessen hat.

Als sie vom Stuhl herabstieg, versuchte sie noch zu
lächeln – und scheiterte kläglich. Sie sah, wie zwei der
anderen Mädchen Blicke tauschten, wie sich Marjories
Mund in mildem Spott krümmte – und dass Warrens Augen plötzlich sehr kalt waren.

»Seht ihr«, sagte sie in die peinliche Stille hinein, »ich hab es getan.«

»Ja, das – hast du«, gab Warren zu.

»Gefällt's euch?«

Man hörte ein halbherziges »Sicher« von zwei, drei Stimmen, dann folgte eine weitere peinliche Pause, und mit schlangengleicher Schnelligkeit wandte Marjorie sich an Warren.

»Würde es dir etwas ausmachen, mich bei der Reinigung vorbeizufahren?«, fragte sie. »Ich muss da vor dem Abendessen noch dringend ein Kleid abholen. Roberta fährt direkt nach Hause und kann dabei … die anderen mitnehmen.«

Warren starrte gedankenverloren einen Fleck vor dem Fenster an. Dann ruhte sein Blick einen Moment lang kalt auf Bernice, ehe er sich Marjorie zuwandte.

»Mach ich gern«, sagte er langsam.

6

Aber erst, als sie beim Abendessen der erstaunte Blick ihrer Tante traf, wurde Bernice richtig klar, was für eine ungeheuerliche Falle man ihr gestellt hatte.

»Aber Bernice!«

»Ich hab's abschneiden lassen, Tante Josephine.«

»Aber Kind!«

»Gefällt's dir?«

»Aber Ber-nice!«

»Ich hab dich wohl schockiert?«

»Nein, aber was soll Mrs Deyo morgen denken? Bernice, du hättest warten sollen bis nach dem Ball bei den Deyos. Du hättest warten sollen, wenn du das vorhattest.«

»Es kam so überraschend, Tante Josephine. Aber warum ist es denn gerade für Mrs Deyo so wichtig?«

»Aber Kind!«, rief Mrs Harvey. »Bei ihrem Vortrag über ›Die Narreteien der jüngeren Generation‹, den sie beim letzten Treffen des Donnerstags-Clubs gehalten hat, hat Mrs Deyo eine Viertelstunde lang über Kurzhaarfrisuren gesprochen. Die sind die allerschlimmste Verfehlung für sie. Und das Fest ist zu deinen und Marjories Ehren!«

»Das tut mir leid.«

»Ach, Bernice, was wird deine Mutter sagen? Sie denkt womöglich, ich hätte es dir erlaubt.«

»Das tut mir leid.«

Das Abendessen war eine Qual. Sie hatte ein paar hastige Bemühungen mit einem Lockenstab unternommen und sich dabei die Finger und eine Menge Haare verbrannt. Sie sah, dass ihre Tante sehr besorgt und bekümmert war, und ihr Onkel sagte ein ums andere Mal in gekränktem und etwas feindseligem Ton: »Also, ich will doch verdammt sein!« Marjorie dagegen blieb vollkommen stumm und verschanzte sich hinter einem dünnen, leicht spöttischen Lächeln.

Irgendwie überstand sie den Abend. Drei Jungs kamen zu Besuch; Marjorie verschwand mit einem von ihnen, und Bernice machte einen schwachen und wenig erfolgreichen Versuch, die beiden anderen zu unterhalten. Sie war heilfroh, als sie um halb elf die Treppe hinauf in ihr Zimmer gehen konnte. Was für ein Tag!

Als sie ihr Nachthemd angezogen hatte, ging plötzlich die Tür auf und Marjorie kam herein.

»Bernice«, sagte sie. »Das mit der Tanzerei bei den Deyos tut mir sehr leid. Ich gebe dir mein Ehrenwort, dass ich sie völlig vergessen hatte.«

»Schon gut«, sagte Bernice kurz angebunden. Sie stand

vor dem Spiegel und zog langsam den Kamm durch ihr kurzes Haar.

»Ich geh morgen mit dir in die Stadt«, sagte Marjorie. »Da wird der Friseur dir die Haare richten, damit du schick aussiehst. Ich hab nicht gedacht, dass du es wirklich durchziehst. Es tut mir echt leid.«

»Ach, ist schon gut!«

»Na ja, es ist dein letzter Abend, da ist es nicht mehr so wichtig.«

Bernice presste die Lippen zusammen, als Marjorie ihr eigenes blondes Haar langsam über die Schultern nach vorn fallen ließ und zu zwei langen Zöpfen flocht und dabei in ihrem zarten cremefarbenen Negligé wie das Gemälde einer englischen Prinzessin aussah. Fasziniert sah Bernice zu, wie die Zöpfe wuchsen. Sie waren schwer und üppig und bewegten sich unter den flinken Fingern wie träge Schlangen – während Bernice nur die strähnigen Reste, das Lockeneisen und die vielen Blicke am nächsten Tag blieben. Sie sah schon vor sich, wie G. Reece Stoddard, der sie doch gemocht hatte, seine arrogante Harvard-Miene aufsetzte und den Leuten bei der Abendgesellschaft erklärte, man hätte Bernice nicht erlauben sollen, so oft ins Kino zu gehen. Sie ahnte, wie Draycott Deyo Blicke mit seiner Mutter tauschte und sie dann mit gewissenhafter Nächstenliebe traktierte. Aber vielleicht hatte Mrs Deyo bis morgen schon gehört, was passiert war, und würde ihr eine eisige kleine Nachricht mit der Bitte schicken, gar nicht erst zu erscheinen. Hinter ihrem Rücken würden jedenfalls alle lachen. Alle würden wissen, dass Marjorie sie zum Narren gemacht hatte. Dass ihre Aussicht auf Schönheit von der eifersüchtigen Laune eines egoistischen Mädchens zunichtegemacht worden war. Sie setzte sich abrupt vor den Spiegel und biss sich von innen auf ihre Wange.

»Mir gefällt's«, sagte sie mühsam. »Ich glaube, es steht mir gut.«

Marjorie lächelte. »Es sieht völlig okay aus. Mach dir um Himmels willen deswegen keine Sorgen.«

»Mach ich nicht.«

»Gute Nacht, Bernice.«

Aber als die Tür sich schloss, zerriss etwas in Bernice. Energisch sprang sie auf die Füße, ballte die Fäuste, ging schnell und lautlos zu ihrem Bett und zog ihren Koffer darunter hervor. Sie warf ein paar Toilettenartikel und ein paar Sachen zum Wechseln hinein. Dann wandte sie sich ihrer Reisetruhe zu und kippte hastig zwei Schubladen voll Unterwäsche und Sommerkleider hinein. Sie bewegte sich leise, aber mit tödlicher Zielstrebigkeit. Innerhalb einer Dreiviertelstunde war ihre Reisetruhe verschlossen und zugeschnallt, und sie selbst trug ein kleidsames neues Reisekostüm, das sie mit Marjorie zusammen ausgewählt hatte.

Sie setzte sich an den Schreibtisch und schrieb Mrs Harvey eine Notiz, in der sie die Gründe für ihre Abreise in knappen Worten umriss. Den Umschlag versiegelte und adressierte sie, ehe sie ihn auf ihr Kopfkissen legte. Dann warf sie einen Blick auf die Uhr. Der Zug fuhr um ein Uhr nachts, und sie wusste, dass sie zwei Blocks entfernt am Marborough Hotel leicht ein Taxi finden würde.

Plötzlich sog sie scharf die Luft ein, und ein Blitz zuckte über ihr Gesicht, den ein geübter Beobachter vielleicht mit dem Ausdruck in Verbindung gebracht hätte, den sie auf dem Frisierstuhl gezeigt hatte – er war gewissermaßen eine Fortentwicklung des anderen. Es war ein völlig neuer Blick bei Bernice – und er blieb nicht ohne Folgen.

Sie ging verstohlen noch einmal zum Schreibtisch und nahm einen Gegenstand auf, der dort lag. Dann drehte sie alle Lichter aus und blieb ruhig stehen, bis ihre Augen sich an die Dunkelheit gewöhnt hatten. Leise stieß sie die Tür zu Marjories Zimmer auf, wo sie den gleichmäßigen, stillen Atem eines tief schlafenden, unbeschwerten Gewissens vernahm.

Jetzt stand sie schon neben dem Bett, sehr entschlossen und ruhig. Sie beugte sich vor und handelte rasch. Mit der Hand fand sie einen von Marjories Zöpfen und folgte ihm mit den Fingern bis fast an den Kopf. Sie ließ etwas locker, damit die Schläferin kein Ziehen spürte, dann senkte sie die Schere und schnitt den Zopf ab. Mit dem abgeschnittenen Haar in der Hand hielt sie lange die Luft an. Marjorie murmelte etwas im Schlaf. Geschickt amputierte Bernice auch den anderen Zopf, wartete noch einen Moment und huschte dann flink und lautlos zurück in ihr eigenes Zimmer.

Unten stieß sie die große Haustür auf und schloss sie sorgfältig hinter sich. Sie fühlte sich seltsam glücklich und überschwenglich, als sie von der Veranda ins Mondlicht trat, und schwenkte ihren schweren Koffer wie eine Einkaufstasche. Nachdem sie eine Minute lang zügig marschiert war, entdeckte sie, dass ihre linke Hand noch immer die beiden blonden Zöpfe umklammerte. Sie kicherte überrascht – und musste hastig den Mund zuklappen –, um nicht in schallendes Gelächter auszubrechen. Jetzt kam sie an Warrens Haus vorbei und stellte spontan ihr Gepäck ab. Sie schwang die Zöpfe wie Lassos und schleuderte sie auf die Veranda, wo sie mit einem leichten *Plopp!* auf dem Holz landeten. Wieder begann sie zu lachen, und diesmal hielt sie sich nicht zurück.

»Ha!«, sagte sie kichernd. »Skalpiert das egoistische Biest!«

Dann nahm sie ihren Koffer und rannte die mondbeschienene Straße hinunter.

ELIAS HIRSCHL

Was sie wollen

Sie wollen, dass das Buch in zwei bis drei Tagen geliefert wird. Sie wollen, dass das Buch noch am selben Tag geliefert wird. Sie wollen, dass das Buch geliefert wird. Sie wollen, dass das Buch nicht komisch riecht. Sie wollen, dass der Einband nicht beschädigt ist. Sie wollen, dass der Kartonschuber nicht verbeult ist. Sie wollen, dass das Papier nicht bibeldünn ist. Sie wollen, dass das Buch nicht eingerissen ist und keine Eselsohren hat. Sie wollen keine zehn Euro für dieses Taschenbuch ausgeben. Sie wollen keine zwanzig Euro für dieses Hardcover ausgeben. Sie wollen, dass das Buch keine Notizen darin hat. Sie wollen, dass das Buch keine Flecken hat. Sie wollen ein unbeflecktes Buch. Sie wollen, dass das Buch leicht verständlich ist. Sie wollen, dass das Buch nicht zu banal ist. Sie wollen etwas aus diesem Buch lernen. Sie wollen, dass das Buch sie nicht belehrt. Sie wollen, dass die Hauptfiguren eine große Wandlung durchleben. Sie wollen, dass eine neue Wirklichkeit erschaffen wird. Sie wollen, dass nicht zu viele Stellen auf Latein vorkommen. Sie wollen, dass sie die Wörter nicht extra im Internet nachschlagen müssen. Sie wollen, dass sie nicht etwas erfahren, dass sie gar nicht wissen wollten. Sie wollen keine Namen, Sätze und Taten auswendig lernen. Sie wollen, dass die Lektüre nicht ermüdend ist. Sie wollen keine Gewalt. Sie wollen keine Sexszenen. Sie wollen mehr Sexszenen. Sie wollen mehr Gewalt. Sie wollen, dass die Charaktere gut ausgearbeitet sind. Sie wollen, dass die Haar- und Augenfarbe der Charaktere erwähnt wird. Sie wollen keine elendslangen Beschreibungen von einer Frau, die Kartoffeln schält. Sie wollen kein Buch für ihre Kinder kaufen, das eigentlich gar nicht für Kinder geeignet ist. Sie wollen, dass das Buch bei ihren Kindern nicht zu einer Verwirrung des Geistes führt. Sie wollen, dass ›Der kleine Prinz‹ keinen Selbstmord enthält. Sie wollen, dass ›Der kleine Prinz‹ nur aus der Zeile »Man sieht nur mit dem Herzen gut.« besteht. Sie wollen, dass ›Der kleine Prinz‹ eine Postkarte ist, mit der Zeile »Man sieht nur mit dem Herzen gut.« darauf. Sie wollen, dass Kinderbücher ihre Kinder nicht schockieren. Sie wollen nicht, dass ihre Kinder schockiert sind. Sie wollen, dass ›Harry Potter‹ nicht so primitiv illustriert ist. Sie wollen, dass das Buch die Erwartung erfüllt, die seine Verfilmungen versprechen. Sie wollen, dass das Buch nicht so unsympathisches Glanzpapier hat. Sie wollen, dass erwachsene Menschen nicht ›Harry Potter‹ lesen, weil das nur noch traurig ist. Sie wollen, dass nicht so ein Gedöns um eine Fantasiefigur gemacht wird. Sie wollen nicht sieben Bücher, sondern nur eines. Sie wollen nicht, dass im Talmud so viele Rabbiner zitiert werden. Sie wollen, dass der rote Faden erkennbar bleibt. Sie wollen, dass der Koran nicht so eine bekehrende Religion ist. Sie wollen da eigentlich gar nicht mehr dazu sagen. Sie wollen, dass die ›Odyssee‹ nicht in Reimen erzählt wird. Sie wollen, dass die ›Ilias‹ nicht zu 90 Prozent aus der Aufzählung von altgriechischen Namen besteht. Sie wollen, dass Goethe nicht sechzig Jahre lang für ein einziges Theaterstück braucht. Sie wollen, dass man ihre Kinder nicht mehr mit Schiller quält. Sie wollen, dass sich niemand ›Romeo und Julia‹ kauft. Sie wollen, dass, wenn sie die Hörbuch-CD auf ihrem PC starten, nicht ein Inhaltsverzeichnis in einer fremden Sprache erscheint, woraufhin sie die 2. Szene und den 2. Auftritt starten und, nachdem sie sich mithilfe des Reclam-Heftes Orientierung verschafft haben, feststellen mussten, dass der berühmte Monolog aus ›Hamlet‹ eigentlich im 4. Aufzug in der 3. Szene (Sein oder Nichtsein) auf der CD gar nicht enthalten ist, sondern im 3. Aufzug in der 2. Szene (Titel Nr. 8), und wenn sie das vorher gewusst hätten, hätten sie diese CD gekauft. Sie wollen, dass ›Das Kapital‹ von Karl Marx nicht auf einer völlig falschen Grundprämisse aufbaut. Sie wollen, dass Ayn Rand nicht so viel über ihre abstruse Sexualität schreibt. Sie wollen ja gar nicht politisch werden. Sie wollen, dass ›Mein Kampf‹ von Adolf Hitler nicht so verteufelt wird. Sie wollen, dass nicht so ein Hype um dieses Buch gemacht wird. Sie wollen, dass dieses Buch nicht um 70 Euro mit einer Auflage von gerade mal 4000 Stück verkauft wird, seit das Urheberrecht abgelaufen ist. Sie wollen all diese kritischen Kommentare in der Neuausgabe von ›Mein Kampf‹ nicht. Sie wollen, dass ihnen das Buch nicht von linkslinken Akademikern kaputt gemacht wird. Sie wollen, dass Historiker nicht immer ihren Senf dazugeben. Sie wollen, dass der Pappschuber stabil ist und die Kanten nicht so stumpf geschnitten. Sie wollen, dass, wenn sie schon eine limitierte Sammleredition kaufen, zumindest auch irgendwo im Buch eine Seriennummer zu finden ist, die dokumentiert, ist, dass das eine limitierte Sammleredition ist. Sie wollen, wenn sie den Mythos des Sisyphos als Kindle-Ausgabe kaufen und in den folgenden sechs Jahren dreimal das Kindle wechseln, das Buch nicht ein drittes Mal herunterladen müssen, was eine Unverschämtheit ist, zumal der Kindle-Preis dem eines gedruckten Buches entspricht. Sie wollen sich ja gar nicht aufregen. Sie wollen, dass der Autor sich nicht in Schwarzseherei ergeht, in Gejammer von der angeblichen Sinnleere des Seins, der Substanzlosigkeit und der Absurdität des Lebens. Sie wollen, dass Elfriede Jelinek in ihnen nicht nur ein Gefühl des Ekels auslöst. Sie wollen ›Die Klavierspielerin‹ ja wirklich lesen. Sie wollen von ihrem Freundeskreis ja nicht für dumm gehalten werden. Sie wollen der Protagonistin gegenüber Gefühle hegen. Sie wollen, dass die einzigen Gefühle, die sie bei der Lektüre von Jelinek entwickeln, nicht entstellend und verstörend sind. Sie wollen, dass solche Geschichten niemandem einfallen. Sie wollen, dass die Autorin nicht vorbelastet ist. Sie wollen, dass das Buch sie nicht provoziert. Sie wollen das Buch jetzt zurückgeben. Sie wollen jetzt mit einem Vorgesetzten sprechen. Sie wollen nicht nach einem Sinn suchen müssen. Sie wollen eine gemeinsame Basis mit Ingeborg Bachmann finden. Sie wollen, dass Thomas Bernhard postum gesteinigt wird. Sie wollten nie etwas von Kafka lesen, aber sie mussten ihn in der Schule lesen. Sie wollen, dass Kafka nicht immer so negativ ist. Sie wollen, dass ›Der Process‹ ein Ende hat. Sie wollen, dass der Roman eine zufriedenstellende Interpretation hat. Sie wollen nicht, dass das Buch dreckig, alt und stinkend ist. Sie wollen, dass das Cover dem entspricht, was in der Beschreibung abgebildet wurde. Sie wollen, dass der Inhalt dem entspricht, was auf dem Cover abgebildet wurde. Sie wollen, dass da nicht mit so vielen Worten so wenig gesagt wird. Sie wollen aufgeben. Sie wollen das Buch in den Kamin werfen. Sie wollen es nicht fertig lesen. Sie wollen ›Der Verschollene‹ lesen, oder ›Amerika‹. Sie wollen, dass der Titel nicht so verwirrend ist. Sie wollen sich jetzt nicht auch noch die letzten zwanzig Seiten reinwürgen. Sie wollen, dass der Roman sie nicht kalt lässt. Sie wollen, dass das Buch endlich bei ihnen ankommt. Sie wollen nicht noch länger auf das Buch war-

ten. Sie wollen, dass das Buch eine Haltung hat, eine Botschaft, eine Meinung, eine Intention, eine Aussage, etwas, das ihnen sagen kann, was sie davon halten sollen.
Sie wollen einfach nur wissen, worum es geht.

*Der Text basiert auf 1-Sterne-Bewertungen von Ama-
zon-Leserstimmen.*

ELIN ÅSBAKK LIND

Sudeks feuchte Fenster

Ich werde weit reisen,
nur um dir Postkarten zu schreiben:
Ich vermisse dich – auch hier.

Im Adressfeld stand nur der Vorname. Ansonsten war die Adresse korrekt, es stimmte jeder Buchstabe und auch die Hausnummer, es war die richtige Postleitzahl und die richtige Stadt, doch die Postkarte war ganz offensichtlich nicht für ihn bestimmt. Die die Karte geschrieben hatte, signierte sie nur mit S. Dass sie ihn so vermisste. Das hatte er noch nie erlebt, dass jemand eine solche Sehnsucht beschrieb.

Er strich die Adresse auf der Postkarte mit einem großen Kreuz durch, schrieb »falsche Adresse« daneben und ging damit zur Poststelle im Laden ein paar Straßen weiter.

Der Mann, der sie entgegennahm, schaute skeptisch drein. Sagte, es sei schwierig, den richtigen Empfänger ausfindig zu machen, ohne mehr zu wissen, als dass der Betreffende Kristian hieß. Jetzt würde die Postkarte also im Mülleimer dieser verdammten Poststelle landen. Ihre Worte waren vergebens gewesen, sie bildeten lediglich irgendwo tief in ihm eine Blase aus Sehnsucht.

Die nächste Postkarte, die ankam, behielt er. Nicht ohne Scham. Und trotzdem. Auf der Vorderseite der Postkarte war der Ausschnitt eines Straßencafés zu sehen, die Ecke eines kleinen Tisches, darauf eine Kaffeetasse und eine kleine Vase mit einer roten Rose.

Die Sehnsucht, die er zwischen ihren Zeilen herauslas, machte ihn unruhig und ungeduldig. Als ob er etwas tun müsste, an das er sich nicht mehr erinnerte. Als ob etwas von ihm verlangt würde, er aber vergessen hatte, was es war.

Er drehte die Postkarte hin und her, hielt sie sich an die Nase, schnupperte daran. Sie roch nur nach Papier. Und trotzdem. Es hatte etwas Verlockendes, sich vorzustellen, wie sie diese Postkarte, nur wenige Tage zuvor, ganz nah bei sich gehabt hatte. Vielleicht hatte sie sie geküsst, was wusste er denn, in jedem Fall hatte sie sie in den Händen gehalten, sie angefasst, sie beschrieben, mit diesen wohlgeformten Händen, die sie unzweifelhaft hatte.

Er sah ihr Halsgrübchen vor sich, an das er jetzt wieder so oft denken musste. Bevor die Postkarten kamen, war es, als ob etwas in ihm begonnen hatte, immer mehr Erinnerungen an sie zu löschen. Er hatte Angst, dass er eines Tages nicht mehr wissen würde, wie sie eigentlich genau ausgesehen hatte. Bis er nur noch einen gesichtslosen Schatten vermissen würde.

Je älter er wurde, desto mehr war er davon überzeugt, dass er sich am besten an all das erinnern konnte, was nie passiert war.

Doch ihr Halsgrübchen war passiert, sie hatte einen kleinen Leberfleck an der Stelle, und ihre Schlüsselbeine waren sehr ausgeprägt, sie waren wie zwei Brücken, die ihn bis dorthin führten. Einige haben eine Schwäche für Brüste, andere für Hüften. Für ihn war es ein Halsgrübchen, das ihn vor langer Zeit dazu gebracht hatte, in die Knie zu gehen, den Verstand zu verlieren.

Er ließ die Postkarte in der Küche liegen und ging ins kalte, dunkle Schlafzimmer. Er warf sich aufs Bett und blieb auf dem Rücken liegen, obwohl es noch mitten am Tag war.

Wenn ein Mann sich in seinem eigenen Wald verläuft und alles in ihm zu fallen beginnt – kann sie das dann hören?

Er begann wieder, seine Runden im Wald zu drehen. Er konnte sich nicht daran erinnern, wann er damit aufgehört hatte und warum, aber es war ihm irgendwann völlig sinnlos vorgekommen, im Wald herumzustapfen. All die Bäume, die dort standen, wenn er kam und wenn er wieder ging, die dort schon gestanden hatten, bevor er geboren wurde, und die dort weiterhin stehen würden, wenn seine Zeit um war, sie wurden zu einem Symbol für den immer gleichen Sumpf, zu dem sein Leben geworden war.

Doch etwas hatte sich seit den Postkarten verändert. Die Wege, die er gegangen war, waren immer noch da, sie verliefen immer noch genauso, führten an denselben Stellen vorbei, doch er hatte keine Ahnung mehr, was ihn am Ende erwartete.

Er las die Karte zehn Mal. Kochte sich einen Kaffee. Las sie noch einmal. Ging zum Wohnzimmerfenster. Es hatte heftig geregnet, und der Regen hatte hässliche Streifen zurückgelassen. Er hatte aufgehört, Fenster zu putzen. Sie wurden ja eh sofort wieder dreckig. In Rom schien bestimmt die Sonne.

Der Juni kam leise und verschämt, so wie sie es immer getan hatte, und der Flieder verteilte eifrig seine Knospen in allen Büschen rund ums Haus. Für einen kurzen Moment empfand Kristian eine tiefe Ruhe. Wie in den ersten Sekunden nach einem Orgasmus, dieses zittrige Wohlgefühl im ganzen Körper, die Zehen krümmten sich in den Wanderschuhen, die Haare auf den nackten Armen und Beinen richteten sich auf, da verstummte der Rasenmäher der Nachbarn, und mit einem Mal konnte er die Vögel zwitschern hören, natürlich zwitscherten sie, das war offensichtlich genauso ein Augenblick. Das Glück hielt nur wenige Sekunden an, so war es doch immer.

Mit langsamen Bewegungen putzte er seine Fenster, und während er den Wischer in großen Bögen über die Scheibe zog, sah er deutlich sein Spiegelbild, und um ihn herum war Sommer.

Diese Leere in der Großstadt.
Mein Halsgrübchen weiß, dass du fort bist,
trotzdem sehe ich dich in allen Dingen.

Er entschied sich an diesem Tag gegen den Wald, legte die Postkarten in eine Plastiktüte, faltete die Tüte ordentlich um die Karten herum und verstaute das Päckchen in der Jackentasche. Dann ging er, so schnell er konnte, zur Bücherei.

Sie war auch heute an ihrem Arbeitsplatz, die Bibliothekarin, die ihm so unglaublich sanft vorkam. Er wusste, dass sie Ruth hieß. Nicht weil er sie gefragt hatte, sondern weil er das kleine Schild an ihrer Bluse gelesen hatte. Es war im Übrigen ein Unding, den Frauen solche klitzekleinen Namensschilder an ihre Oberweite zu heften. Männer in seinem Alter mussten oft blinzelnd näherkommen, um die kleinen Buchstaben lesen zu können, und das sieht ja nicht wirklich intelligent aus, mit der Nase direkt davor zu hängen, das müsste wohl allen klar sein.

Wenn Ruth lächelte, hielt sie den Mund geschlossen, bestimmt war da was mit ihren Zähnen, das sie verbergen wollte. Dieses Lächeln sorgte dafür, dass er augenblicklich seinen ganzen Körper spürte, seine Hände und Füße begannen auf einmal zu wachsen, und er wusste nicht mehr wohin mit ihnen, schrecklich unangenehm war das.

Heute ging er direkt zur Theke, noch außer Atem und ohne die geringste Ahnung, was er zu ihr sagen sollte.

»Ich suche nach einer Schriftstellerin«, sagte er viel zu laut.

»Da bist du hier genau richtig«, sagte Ruth.

Sie setzten sich an einen kleinen Tisch mit Aussicht auf den Jachthafen. Ruth hielt die Postkarten in ihren schlanken Händen, die Nägel waren sehr kurz, aber ansonsten gepflegt und mit etwas lackiert, das sie leicht schimmern ließ. Sie drehte und wendete die Postkarten, las langsam, drehte sie um und betrachtete die Vorderseite, las erneut.

Kristian saß mit gefalteten Händen da und wartete geduldig. An der Theke hatte er es zunächst mit ein paar allgemeinen Fragen zu Schriftstellerinnen versucht, deren Namen mit S begannen. Doch es war unmöglich, zu erklären, worum es ging, und Ruths Blick war obendrein dazu angetan, ihn jedwede Dummheit begehen zu lassen, die in solch einer Situation nur vorstellbar war, sodass er, wieder ohne nachzudenken, die Postkarten aus der Jackentasche zog und sie vor ihr auf den Tresen legte.

»Ich bekomme irrtümlich Postkarten von einer, die nur mit S unterschreibt. Ich glaube, dass sie Schriftstellerin ist«, sagte er.

Ruth zögerte einen Moment, er versuchte es mit einem entwaffnenden Lächeln. Ruth nickte kurz, bat eine Kollegin, die Theke zu übernehmen, schob die Postkarten vorsichtig zusammen und bat ihn mitzukommen.

Jetzt saßen sie hier, und draußen glitzerte das Meer. Die riesigen Fenster der Bibliothek ließen den Sommertag vollständig herein. Kristian bemerkte, wie strahlend sauber sie waren. Ruth trug einen kleinen Anhänger im Halsgrübchen, und etwas in ihm begann, Wellen zu schlagen.

»Es ist sehr berührend, das zu lesen. So viel Kummer«, sagte Ruth. Er konnte nur nicken.

»Du bist auch ein wenig überwältigt, nicht wahr?«, sagte Ruth, und ihr Lächeln wirkte wie ein Geheimnis, das sie mit ihm teilen wollte.

»Ich halte den Gedanken nicht aus, dass das, was sie schreibt, vergebens und umsonst ist. Dass es nicht ankommt«, sagte Kristian.

»Vergebens ist es nicht, wenn du und ich davon so berührt werden«, sagte Ruth und begann von Neuem, eine der Postkarten zu lesen.

Das war das Klügste, was er je gehört hatte. Er wünschte, er hätte das zu ihr gesagt. Oder etwas anderes Schönes. Er hätte so gern etwas Schönes gesagt.

Schließlich sammelte sie alle Postkarten zusammen und schob sie ihm über den Tisch zu. Ruth sah sich in der hellen Bücherhalle um. Regal an Regal voller Bücher.

»Eine Liste mit norwegischen Schriftstellerinnen, deren Vornamen mit S beginnen, das ist keine leichte Aufgabe. Es gibt keine Datenbank, die uns einen Überblick über das ganze Land verschafft«, sagte sie, und wieder lächelte sie kurz, wohl um ihn zu trösten, dachte er.

Er erhob sich umständlich, versuchte, seinen Körper und vor allem seinen Atem unter Kontrolle zu bekommen, und gab ihr die Hand, bedankte sich dafür, dass sie sich die Zeit genommen hatte. Ihre Hand war warm und weich. Bibliothekshände, dachte er.

Ein neuer Tag, eine neue Stadt,
die wir nicht gemeinsam entdecken,
und jeden Tag werde ich dich ein bisschen mehr
vergessen.

S war weitergereist, nach Prag. Aber die Postkarte war nicht eine der üblichen, nicht die mit der Karlsbrücke, es war eine Schwarz-Weiß-Fotografie mit drei Rosen vor einer feuchten Fensterscheibe, zwei weiße und eine rote. Regentropfen liefen an der beschlagenen Scheibe herunter, wie in einem Dampfbad. Kam die Feuchtigkeit von innen? Eine Konchylie lag neben den Rosen. Ein paar verstreute Reißzwecken. Er las den klein gedruckten Text auf der Rückseite der Karte.

Josef Sudek Gallery.

Prag war eine der Städte, in denen er gewesen war, insgesamt zweimal, und er war mit Synnøve dort gewesen.

Auf einmal hatte er etwas, woran er seine Sehnsucht festmachen konnte, er holte die Pflasterstein-Muster aus seinen Erinnerungen hervor, die Straßenlaternen, unter denen er mit ihr gestanden hatte, Straßenlaternen, die nun eine Trauer in ihm beleuchteten, die er zu vergessen gehofft hatte.

Vielleicht saß S genau jetzt in einer der Bars, in der er gesessen hatte. Wahrscheinlich mit übereinandergeschlagenen Beinen, mit schönen glatten Pumps vielleicht, er mochte die roten, die wie Bonbons leuchteten, die Fußspitze leicht auf- und abwippend, während die Hand langsam zum Glas und wieder zurückwanderte, wahrscheinlich mit Bohemia-Sekt darin, das Getränk, mit dem Synnøve und er sich einmal betrunken hatten. Es klinge ein bisschen wie Draculas Lieblingsgetränk, hatte er beim Bestellen gesagt und verstohlen zur Schlagader

geschaut, die an ihrem Hals pulsierte, und hatte ein Ziehen im Unterleib verspürt.

Jetzt saß S dort unten in Prag und hatte Sehnsucht.
Das war schlichtweg nicht auszuhalten.

Ich habe mir eine Bluse mit Knöpfen gekauft,
mit denen du gekämpft, aber gewonnen hättest.

Kristian wusste nicht, was er tun sollte. Er hatte im
Grunde die ganzen letzten Jahrzehnte nicht gewusst, was
er hatte tun sollen, doch bis jetzt hatte ihn das nicht sonderlich gequält.

Früher hatte er eine Art Ruhe verspürt, nein, Ruhe
war das falsche Wort, dachte er, während er im Wohnzimmer auf und ab ging. Gleichgültigkeit traf es besser.
Er hatte nichts vorgehabt, und das war in Ordnung, jeder
Tag war wie der andere, und das war gut so, er musste
zum Einkaufen in den Laden, und alles war gut. Es war
einfach so, wie es war, so war das eben als einsamer Wit-
wer. Er hatte sich damit abgefunden, ohne große Wut
oder bodenlose Trauer, er war mit dem Fluss des Lebens
geschwommen.

Jetzt hatten ein paar Postkarten ihn dazu gebracht,
sich in diesem Fluss abzumühen in dem Versuch, gegen
den Strom anzuschwimmen, in Richtung dessen, was
gewesen war. Richtung Synnøve und ihre Blusen, mit denen er sich immer abgemüht hatte. Wenn Synnøve irgendetwas gesammelt hatte, dann waren es Blusen. Jedes
Mal, wenn sie mit einer neuen nach Hause kam, wirkte
sie verschämt.

»Die Farbe ist so schön«, hatte sie dann gesagt. »Der
Schnitt passt so gut.« Er hatte so getan, als wäre er ein
bisschen verzweifelt über sie. Dann hatte sie die neue
Bluse angezogen, um ihm zu zeigen, was sie dazu ge-

bracht hatte, der Versuchung ein weiteres Mal nachzugeben. Und jedes Mal hatte er es verstanden.

Plötzlich konnte er sich ganz genau daran erinnern, wie es sich an den Händen anfühlte, Seide auf warmer Haut. Er steckte die Hände in die Taschen und ging zum Wohnzimmerfenster, sah hinaus auf den kleinen Garten und den Weg davor. Die Jugend von heute zog sich so aufreizend an, das war ihm schon aufgefallen. Bauchfrei und mit bloßen Schultern, das ging zu weit, fand er.

Synnøves Lieblingsbluse war aus reiner Seide, hatte lange Ärmel und einen hohen Kragen und 120 kleine Perlmuttknöpfe auf dem Rücken. Jeder einzelne kleine Knopf hing in einer engen Seidenschlaufe. Er hatte sie alle gezählt.

Dein Blick, der mich immer schöner werden ließ,
wirft so lange Schatten.

Er wusste, dass alles genauso plötzlich wieder zu Ende sein würde, wie es begonnen hatte. Die letzte Karte kam aus einer neuen Stadt, und das bedeutete genau genommen, dass sie immer noch auf Reisen war. In Bewegung, dachte er. Und trotzdem. Etwas deutete auf einen Abschluss hin, eine Aussöhnung.

Draußen fielen die letzten Blätter in einem weißen, flachen Licht leise zu Boden. Es regnete nicht mehr, aber die Luft war vom heftigen Niederschlag in der Nacht noch ganz feucht, die Fenster waren von außen beschlagen, und er dachte, dass sie ihn an Sudeks feuchte Fenster erinnerten. Dann ging er zum ersten Mal seit zwanzig Jahren auf den Dachboden.

Draußen vor der großen Glasfassade der Bibliothek wütete der erste Wintersturm. Er saß auf einem der Stühle mit Blick Richtung Meer, ein Buch im Schoß, doch er las nicht darin, er ruhte nur seine Hände darauf aus. Das Buch war eine gute Begründung, um sich hier aufzuhalten. Draußen wurde es langsam dunkel, obwohl es noch früh am Nachmittag war, und er konnte in der Fensterscheibe ihr Spiegelbild sehen. Sie hatte lange sehr konzentriert an der Theke gesessen, doch vor einigen Minuten hatte sie ihn entdeckt, und jetzt kam sie zu ihm herüber.

Er war sofort vollauf mit Lesen beschäftigt.

»Hallo«, sagte Ruth und setzte sich auf den Stuhl neben ihm.

»Hast du das Postkarten-Rätsel gelöst?«, fragte sie lächelnd. Er schlug das Buch zu und hielt es fest, etwas zu fest, musste er zugeben. Die Knöchel leuchteten weiß. Er schüttelte den Kopf und lächelte zurück.

»Sie kommen nicht mehr«, sagte er. Er berichtete ihr ausführlich, wie viele Karten noch gekommen waren, seit er das letzte Mal da war, und wo sie losgeschickt wurden.

»Ich liebe die Fotografien von Josef Sudek«, rief Ruth, als er zu den Prag-Postkarten kam.

Natürlich liebst du sie, dachte er sofort, aber er sagte es nicht laut. »Ich kenne gar nichts von ihm«, antwortete er stattdessen.

Ruth erzählte, dass Sudek eine ganz besondere Art hatte, das Licht einzufangen, Schatten und Lichtbrechungen einzubeziehen. Dass man ihn den Dichter von Prag nannte, obwohl er nur fotografierte.

Kristian wollte gern etwas Nettes sagen, darüber, dass jemand so schöne Fotos macht, dass er als Dichter bezeichnet wird, aber ihm fiel nichts ein. Ruth bereitete schließlich dem Schweigen zwischen ihnen ein Ende, obwohl es überhaupt nicht unangenehm war, aber doch etwas auffällig. Sie fragte, ob er es vermisse, Postkarten von dieser mysteriösen Frau zu bekommen. Kristian musste überlegen.

»Nicht mehr«, sagte er.

Sie sahen hinaus in den Wintersturm. Er peitschte in heftigen Böen über das Meer.

»Ich kann ein Buch über Sudek bestellen, wenn es dich interessiert«, sagte Ruth und erhob sich schnell.

»Es interessiert mich«, sagte Kristian und folgte ihrem Spiegelbild, während sie sich von ihm entfernte. Erst als sie ganz aus seinem Blickfeld verschwunden war, sah er auf seine Hände hinab. Sie lagen jetzt völlig entspannt in seinem Schoß, als ob nichts mehr drängte.

ZSUZSA BÁNK

Lydia

Damals sind wir gesprungen, Lydia und ich, so hoch und so oft wir konnten, die Hände über unseren Köpfen, in bunten Kleidern, die Beine angezogen, die Füße in dicken Schuhen, die wir beim Springen anlassen durften und die sich manchmal lösten und hinabfielen. Dort unten am Hafen, wo hinter großen Gittern und Verbotsschildern vier, fünf kleine Boote auf dem Wasser schaukelten, nicht mehr, vielleicht, weil es kein wirklicher Hafen war, nur braunes Wasser vor einem endlosen Platz aus Beton, auf den ein Zirkus seine Wagen und Zelte und Buden stellte, in den Sommermonaten. Und ein Trampolin, ein großes Trampolin, auf dem wir für fünfzig Pfennig springen konnten, Lydia und ich.

Lydia schaute durch das Fernrohr, das man ans Wasser gestellt hatte, neben ein Gitter, lange vor unserer Zeit, als es hier noch Kräne und Schiffe und Hallen und Waggons gegeben hatte, und sie schaute auch durch andere Fernrohre, bei jeder Gelegenheit, wo immer wir waren. Ich begriff nicht, was sie daran mochte, an diesem Schauen durch ein dunkles Rohr, das die Welt verkleinerte, nur einen Ausschnitt zeigte, aber vielleicht mochte ich es bloß deshalb nicht, weil Lydia es so sehr mochte, und weil ich wollte, daß mir einmal etwas nicht gefiel, das ihr gefiel, und wenn es bloß das Schauen durch ein Fernrohr war. Ich verstand nicht, was Lydia sehen konnte, was überhaupt irgendwer sehen konnte – außer der Farbe Grün konnte ich nie etwas erkennen, und bis ich begriffen hatte, wie ich es halten und drehen mußte, klappte die Linse zu, und es wurde schwarz.

Lydia tat jedesmal so, als sehe nur sie, was sie sah, als könne es kein anderer sehen, als sei das Fernrohr, durch das sie schaute, kein einfaches Fernrohr, in das jeder eine Münze werfen konnte, sondern nur für Lydia gemacht, nur für sie da, nur von ihr zu bedienen. Auf unseren Spaziergängen, Streifzügen, Ausflügen ließ sie keines aus, nicht das auf dem Aussichtsturm im nahen Wald, nicht das auf der Besucherterrasse des Flughafens. Jedesmal stellte sie sich auf dieses winzige Podest aus Stahl, mit ihren dicken Schuhen, Sommer und Winter, hielt sich fest an den Griffen, die ein Rot auf ihren Fingern ließen, rechts und links, und zog sich hoch daran.

Irgendwann gefielen Lydia diese Dinge nicht mehr, ohne daß sie oder ich gewußt hätten, warum, nicht das Fernglas, nicht das Springen, nicht die Zuckerwatte, rosa und weiß, aus der wir mit spitzen Fingern zupften und die einen Film aus Kristall auf unseren Zähnen ließ, nicht einmal mehr der Sommerhimmel, weit über uns, mit seinen Wolken, seinen wenigen Möwen und den Spuren der Flugzeuge, dieser Himmel, den Lydia immer gemocht hatte, weil er seine Farbe änderte, jedesmal wenn wir hochschauten. Davor hatte es uns gereicht, auf diesem Beton neben Booten zu liegen und zum Himmel zu sehen, in dem die anderen Kinder zwischen Quellwolken und Möwen Drachen fliegen ließen, die sie von den Zirkusleuten hatten und die, sobald sich der Wind änderte, neben unseren Köpfen auf den Beton krachten, mit der spitzen Seite nach unten, wie ein Pfeil, den man abge-

schossen hat. Wir nannten diesen Sommerhimmel unseren Himmel, weil es uns gefiel, wie er es zuließ, daß wir
Drachen hochschickten, hochjagten, hoch zu ihm, und
daß er seine Farbe änderte, von Augenblick zu Augenblick.

An ihrem sechzehnten Geburtstag legte Lydia die Kleider ab, die ihre Mutter für uns gekauft hatte, und faßte
sie nicht mehr an. Kleider, die Lydias Mutter damals für
uns bestellt hatte, mit dem wenigen Geld, das ihr blieb,
aus Katalogen, die in den Hauseingängen lagen, im Frühling, im Herbst, und durch die Lydias Mutter tagelang,
wochenlang blätterte, um Klammern an die Seiten zu stecken, Büroklammern aus Metall, jedesmal wenn ihr etwas
gefiel, wenn sie glaubte, es könnte hübsch aussehen, an
Lydia und an mir.

Zwei Jahre später packte Lydia ihre Taschen, die zwei
kleinen, die sie hatte, mit dem Nötigsten, zwei Büchern,
zwei Heften, einem Foto, nur wenigen Kleidern. Sie
hatte uns, ihrer Mutter und mir, lange genug ihr neues
Leben angekündigt und ausgemalt, wie sie es sich vorstellte. Sie kannte es schon, jetzt, da es noch nicht angefangen hatte, selbst ihr neues Zimmer, das sie bald haben
würde, richtete sie ein, in Gedanken, mit Möbeln und
Teppichen, die anders aussehen würden als die ihrer
Mutter. Handschuhe würde sie tragen, sagte Lydia damals, aus hellem Leder, zu jeder Jahreszeit, ihre Kleider
würde sie in London kaufen, und nur noch dort, in keiner anderen Stadt der Welt. Und wir, Lydias Mutter und
ich, ließen sie reden und glaubten nichts davon, weil
Lydia oft von Dingen redete, die sie zu vergessen schien,
sobald sie ausgesprochen waren, die auch nie eintrafen,
wenigstens nicht so, wie Lydia es sich ausgemalt, wie sie

es sich vorgestellt hatte. Vielleicht wollten wir ihr auch nicht glauben, weil wir nicht wollten, daß unser Leben eins ohne Lydia sein würde. Zu mir sagte Lydia, wenn wir alt sind, du und ich, ganz alt, werden wir einander haben, immer noch, oder wieder, und dann wird uns nichts mehr etwas ausmachen, nicht der Herbst, nicht der Winter, nicht unser weißes Haar. Wir werden einander haben, wiederholte sie, zwei Monate bevor sie verschwand und mich zurückließ mit der Frage, wann.

Lydias Mutter saß lange vor dem Fenster auf einem Stuhl, auf einem, den Lydia und ich weiß gestrichen hatten, im Sommer davor, weil wir in jenem Sommer alle Möbel von Lydias Mutter weiß strichen. Lydias Mutter hatte es erlaubt, wie sie alles erlaubte, was Lydia vorhatte, und dann, nachdem Lydia gegangen war, saß sie vor dem Fenster, auf diesem einen Stuhl, auf den Lydia mitten ins Weiß einen Streifen und zwei Blumen in Blassrosa gesetzt hatte, mit einer selbstgeschnittenen Schablone. Sie zog ihren Mantel nicht mehr aus, ihren alten karierten Mantel, der nicht zu ihrem Rock paßte und den Lydia immer schon hatte verstecken, verbrennen wollen, auch die Handschuhe ließ sie an und hielt sich mit einer Hand fest, an ihrem Mantel, als könne dieses Stück Stoff sie halten.

Wir warteten, Lydias Mutter und ich, und es dauerte, bis wir begriffen, daß Lydia nicht mehr da war, daß sie die Tür hatte hinter sich ins Schloß fallen lassen und weggeschwebt war, in ihrer dunklen Jacke, ihrer Mütze, die Treppe hinab, die Straße hinunter, bis zur Haltestelle, mit ihren zwei kleinen Taschen und ihrem Ticket, für das sie lange gespart hatte und mit dem sie jetzt zum Flughafen fuhr und dann in einer Maschine saß, der wir nicht nach-

schauen wollten, Lydias Mutter und ich. Aber wir stellten uns all das vor, während wir weiter auf weißen Stühlen am Fenster saßen, auch in den Tagen und Wochen
danach, wir stellten uns auch vor, wie Lydia mit ihren
zwei Taschen vor dem Einsteigen zur Besucherterrasse
geeilt war, in den letzten Minuten, die ihr blieben, bevor
ihr Flug aufgerufen wurde, um noch einmal durch dieses
Fernrohr zu schauen, die Hände an den Griffen, rechts
und links, ein letztes Mal.

Und jetzt liegt diese Karte auf meinem Bett, daneben ein
Schlüssel, an einem roten Band, einem feuerroten, und
eine Adresse, eine Londoner Adresse, Lydias Kußmund,
auch in Feuerrot, den sie auf all ihre Briefe setzt, daneben
der Pin-Code, den man eingeben muß, wenn man will,
daß sich ihre Haustür öffnet, und sechs Worte, so wie sie
immer schreibt, kein Brief, eher eine Parole, die sie ausgibt: Come to see – fall and me.

Es dauert, bis ich anrufe, vielleicht, weil ich zu oft daran
denke, daß Lydia nie zu uns gekommen ist, nicht für einen Tag, nicht einmal, um ihre Mutter zu sehen, daß sie
jeden Sommer Erklärungen fand, die nie Erklärungen
waren, und weil ich immer noch zu oft daran denke, daß
sie nicht nur so tat, als paßten wir nicht länger zu ihr,
sondern weil sie mich glauben ließ, es habe nie gepaßt,
mit uns, es habe sie und mich nie gegeben, keine Kleider
aus Katalogen, keinen Platz, den wir Hafen nannten, keinen Zirkus, der ein Trampolin aufstellte und Drachen
verteilte, keine Fernrohre, durch die Lydia sehen konnte.
Ich bin erleichtert, jetzt, da nur das Band anspringt und
Lydias Stimme auf Englisch die Telefonnummer wiederholt, die ich gewählt habe, und ich sage etwas, mit schwacher, zögerlicher Stimme, etwas, das anfängt mit: Hallo,

Lydia, ja, mit einem schwachsinnigen, nichtssagenden Ja, das nichts einleitet, und später, wenige Stunden später, ruft Lydia zurück und fragt: Hast du was, du klingst so komisch?

Sie holt mich ab am Flughafen, lacht ihr weites Lachen, hört nicht auf damit, legt den Arm um meine Schulter, nimmt ihn nicht mehr weg, auch nicht später, in der Bahn, nicht auf der Rolltreppe, nicht im Hausflur, neben den Briefkästen, in dem kleinen Aufzug, der seine schwarzen Scherengitter schließt, uns nach oben trägt. Sie läßt mich aufschließen, mit dem Schlüssel an dem roten Bändchen, den sie mir geschickt hat, steht daneben, schaut auf meine Hände, darauf, wie ich den Schlüssel drehe, und sieht aus dabei, als habe sie auf diesen Augenblick gehofft, ihn herbeigesehnt.

Ihre Wohnung ist weiß gestrichen, in einem Weiß, das ins Cremefarbene kippt, ihr Bett mit weißer Wäsche bezogen, die Tücher in Bad und Küche sind weiß. Lydia sagt, eine andere Farbe kann sie nicht ertragen, nicht an Möbeln und Wänden. Ein Foto hat sie an die Wand gesteckt, mit zwei Nadeln, in der Küche, über der Spüle, neben weißen Kacheln, eines, das Lydias Mutter damals von uns gemacht hatte: Lydia und ich, ohne Köpfe. Der Ausschnitt zeigt nicht uns, er zeigt die neuen Kleider an uns, aus einem Stoff voller Blumen, voller winziger Blumen. Jeder kann uns sofort unterscheiden, auch ohne Köpfe, schon weil wir unsere Hände so halten, wie wir sie halten, jede auf ihre Art. Meine Hände sind geballt, es sieht aus, als wollte ich sie verstecken, zurückziehen. Lydias Hände sind offen, selbst beim Stehen in Bewegung. Lydia fragt: Weißt du noch, diese Kataloge?, und versucht ein Lachen, sieht aber aus, als ärgere sie sich, immer noch.

Mädchenkleider, sagte Lydias Mutter damals dazu, und Mädchenkleider sagte damals auch Lydia, aber in einem ganz anderen Ton, und ich bin sicher, in dem Augenblick, in dem Lydias Mutter dieses Foto gemacht hatte, wollte sie nicht, daß Lydias Gesicht, ihr Blick zu sehen sein würden, sondern bloß die Kleider, die uns länger als einen Sommer paßten, mit schmalen weißen Gürteln aus Plastik und grauen Cardigans. Lydia hat mit dickem Bleistift in eine Ecke geschrieben: Lydia und Vicki – schön, auch ohne Köpfe.

Sie geht durch die Wohnung, setzt Kaffee auf, fragt: Trinkst du ihn noch so?, und dann sagt sie, einen Ring habe sie für mich, einen Ring, den sie für mich entworfen habe, nur für mich, in einem blassen Blau, weil Blau doch meine Farbe sei, Blau wie dieses Blau des Himmels, das wir kennen, von damals noch, dieses Blau, das sich immerzu ändern konnte, genau dieses Blau sei es, ob ich mich erinnere? Ich streife den Ring über meinen Finger, frage mich, wie ihr das gelungen ist, nach all den Jahren, einen Ring für mich zu entwerfen, zusammenzusetzen, hier, unter ihrer kleinen weißen Lampe, mit ihrer kleinen Zange, einen Ring aus Drähten und Steinen, durch die ich hindurchsehen kann, der mir sofort gefällt, weil er mein Blau trägt, und der mir paßt, auf Anhieb, und Lydia sagt, schön sieht er aus, dieser Ring, an dir, an deinem Finger, und schaut auf meine Hände, wie nur sie schaut, die Augen etwas kleiner als sonst, den Kopf zur Seite gekippt, die Hände in die Hüften gestemmt.

Lydia sieht aus, wie sie aussieht, weil sie nicht ißt, weil sie sich den Hunger verkneift, weil sie mit Kräutertee getränkte Watte in ihren Mund legt, wenn ich sie nicht davon abhalte. Ihr kleiner Kühlschrank ist leer, fast leer, eine Flasche mit altem Saft, längst abgelaufen, eine Gel-Augenmaske, die Lydia morgens auf ihre Lider legt, wenn sie ihren Kaffee ohne Koffein trinkt, in ihrem weißen Bademantel, ihrem weißen Tuch, das sie sich als Turban um die nassen Haare gewickelt hat, in ihren weißen Schühchen aus Frottee, die ihre Zehen zeigen, die weißlackierten Nägel. Wenn sie morgens so sitzt, mir gegenüber, vor diesem Fenster, das weiße Sprossen zerteilen und das Lydia hochschiebt, nach jeder dritten, vierten Zigarette, kommt mir immer wieder der Gedanke, es wird kein Alter geben für uns zwei, jedenfalls nicht so, wie Lydia es sich gedacht, wie sie es sich ausgedacht hat, damals, kurz bevor sie gegangen war: sie und ich, gebeugt, gebückt, uns festhaltend, aneinander. Später, über den Tag verteilt, ist es immer wieder dieser Satz, der zurückkehrt, in meinen Kopf: Es wird kein Alter für uns geben.

Ich denke es auch, als wir die Wohnung verlassen und Lydia von einem Laden zum anderen jagt, von einem Coffeeshop zum nächsten, hinein und hinaus, mit diesem Klingeln an der Tür, das uns ankündigt, und ihrem lauten Hello-o-o, mit einem langgezogenen, ausklingenden o, wie nur Lydia es spricht, dieses Hello-o-o, ein bißchen wie eine Einladung, eine Aufforderung, ein bißchen auch als Drohung, als seien die anderen da, um sie zu unterhalten. Ich denke, es wird kein Alter geben für uns, vielleicht, weil ich glaube, Lydia ist kein Mensch, der alt wird, der irgendwann alt aussieht, der eine Falte im Gesicht zuläßt, ich denke es jetzt, da ich ihr dabei zusehe, wie sie diesen Laden durchquert, in der Diagonalen, mit ihrer Jackie-O.-Brille, mit dieser einen gefärbten Strähne, die auf ihrer Stirn klebt, ihrem schwarzen Kostümchen, mit diesem Rock, der ihr gerade über die Knie reicht und noch so viel Bein zeigt, daß mir ein bißchen schlecht wird davon, vielleicht, weil ihre Beine so sind, wie sie sind, und mit diesen Schuhen, ihren hohen Absätzen und Riemchen, die auf den Knöcheln liegen und Lydias Bein einteilen, in ein Oben und ein Unten.

Damals, mit fünfzehn, sechzehn, siebzehn, als wir einander hatten, jeden Tag, jede Stunde, hat es mich nie gestört, wenn man Lydia und mich für ein Paar hielt. Mir gefiel, daß man glaubte, ich könne mit jemandem wie Lydia zusammensein, und daß man von Lydia dachte, sie wolle jemanden wie mich. Uns machte es Spaß, Gerüchte und Lügen und Geschichten in die Welt zu setzen, und wir lachten, wenn die anderen uns glaubten und hinter uns flüsterten und kicherten und auf uns zeigten. Aber jetzt stört es mich, zum ersten Mal stört es mich, daß man uns für ein Paar halten könnte, in jedem dieser Coffeeshops, in jedem dieser Geschäfte stört es mich, jedesmal wenn Lydia die Tür aufstößt, mit diesem Klingeln, und wenn sich die Blicke dann auf uns richten, auf Lydia und mich.

Wir gehen Tee trinken, den sie in einer Kanne aus Silber bringen, dazu Scones, von denen Lydia nicht einen ißt. Später gehen wir durch einen großen Park, weil ich darauf bestehe, und in dem Lydia aussieht, als langweile es sie, ohne Menschen, ohne Geschäfte. Blätter segeln hinab, gelbe, braune Herbstblätter. Du hast ein Blatt in deinem Haar, sage ich, soll ich es wegnehmen? Lydia nickt, ich greife in ihr Haar, zeige ihr das Blatt, ein kleines rotes, und dann segelt es vor uns auf den Boden. Ein Junge in einem dieser dunklen kurzen Mäntel, wie sie die Kinder hier tragen, läuft über den Rasen, über diesen leuchtend grünen, dichten Rasen. Er hält ein Seil in seiner Hand.

Sein Drachen flattert in einem farblosen Himmel, weit oben, ein Drachen, wie wir ihn damals gesehen haben, wenn wir auf dem Beton am Hafen lagen, die Arme hinter unseren Köpfen verschränkt. Lydia bleibt stehen, sieht hoch, diesem rosafarbenen Drachen nach, den ein Wind wegträgt und der an dem Jungen, der kleiner wird und immer schneller läuft, zerrt und zieht, und so stehen wir eine Weile, bis Lydia sagt, es sieht aus, als wolle er ihn mitnehmen.

REIDUN MELLEM

Der Reichtum vom Meer

Wer Hilma kannte – wenn ihr denn irgendwer wirklich nahegestanden hätte –, hätte vielleicht bemerkt, dass an diesem Tag irgendetwas mit ihr geschehen war. Ihr Kinn hob sich etwas mehr als sonst, und ihre Augen waren noch schmaler als an anderen Tagen – wenn sie viel beschäftigt in der kleinen Hütte hin und her lief. Und wer genau hingeschaut hätte, hätte vielleicht den Verdacht gehegt, dass in ihren Mundwinkeln der Schatten eines Lächelns zu ahnen war – obwohl vermutlich kaum jemand auf diesen Gedanken gekommen wäre. Sie war doch für ihren Ernst bekannt, die Hilma.

Aber etwas war an diesem Tag anders, das stand fest, auch wenn niemand in der Nähe war und es bemerkte. Jedenfalls keiner der Nachbarn in dem kleinen Dorf. Der Einzige wäre vielleicht ihr achtjähriger Sohn gewesen, aber er war wohl zu jung, um über sich selbst nachzudenken – oder gar über seine Mutter.

Nein, sie gehörte nicht zu denen, die einfach so drauflosplapperten, die Hilma. Die Bewerber hatten auf der Steintreppe in Sandvika nicht gerade Schlange gestanden, und sich mit einem der betrunkenen Männer in der Kneipe einzulassen, dazu hatte sie keine Lust gehabt.

Schließlich wurde sie in Ruhe gelassen, so war es ihr vielleicht am liebsten. Das täglich Brot zu erwirtschaften, nahm schließlich all ihre Zeit in Anspruch, von morgens bis abends. Sie war außerdem die Einzige, die sich um ihre Eltern kümmern konnte, solange diese ihre Hilfe brauchten. Und später, nach dem Tod der Eltern, als sie frei gewesen war, da war alle Lust auf ein Abenteuer verschwunden. Vielleicht war sie ja auch nie besonders groß gewesen.

Die Mutter hatte lange auf Heirat ihrer Tochter und auf Enkelkinder gehofft – wie immer das hätte zugehen sollen. Heiratslustige Junggesellen waren im Dorf Mangelware. Die wenigen, die es gab, suchten sich ihre Frauen zumeist anderswo – wenn bei Konfirmationen und Hochzeiten viele Menschen zusammenkamen oder wenn sie zur Herbstfischerei in andere Fjorde fuhren. Selbst von der Lofotfischerei hatten sich schon einige eine Frau mitgebracht.

Hilma war, wie alle jungen Leute, zur Kirche gegangen, hatte bescheiden mit Kopftuch und Gesangbuch in der Kirchenbank gesessen, wie die anderen auch. Doch nach dem letzten Choral war sie immer sogleich nach Hause gegangen – Spiel und Scherz hatte sie den anderen überlassen, die sich damit auch wohler zu fühlen schienen als sie selbst. Vielleicht hatte sie im tiefsten Herzen gehofft, dass jemand ihr für den Heimweg seine Begleitung anbieten würde, aber irgendwie bemerkten sie gar nicht, dass sie aufbrach. Ihre Erscheinung, eher grob und plump, stach zudem nicht ins Auge, und immer ging sie, als trüge sie eine schwere Last auf dem Rücken.

Also ließ man sie in Ruhe ziehen – heimwärts zu ihren Pflichten: die Kuh und die wenigen Schafe versorgen, die zur Hofstelle gehörten. Das meiste bewerkstelligte sie allein, bat nur selten um Hilfe. Den kleinen Acker erntete sie selbst ab, auch das Kartoffelfeld bereitete ihr keine Probleme. Sie hatte früh den Umgang mit Axt und Säge gelernt – und was die Fischerei anging, so wurde sie mit Angel, Netz und all den Leinen fertig. Sie arbeitete hart und war stets hilfsbereit, wenn es bei den anderen aus dem Dorf Extraarbeit gab: Reinemachen in Haus oder Stall, Kartoffeln aussetzen, Schafschur, Schlachten, Backen – wann immer eine zusätzliche Hand gebraucht wurde oder, genauer gesagt, zwei starke und bereitwillige Arbeitshände.

Und die Tage strömten gleichmäßig dahin. Die Jahreszeiten bestimmten die Aufgaben auf ihrem Hof. Ihr dreißigster Geburtstag ging unbemerkt vorbei, ebenso der fünfunddreißigste, jetzt stand der vierzigste vor der Tür. Und dann kam dieser Herbst, der so viel veränderte – der seltsame Herbst mit dem vielen Nebel und den riesigen Heringsschwärmen im Fjord.

Von überallher kamen die Boote, aus fremden Fjorden und von fremden Inseln, und lagen dicht an dicht draußen auf dem Wasser. Die Lichter blinkten, als wäre dort draußen eine Stadt. Ein reicher Heringsfang nach dem anderen wurde in die Boote gehievt – und im Dorf gab es Leben und Lärm und Spaß und Verdienst. Fremde Männer liefen durch die Straße, in die Läden, einige kamen auf die Höfe und kauften Milch und frisches Brot – vielleicht, um bei der Gelegenheit Ausschau nach Mädchen zu halten, mit denen sie sich vergnügen könnten.

Zu Hilmas abgelegenem kleinen Hof kamen sie nicht. Das war aber auch egal – sie war sehr zufrieden, wenn niemand sie belästigte. Die große Aufregung, die auf dem Fjord und im Dorf herrschte, ging sie nichts an – was sie an Hering brauchte, holte sie sich selbst aus dem Wasser. Die vom Vater hinterlassenen Geräte funktionierten noch gut, auch ohne Bootsmannschaft.

An dem Tag, als sie nach Stornes hinüberrudern musste, um mit der Schafschur zu beginnen, legte sie einige Heringsnetze hinten ins Boot. Die sollten einige Stunden in der Bucht liegen – das würde dann wohl für Kochhering und Brathering und vielleicht auch für ein wenig Salzhering reichen.

Der Herbstnebel hing wieder dicht über dem Fjord, als sie am frühen Morgen ihr Boot ins Wasser schob. Die Sicht reichte dennoch aus, um die Netze auszulegen, und um sieben hatte Hilma bereits das erste Schaf zwischen den Knien. Sie war geschickt mit der Schere, packte zu. Sie brauchte keine Hilfe, um die Tiere bei der Schur zu halten – und darüber war sie froh.

Starr und steif setzte sie sich nach getaner Arbeit ins Boot. Jetzt kamen Netze und Fische an die Reihe. Und der Fang war reichlich – der Raum zwischen den Ruderbänken war voll von silbernen Fischen. Sie untersuchte die Netze mit geübter Hand – und überlegte zugleich, wie sie diese reiche Ausbeute verarbeiten sollte.

Hilma bemerkte bei all der Arbeit kaum, dass der Nebel den Fjord wieder füllte, und so erschrak sie, als sie die Berge im grauen Dunst verschwinden sah. Aber es bestand keine Gefahr – sie wusste sehr gut, wie sie das Boot drehen musste, um über den Fjord nach Hause zu gelangen.

Wenig später war alle Sicht verschwunden – Hilma ruderte wie in einem Sack. Das Knirschen der Ruder war das Einzige, was in dem Nebelmeer zu hören war. Es blieb ihr nichts anderes übrig, als die Füße gegen die Spanten zu stemmen und sich mit dem Boot Ruderschlag um Ruderschlag vorwärtszukämpfen. Die Fahrt über den Fjord dauerte nur eine gute halbe Stunde – müsste sie nicht bald das Ufer erreichen? Es war doch wohl nicht möglich, dass sie hier im Kreis gerudert war. Und was war mit all den Booten, die sonst am Abend vor Anker gingen – bestand die Gefahr, eines von ihnen zu rammen und ein Leck zu schlagen? Es wäre nicht das erste Mal, das wusste sie – und in dem dichten Nebel würden ihre Hilferufe nicht gehört werden. Jetzt war sie wirklich allein – was auch passieren mochte.

Plötzlich fuhr sie zusammen. Etwas großes Schwarzes wuchs in dem Nebelbrei heran. Ein Boot? Sie ließ die Ruder sinken, lauschte konzentriert – nein, es war kein Motor zu hören, Gott sei Dank. Dann lag das Schiff wohl vor Anker? Sie fuhr näher heran – endlich würde sie erfahren, wo sie war. Ihr Boot legte sich gegen die Schiffsseite – ein Mann stand an Deck, staunte nicht wenig, wer sich bei diesem dichten Nebel mit einem kleinen Boot hinauswagte.

Wohin sie unterwegs sei? Nach Sandvika? Ja, da sei sie wohl etwas zu weit ins Fjordinnere geraten, aber sie befinde sich immerhin am richtigen Fjordufer. Der Nebel sei kein guter Arbeitskamerad, sie solle lieber an Bord kommen und ein wenig abwarten – sonst würde sie am Ende bis nach Spitzbergen rudern, bei dieser Sicht wäre doch alles möglich.

Sie war so angespannt gewesen – erst jetzt bemerkte sie, wie erschöpft sie war. Eine kleine Pause würde ihr guttun. Sie vertäute ihr Boot – und der Mann half ihr an Deck. Sie hatte bereits Namen und Heimathafen des Bootes registriert – und ihr war klar, dass sie es mit dem Kapitän zu tun hatte, da er sie nun in seine Kajüte bat. Jetzt sollte es an Kaffee und Butterbroten nicht fehlen – und auch nicht an einem stärkenden Schluck, das könnte sie nach diesem Törn ja wohl brauchen. Die Mannschaft war an Land gegangen, die ganze Bande, und es war doch nett, Besuch zu bekommen, wenn man so ganz allein an Bord war.

Unter Deck war es behaglich warm. Sie band ihr Kopftuch ab, knöpfte die Jacke auf. Sie war schon lange nicht mehr so bewirtet worden, hatte kaum je eine solche Aufmerksamkeit von einem Mann erfahren. Sie lebte auf, plauderte und lachte – fühlte sich wohl und war ein bisschen ausgelassen. Und später dann unbesonnen und wie in einer anderen Welt.

Noch immer benommen und wirr im Kopf kletterte sie schließlich in ihr Boot – sehr viel später. Der Nebel hatte sich ein wenig gelichtet, sie brauchte nur dem Ufer zu folgen. Erst jetzt fielen ihr die Pflichten ein, die sie versäumt hatte – zu Hause angekommen erhielt die Kuh Dagros eine dreifache Ration an Zuwendung und guten Worten, die Schale der Katze wurde so voll, dass sie schier überquoll.

Doch am nächsten Morgen verrichtete Hilma wieder wie sonst ihre Arbeit. Erst gegen Ostern kamen Gerüchte auf – um sich dann zu verbreiten wie ein Lauffeuer: Die Hilma kriegt doch tatsächlich 'nen dicken Bauch! Wer der Vater war, wussten sie nicht – obwohl alle rätselten und spekulierten und versuchten, sich ein Bild zu machen, welche Junggesellen am Fjord zugange gewesen waren. Die Hauptperson blieb zu aller Ärger schweigsam.

Und als zu Johannis die Wiesenblumen weiß leuchteten, schrie auf dem Hof in Sandvika ein kleiner Knabe. Ein halbwüchsiges Mädchen war zur Hilfe hingeschickt worden, um Hilma bei der Arbeit zur Hand zu gehen, aber bald schaffte sie wie zuvor alles allein. Sie nahm den Jungen überall mit hin – aufs Meer hinaus aber durfte er sie nur bei Windstille begleiten.

Acht Jahre waren vergangen und der kleine Prinz zu einem stämmigen kleinen Burschen herangewachsen. Was er über seinen Vater wusste, war nicht in Erfahrung zu bringen. Das Dorf konnte dabei ohnehin kaum behilflich sein.

Und wieder gab es im Herbst reichlich Hering im Fjord. Das sprach sich herum. Abermals kamen Boote aus fremden Fjorden, um den Reichtum aus dem Meer zu holen. Hilma und der Junge waren gerade unterwegs zum Laden, als Hilma ein Schiff in den Hafen einlaufen sah, ein Schiff, das ihr bekannt vorkam. Ja, sie kannte das Schiff und auch den Kapitän – und nicht zuletzt natürlich die Gerüchte, die diesen Mann begleiteten. Längst wusste sie, wer als Gesprächsstoff diente, wenn es irgendwo eine Gesellschaft gab.

Hilma beugte sich zu ihrem Sohn hinunter und flüsterte ihm etwas ins Ohr. Dann setzte sie ihren Weg zum Laden fort, während der Junge zum Hafen lief. Dort übernahm er kleine Aufgaben für die Mannschaft, redete verständig über Wetter und Fischfang. Dem Kapitän fiel der kleine Kerl auf, der so eifrig hinter ihm herlief.

»Wessen Junge bist du denn wohl?«, fragte er, nachdem sie eine Weile miteinander geredet hatten. Der Junge schaute ihm in die Augen: »Ich bin ja wohl DEIN Junge«, sagte er dann in tiefem Ernst. Der Kapitän verschwand im Steuerhaus – er musste sich zuerst fassen. Nach einer Weile kehrte er mit einer Papiertüte in der Hand zurück. Er reichte sie dem Jungen und strich ihm über den Kopf: »Du bist ein richtig feiner Bursche – das kannst du deiner Mutter sagen!«

Leichtfüßig lief der Junge nach Hause, holte die Mutter ein, die außerhalb des Dorfes auf ihn gewartet hatte. Aufgeregt plappernd erzählte er, was ihm widerfahren war – zeigte das Geld und das Messer, das er bekommen hatte. Sie fragte und fragte, wollte alles wissen, was gesagt worden war. Mehrmals musste er wiederholen, was er ihr ausrichten sollte. Und er merkte gar nicht, wie glücklich sie nun aussah – musste er doch immer wieder das prachtvolle Messer anfassen und bestaunen. Deshalb sah er auch nicht, wie sich das Kinn seiner Mutter hob – und wie ein winziges Lächeln in ihren Mundwinkeln zitterte. Und ihre Augen wurden zu zwei schmalen Strichen, als sie auf den Fjord hinausschaute.

FRANK GOLDAMMER

Fantastic

Endlich hatte ich es geschafft, ein wenig einzunicken, als der Bus eine Vollbremsung hinlegte und alle Leute nach draußen stürmten. Instinktiv rannte ich mit hinaus, stand dann verdutzt in der Gegend herum und wunderte mich, warum alle in den Himmel blickten. Dann erst sah ich, dass sie zu einem Baum hinaufstarrten, und entdeckte hoch oben in den Ästen einen winzig kleinen dunklen Punkt. Das also sollte ein Koala sein, ein frei lebender Koala, keiner, der tot auf der Straße lag. Was machte er da so hoch oben, wo es nichts gab als den dünnen Zweig, an dem er sich festhielt und den er schon längst leer gefuttert hatte?

Wir waren auf dem Weg zu den zwölf Aposteln, einer Felsformation, die das Meer aus der Steilküste herausgespült hatte. Eigentlich waren es nur noch acht Felsen, weil im Laufe der Zeit vier von ihnen in sich zusammengefallen waren. Aber ich wollte nicht als pingelig erscheinen, deshalb sagte ich nichts.

Es war wirklich schön da, der blaue Ozean, der pfeifende Wind, die brechenden Wellen und das Wissen, dass es übers Meer nur noch weiter in Richtung Südpol ging. Ich hätte ewig dort stehen können, den Blick genießen, mir den Kopf freipusten lassen und das Gefühl auskosten, das mich an Meeresküsten immer beschleicht. Doch das ging nicht, denn unser Bus musste weiter, um den nächsten hunderttausend Besuchern Platz zu machen.

Ich will mich nicht beschweren, ich war ja selbst so ein Tourist. Zur Bastei oder in die Frauenkirche wird auch jeder Tourist gekarrt. Genauso haben sie es mit uns bei der Australienrundtour gemacht, haben uns mit dem Bus durch die Landschaft gefahren, billig abgefüttert und haben ab und zu mal gebremst, damit wir einen Koala sehen konnten. Nein, ich beschwere mich wirklich nicht. Man darf ja auch nicht vergessen, dass die Wege in Australien weit sind. Was auf der Karte aussah wie ein Katzensprung, war in Wirklichkeit eine stundenlange Fahrt, und sie wurde noch länger, wenn man die gesamte Fahrt über sämtliche zwanzig Folgen einer australischen Seifenoper ansehen musste.

Ein neuer Tag, eine neue Bustour, und diesmal sollte es interessanter, ja, man konnte sagen auch lustiger werden. Der Bus war kleiner, sodass nur etwa zwanzig Leute hineinpassten, und der Fahrer sah aus, als hätten sie ihn gerade vom Surfbrett gezerrt. Er war rank und schlank und jung und braungebrannt, und sein Haar war gebleicht von Salz und Sonne, es war kaum noch blond zu nennen, eher weiß, seine Zähne blitzten wie bei einem Schauspieler, und wie alle im Bus war auch ich ein bisschen verliebt in ihn und sein Leben. Da kein anderer Platz mehr frei war, musste sich eine junge, überaus bezaubernde Amerikanerin mit riesigen Kulleraugen neben ihn setzen, was für beide sehr unterhaltsam zu sein schien.

Die Reisegesellschaft an diesem Tag bestand aus sechs Deutschen, zwei Japanern und einem Argentinier, der uns alle an Pierre Richard erinnerte und ein so lustiges Englisch sprach, dass jeder, der mit ihm ins Gespräch kam, Mühe hatte, nicht in lautes Gelächter auszubrechen. Außerdem waren noch zehn Amerikaner an Bord, von denen sieben nicht weiter auffielen. Die anderen drei waren jung, weiblich und vor allem laut. Sie waren wirklich unglaublich laut, stellten die naivsten Fragen, bestaunten alles und jeden und beschworen ständig den lieben Gott. Sie waren die lebendig gewordenen Klischee-Amerikanerinnen. Es gab sie also wirklich. Ich war hin und her gerissen zwischen Faszination, Amüsiert- und Genervtsein.

Zwei der Ladys saßen nebeneinander in der ersten Reihe, die dritte hatte es sich vorne beim Fahrer gemütlich gemacht, und der gesamte Bus kam über viele Kilometer hinweg in den Genuss einer vorschriftsmäßigen Anmachnummer. Schnell war klar, dass alles darauf hinauslief, dass die beiden noch an diesem Abend gemeinsam in das Motelbett hüpfen würden. Was auch immer der blond-weiße Surfer ihr vorne erzählte, und das war nicht wenig, denn die Wege sind bekanntlich weit in Australien, wurde mit »Ohhh, myyyyy Gooooooood« kommentiert. Dabei riss das Mädel immer wieder ihre Kulleraugen auf und schlug sich theatralisch die Hände vor den Mund. Der Surfboy wiederum sonnte sich in ihrer Bewunderung, erfand vermutlich immer neue Geschichten, wie er dem Hai sein abgerissenes Bein aus dem Maul gedreht und am Strand damit das Krokodil erschlagen hatte, bevor es ihm mit den Tentakeln der giftigsten Qualle wieder angenäht wurde. Er lachte sein breitestes Weiße-Zähne-Grinsen und ließ Bizeps und Sommersprossen hüpfen. Wir Zuschauer im Bus rechneten schon damit, dass die Turteltauben demnächst hemmungslos übereinander herfallen würden. Mir wurde der Kerl immer unsympathischer. Dass er auf dieses alberne Getue einging, wunderte mich, dachte der dabei überhaupt noch an unsere Sicherheit? Und was, wenn … Der Bus machte eine Vollbremsung.

»There is a snake!«, schrie der Busfahrer. Aha, eine Schlange. Alle Businsassen stürzten nach vorn und pressten sich an der Frontscheibe die Nasen platt.

»Fantastic! Isn't it?«, fragte der Fahrer breit grinsend.

»Yeah!«, sagten wir und glotzten die Schlange an. Wenn ich gewusst hätte, wie oft ich diesen Satz an diesem Tag noch hören würde, ich wäre wohl dagegen eingeschritten.

Unser Tagesplan sah Folgendes vor: Wir sollten die Robben sehen, danach würde es Kaffee geben, wir wollten einen Tierpark besuchen, dann den südlichsten Zipfel von irgendwas, wo es Pizza geben würde, und dann würden wir zu den Pinguinen fahren und zwischendurch einen Blick auf die Rennstrecke auf Phillip Islands werfen. Für mich als heimlichen Motorsportfan ein kleines Highlight.

Gut, okay, aber zuerst zu den Robben. Wir erreichten die Steilküste, an der die Wellen sich brachen. Gischt spritzte weiß brodelnd hoch, es war die pure Freude, da oben zu stehen und das Meer zu beobachten. Ich hätte wieder ewig dableiben können, aber klar, die anderen wollten auch mal. Ein winziges Problem gab es noch. Die Robben waren nicht da. Heute nicht, aus irgendeinem Grund, weil der Wind von Westen blies oder so. Keiner von uns wird wohl jemals erfahren, ob es dort wirklich Robben zu sehen gab. Eigentlich keine schlechte Geschäftsidee. Demnächst könnte ich Busse voller Japaner zum Luchsfelsen in der Sächsischen Schweiz fahren. Schon mal einen Luchs in freier Wildbahn gesehen? Nein? Verstehen Sie?!

Gut, die Robben waren nicht da, es war trotzdem schön, wir kehrten zurück vom Rundgang, fanden unseren Busfahrer tief ins Gespräch mit der Kulleraugen-Amerikanerin verwickelt. Dann sah er uns.

»Fantastic, isn't it?«, rief er uns zu.

»Yes, but no seals there!«

»Yeah, I know, it's fantastic! Coffee?«

Kaffee? Ja, bitte. Er schüttete heißes Wasser aus einer Thermoskanne zusammen mit einem braunen Pulver in unsere Tassen. Aha, Milk is off, Milch ist aus, alles klar. Danke.

»Fantastic, isn't it?«

Ich kostete. »Schmeckt furchtbar!«, sagte ich.

»Fantastic!« Er war zufrieden und drehte mir seinen breiten Rücken zu. Ich setzte mich erst mal und versuchte mir einzureden, dass der Kaffee nicht nach Elbwasser schmeckte. »So, come on, lots to do!«, schrie er plötzlich und klatschte in die Hände.

»Hey, Moment, ich hab mich gerade hingesetzt.«

»Yeah, fantastic!« Er griff mir freundlich unter den Arm, zwinkerte mir zu und zerrte mich in den Bus.

Es ging weiter. Zur Rennstrecke. Der Fahrer hielt den Bus an, und zwar an einem Zaun, hinter welchem man die Rennstrecke sehen konnte. Genauso gut hätte ich mir die Landstraße bei Kuhschnappel-Bernsdorf aus einem Kilometer Entfernung ansehen können.

No, not possible, näher durfte er nicht, sagte der Surferboy. »But it's fantastic, isn't it?«

»Ja, fantastisch, verdammt, ganz fantastisch.«

»Yeah, fantastic!«, sagte er mehr zu sich selbst, und man hatte den Eindruck, er glaubte das auch.

Endlich dann, am späten Nachmittag, der südlichste Zipfel von irgendwas. Wir hatten etwas Zeit. Uns zog es zum Meer, und ich sah eine kleine Imbissbude. Wir hatten Durst und wussten, dass wir uns beeilen mussten, denn in Australien macht um achtzehn Uhr jeder Laden zu, sogar der Spätshop. Sie waren schon beim Aufräumen. In meinem feinsten Englisch fragte ich nach einer Flasche Wasser.

»Kommt ihr etwa aus Dresden?«, fragte die Frau hinter der Theke zurück.

»Ja«, bestätigte ich und hätte insgeheim gerne gewusst, ob sie mir das womöglich an meinem Englisch angehört hatte? Die Frau freute sich jedenfalls, wir palaverten eine ganze Weile, wie klein die Welt war und dass sie die Heimat vermisste, dann nahm sie mir zum Abschied achtzehn Dollar für eine Flasche Wasser ab.

Yeah, fantastic, dachte ich mir.

Am Treffpunkt gab's dann die versprochene Pizza. Ein Stück für jeden. Reichte gerade aus, um erst recht hungrig zu werden.

»Fantastic, isn't it? Yeah, fantastic.«

Ich ballte die Hände zu Fäusten und steckte sie in die Hosentaschen.

Weiter ging es. Wir wollten ja noch die Pinguine sehen. Die Pinguine dort sind kleine, lustige Tierchen, die kleinsten Pinguine der Welt. Und sie haben einen Spleen. Sie krabbeln früh aus ihren Höhlen, gehen zum Fischen ins Meer und kehren allesamt pünktlich in dem Moment zurück, wenn die Sonne untergeht. Dann watscheln sie über den Strand und klettern zurück ins traute Heim, wo die Kleinen warten, dann gibt es leckere Fischpampe zum Abendbrot. Jahrhundertelang ging das gut, bis der Mensch darauf aufmerksam wurde. Zuerst verbreitete sich die Nachricht von diesem Naturschauspiel nur durch Mundpropaganda. Doch dann hatte es sich so weit herumgesprochen, dass jeden Tag hunderte von Schaulustigen am Strand auf die kleinen Pinguine lauerten. Das brachte die Tierschützer auf den Plan, die die Massenansammlungen verbieten wollten. Die kleinen Tiere sind nämlich von den Menschen so verunsichert, dass sie sich nicht mehr an Land wagen. Also machte man dieses Gebiet zum Sperrgebiet. So ein Verbot ist aber immer nur gut, wenn es auch durchgesetzt wird, und das war unmöglich. Es versammelten sich täglich nur noch mehr

Menschen, um die possierlichen Pinguine zu sehen. Da hatte der hiesige Gouverneur die Idee, dass man damit auch Geld verdienen könnte. Deshalb wurde ein riesiger Parkplatz gebaut und eine Eingangshalle mit zwei Fast-Food-Restaurants, einem gigantischen Souvenirladen, einem Museum, in dem man Eintritt zahlen musste, und öffentlichen Toiletten, in denen man Eintritt zahlen musste.

Hatte man es durch diese Anlage geschafft, ging es anschließend breite Betonstufen hinab, in ein stadionähnliches Gelände. Die Zuschauer verteilten sich auf breiten Betonrängen oder durften sich am Strand niederlassen, zurückgehalten von einer Absperrkette. Das Ganze war etwa hundert Meter vom Meer entfernt. Natürlich gab es noch eine Einweisung. Das Wichtigste, natürlich, keine Fotoapparate, auch nicht ohne Blitz, keine Kameras, das könnte die Tiere irritieren, logisch. Außerdem wurden wir angewiesen, ganz leise zu sein, so leise und unauffällig, wie hunderte von Menschen eben sein können. Und wer sich an das Kameraverbot nicht halten würde, dem wurde das Gerät konfisziert.

Irritierenderweise gingen dann schlagartig vier gigantische Stadionscheinwerfer an und leuchteten den Strand taghell aus. Das schien die Pinguine anscheinend nicht zu stören.

Ich saß ziemlich weit vorn auf der Tribüne. Wir hatten noch eine Decke bekommen, damit wir den Sand nicht schmutzig machten, und hinter uns füllten sich die Ränge. Als ich mich umdrehte, erschrak ich fast über die Menschenansammlung, die sich hinter meinem Rücken eingefunden hatte. Es herrschte eine Betriebsamkeit und ein Stimmengewirr wie im Fußballstadion. Und als dann endlich der erste Pinguin das Land betrat, übrigens exakt in dem Moment, als die Sonne im Meer verschwand, da taten die Leute genau das, was man mit all den Anweisungen hatte verhindern wollen: Sie schrien laut auf vor Begeisterung und Entzücken, woraufhin das Tier augenblicklich wieder zurück ins Wasser hopste.

Irgendwann aber wackelte einer nach dem anderen aus dem Wasser, watschelte tollpatschig über den Sand, stolperte, fiel, schüttelte sich und erreichte doch irgendwann das schützende Nest. Dann konnten auch wir nach Hause gehen. Natürlich mussten wir noch einmal in den Souvenirladen, wir konnten ja nicht ohne ein Foto von den Pinguinen abfahren, und bezahlten eine halbe Monatsmiete für zwei Postkarten.

Unser Surfbusfahrer empfing uns mit einem breiten Grinsen.

»Fantastic, isn't it?«

»Ja, und absolut kommerzialisiert!«

»Fantastic!«

»Und das Essen war schrecklich, genau wie dein Kaffee!«

»Yeah, absolut fantastic!« Er klopfte mir auf die Schultern.

»Ich wette, ihr sammelt die Pinguine jeden Tag ein und schafft sie mit einem Frachter auf das Meer, wo ihr sie dann abends wieder freilasst!«

»As I said, fantastic!«

»Und wenn du das noch einmal sagst, werde ich sauer!«

Er nickte wissend und wollte mich gar nicht mehr loslassen. »Fantastic«, sagte er und strahlte mich grundehrlich an.

»Fantastic, fantastic, fantastic, fantastic, fantastic!«

Auf der Heimfahrt machten alle schlapp, sogar das Amimädchen schlief tief und fest neben dem Surfboy. Und er selbst sah auch nicht mehr hundert Prozent fit aus, weshalb ich wach blieb, um als Erster mitzukriegen, wenn er uns aus Versehen in einen krokodilverseuchten Sumpf fahren würde.

Aber er brachte uns tatsächlich alle heil nach Hause. Und dann wurde er mir mit einem Schlag sogar wieder sympathisch. Seine Beifahrerin war an der Stadtgrenze von Melbourne aufgewacht und setzte ihre Flirterei vom Tage ansatzlos fort. Dann hielt er plötzlich an, und das darauffolgende Gespräch gebe ich der Einfachheit halber auf Deutsch wieder.

»Wir sind da. Oder wohnst du gar nicht in diesem Hotel?«, fragte er.

»Doch, aber ich dachte …«

»Dann wollen wir mal deine Freundinnen wecken!«

»Okay, vielleicht können wir …?«

»Habt ihr alles?«

»Und willst du nicht …?«

»Ja, es war fantastisch, was?«

»Ja, aber ich dachte …?«

»Ja, absolut fantastisch! Auf Wiedersehen.«

Der Bus fuhr an und ließ die drei Amerikanerinnen mit beleidigtem Gesichtsausdruck vor dem Hotel stehen. Der Surfboy hatte sie einfach abserviert. Das hätte ich nicht erwartet. Und es stimmte mich versöhnlich. Weshalb ich allen anderen verschwieg, was ich auf der nächtlichen Heimfahrt noch mitbekam, während sie selig schliefen.

Ein Laster kam uns entgegen, gab Lichtzeichen und der Busfahrer hielt an.

»Hat alles geklappt?«, fragte der Lasterfahrer.

»Fantastisch!«

»Aber spät dran heute!«

»Ging nicht anders. Dieser eine Idiot wollte immerzu aufs Meer starren!«

»Jetzt haben wir aber zu tun, die Pinguine alle einzusammeln und wieder aufs Meer hinauszuschaffen.«

»Das nächste Mal helfe ich euch dabei!«

»Bist ein feiner Kerl!« Der Lasterfahrer hob die Hand zum Hut. Beide fuhren an.

»Fantastic!«, flüsterte unser Busfahrer in die warme Nacht. »Fantastic, absolutely fantastic!«

A. L. KENNEDY

Gnade üben

Dorothy träumte immer in Wundern, doch das geschah jetzt nicht mehr so häufig. Abgesehen vom Üblichen lag keine Freude darin, eine Bettdecke zurückzuschlagen und sich zum ersten Ansatz der Ruhe ins Laken zu schmiegen. Sie wusste zu schätzen, was da war: der kühle Stoff über und unter ihr, das Einströmen von etwas Sanftem, von reiner Linderung, doch ihre Nächte blieben unbebildert: ihr Schlaf war nichts als fest, so schien es, und immer fester, und weiter nichts. Er fand sie und öffnete sich wie ein weicher, aber entschlossener, vertrauter Mund. Ja, vertraut war das richtige Wort. Nicht wundersam.

Dennoch hatte sie keinen rechten Grund zur Beschwerde.

Schlaflosigkeit wäre schlimmer.

Alles Mögliche wäre schlimmer.

Sie sollte also ihre derzeitige Lage zu ihrem Vorteil nutzen.

Dorothys nächste Lebensphase, so versicherten ihr zahlreiche Zeitschriften und auch richtige Menschen, würde immer extremere Probleme mit sich bringen. Entweder würde sie von einem unwiderruflichen Traum verschlungen werden und verschwinden, oder sie würde sich mit immer höherem Alter herumschlagen – zerfasernde Knochen, eine Flut von Funktionsstörungen –, mit immer weniger stärkender Bewusstlosigkeit. Alte schliefen offenbar nicht. Nach drei oder zwei oder noch weniger Stunden Ruhe von ihrem Tun würde sie wieder aufstehen, der Sonne davonlaufen, unbedingt stricken oder backen oder Eichhörnchen anschreien wollen, die ihren Rasen zerwühlten, bis unbefugt eindringende Kinder noch tiefere Wutschichten anzapften. Das jedenfalls waren die Beschäftigungen älterer Menschen, als Dorothy noch ein Kind war, das lange döste und oft angeschrien wurde. Sitzen war von enormem Interesse für die Verblühenden und Silberhaarigen, früher einmal war es ihre Hauptbeschäftigung. Es hatte etwas Heldenhaftes gehabt, wie alte Leute früher saßen. Doch wie ihr die Zeitschriften und auch die richtigen Menschen sagten, war die derzeitige Generation der über Sechzigjährigen hauptsächlich mit Internet-Shopping, exotischen Urlaubsreisen, Scheidungen und ungeschütztem Sex beschäftigt, vielleicht in dieser Reihenfolge, vielleicht auch nicht. Das schien ein Schritt nach vorn, wenn auch nicht unbedingt aufwärts.

Sie war nicht sicher, ob sie dann noch die nötige Energie für all das aufbringen könnte. Vielleicht nicht einmal jetzt.

Und Sechzigjährige mit niedrigem Einkommen saßen wahrscheinlich immer noch wie üblich, hockten so hartnäckig wie immer, saßen und sackten und klappten allmählich in Richtung der wartenden Horizontale, für sie gab es keine gesponserten Fallschirmsprünge, keine noch warmen, auf den Wohnzimmertisch geworfenen Autoschlüssel, die auf einen gewagten Nachmittag mit Witwen und Witwern hoffen ließen. Dorothy machte einen weder gewagten noch exotischen Urlaub. Sie brauchte mal Pause und hatte sich an diesem ersten Morgen absichtlich lange vom Schlaf aufhalten lassen, was bedeutete, dass sie das vom Hotel so bezeichnete Frühstück verpasste. Das störte sie nicht. Sie war in erfreulich gemächlichen Phasen erwacht, am sanften Ende einer irgendwie ermüdenden Nacht, hatte geduscht und dann die Banane gegessen, die vom gestrigen Reiseproviant übrig geblieben war, ehe sie zu einem Gang durch die Stadt aufgebrochen war. Eine Banane würde ihr leicht bis zum Mittag reichen. Tennisspieler und Sportler im Allgemeinen aßen sie wegen des Kaliumgehalts und dessen positiver Wirkung auf den Zellhaushalt.

Sie erinnerte sich an eine Chemiestunde zu Schulzeiten, in der ihr Lehrer – Mr Collins, der einen unglücklich baumelnden Schnauzbart trug, wie ein kranker chinesischer Kaiser – einen Splitter Kalium ins Wasser fallen gelassen hatte. Dann hatte die ganze Klasse zugeschaut, wie das Metall wespengleich auf der Oberfläche hin und her gesurrt war, ein winziger Schemen lilablauer Flammen, zu wütend, um zu versinken. Dorothy musste lächeln, damals und heute: die Vorstellung, dass der menschliche Körper einen solchen Pastellton der Empörung verbarg, dass man ihn nicht ohne Schutzbrille oder -schirm anschauen konnte. Ein notwendiges Element. In einem drinnen. Der Treibstoff für Raserei, Schönheit, Raserei, für verdampfende Formen der Hitze war medizinisch unverzichtbar.

Sie atmete süßliche, irgendwie mitteleuropäische Luft – die Ahnung entfernter Gebirge darin und überteuerter Marktimbisse in der Nähe. Die Gasse um sie herum war entweder mittelalterlich oder eine überzeugende Rekonstruktion platt gebombter Häuser, wobei abgerundete Fensterstürze, bestufte Eingänge, farbenfrohe Fensterläden und unpraktisch verzierte Schlösser wiederhergestellt worden waren. Was früher sicher leicht brennbare und heruntergekommene Quartiere waren, war so in etwas Zauberhaftes verwandelt worden – ein wenig zu verschämt und mit Erdgeschossen, die hauptsächlich erschreckend kunsthandwerkliche Keramik feilboten, aber süß. Relativ süß.

Dorothy tappte in ihren Ferienschuhen daran vorbei, fühlte sich unbelastet und frei vom Bedürfnis nach grässlichen Bechern. Oder Spitzendecken, die gab es auch. Und ansteckend aussehende Kekse. Sie glaubte gut daran getan zu haben, das stumpfe, benebelte Gedränge mit morgendlichen Fremden um die Büfetttische des Hotels zu vermeiden. Sie mochte unbekannte Größen gleich nach dem Aufstehen nicht – das war zu viel. Ungebetene Gespräche in der Frühe machten sie reizbar wie eine altjüngferliche Tante, die ein Eichhörnchen herausforderte.

Was ein guter Ausdruck war. Den musste sie sich merken und jemandem sagen, den sie kannte. Ohne Zusammenhang könnte er allerdings verpuffen.

Jemand Bekanntes war für ein gutes Frühstück nötig – entweder das oder Alleinsein plus kulinarische Begeisterung. Sie dachte gern an die Zeit, als kontinentales Frühstück noch erregende Geheimnisse barg, Teller voll unaussprechlichem Aufschnitt, die reinen wilden Farben von Substanzen in Schraubgläsern, versiegelte kleine Döschen, deren Inhalt auf das fremd aussehende Brot gestrichen oder in den fremd schmeckenden Kaffee geschüttet werden sollte, der das Herz rasen ließ und in unnatürliche Zustände massierte, was man aber zuließ – fern der Heimat, ein besonderer Anlass, da lässt man es geschehen, da darf der Puls rasen. Heutzutage haben Hotels praktisch überall die gleichen Eier, Würstchen, Frühstücksspeck, Kartoffelröstis, Arme Ritter, die üblichen angloamerikanischen Vorboten von Fettleibigkeit und Fatalität. Dorothy verlangte es weiter nach regionalen Variationen und Fehltritten – Gerichte mit seltsamen Suppen, unverzeihlichen Hühnerwürstchen, Kartoffeln, die kulinarischen Katastrophen zum Opfer gefallen waren, eigenartige Getreide und extrem entstellte Eier. Sie spürte Kuriositäten auf, sooft sie konnte, um ihren Fortbestand zu unterstützen.

Auf dem Rückweg würde sie ein paar von den beunruhigenden Keksen kaufen. Kurz wünschte sie, in ihrem Sprachführer fände sich der Satz: »Entschuldigen Sie bitte, aber schmecken die bizarr oder sind von verstörender Konsistenz, dann würde ich nämlich mehrere nehmen?«

Ihre Banane war ein fader, wenn auch nahrhafter Auftakt gewesen, allerdings, wie sich zeigte, keine ausreichende Grundlage für so viel makellose Malerarbeiten und so viele kleine, tiefe Fensterhöhlen voll glasierten und schrecklich zwecklosen Zierrats. Das alles weckte in ihr den leisen Wunsch nach Vandalismus, oder zumindest lautem Schreien, also bog sie so rasch wie möglich in einen Fußweg ein, der einen Hang hinab und von den Häusern weg führte, bis er sich an einem Bach entlang in den Schatten schmiegen konnte. Schließlich wurde der Weg schmaler und zu einem kalkigen Pfad. Die sanfte Brise war jetzt grasig und warm, roch schwach nach Wasser, durchweichtem Laub, heimlicher Bewegung. Fasane stiegen laut flügelschlagend zu Dorothys Linken auf, mit schleifenden Schwänzen. Während sie sich aufwärts mühten, stießen sie dümmliche Warnrufe aus: u-wa-u-wa-u-wa. Etwas weiter waren sie weniger unruhig und ließen sich von ihr nur voranscheuchen, ordentlich trabende Vögel mit Silhouetten wie dicke kleine Männer auf Pferden. Dann hasteten sie ins Unterholz, Geraschel, nichts mehr.

Als der Bach sich staute und unter Bäumen still stand, blieb auch sie stehen und entspannte sich.

Vor ihr lag eine erdige und sandige Uferböschung, stumm unter ihren Füßen, und kühl.

Dorothy hatte keine genaue Vorstellung, was für Bäume sich über ihr ausstreckten. Etwas in der Art von Birken.

Sie stand einfach da.

Es gab eindeutig Fische im Teich, auch wenn sie nicht dicht genug dran war, um sie zu sehen, denn ein Labrador watete etwa knietief im Wasser und jagte sie. Das Tier war eifrig: Es sprang und pirschte, sein Schwanz wedelte, als es jede Senke durchkämmte. Gelegentlich tauchte auch sein Bauch in die sicher angenehme Kälte. Über den feuchten Schatten wurde die Sonne schon kräftiger, bald würde Abkühlung nottun.

Dorothy überlegte, die Schuhe auszuziehen und Wasser zu treten. Vielleicht, wenn der Hund weg war.

Doch der wirkte sehr beschäftigt und fröhlich und gar nicht geneigt zu gehen. Sie sah zu, wie er nach dem Wasser schnappte, den Kopf ganz untertauchte und sich dann mit leerem Maul wieder frei schüttelte, aufgeschrecktes Licht, das weit im Kreis sprühte, bevor es in Ringen und Leuchtspritzern landete. Dann betrachtete er wieder die Kräuselwellen, ganz und gar zufrieden mit der Vergeblichkeit seiner Jagd. Die Verfolgung genügte vollkommen, zuckende, helle Erregung. Finden und Fangen war nicht vonnöten.

Dorothy versuchte zu beschließen – probehalber –, dass es ganz gut wäre, hier zu warten und dem Hund beim Freuen zuzuschauen, im Schutz dicht belaubter, wenn auch noch unidentifizierter Bäume. Sogar bis zum Dunkelwerden. Das könnte eine kluge Entscheidung sein.

Nur dass dann der Hundebesitzer – sie musste eine Art Verbindung zwischen den beiden vermuten – etwas zu rufen anfing, das wie »*Ankle, Ankle …*« klang, und ins Sichtfeld trat: ein Mann mittleren Alters, der durchs Wasser watete, nackt bis auf ausgeblichene und zu kurze

Jeansshorts, mit einem ausgedünnten Pferdeschwanz, als sollte so etwas in einer freundlichen und anständigen Welt möglich sein.

»Ankle! Ankle!« Damit endete die Jagd, mit backenbärtigem Freudenschnauben trottete und paddelte der Hund freudig an die Seite seines Herrn. Dann schauten sie beide zu Dorothy herüber, und die Miene des Mannes drückte aus, dass er – eklig wie er war, mit seinen baumelnden Armen, viel zu unbekleidet, sein gebräunter und behaarter kleiner Bierbauch schändlich über dem Hosenbund hängend –, dass er hierher gehörte, jeden Morgen hier war, und was zum Teufel hatte sie hier zu suchen, sich hier hereinzudrängen, ihn und seinen geliebten Ankle anzustarren, als seien sie nicht ganz richtig?

Sie starrte nicht zurück. Ihr wurde vielmehr bewusst, dass sie errötete, dass also eine Art Schuldeingeständnis ihre Wangen und ihren Nacken hinaufkroch, als sei sie absichtlich hier und wollte schlechte Handlungen herbeiführen, die besser namenlos blieben. So wie Ankle.

Wer nannte ein Haustier Ankle? *Fußgelenk?*

Das Laub kicherte heiß hinter ihr, als sie sich zurückzog, denselben Weg zurück nahm.

Nun war sie wieder allein mit dem Pfad und steuerte auf die Stadt zu, denn sonst gab es nichts außer richtigen Wanderwegen, die in die südlich liegenden Mittelgebirge führten und für die man am Empfang Wanderkarten bekommen konnte. Sie hatte noch keine Karte, auch wenn sie dies Reiseziel zum Teil gewählt hatte, weil sie halb plante, ordentliche Bergwanderungen zu lohnenden Aussichten zu unternehmen, begleitet von Obst oder Brot und lokaler Wurst, regionalem Käse, abgefülltem Leitungswasser aus der Metallflasche, die sie zusammen mit den Wanderstiefeln und dem größtenteils überflüssigen

Kompass eingepackt hatte, der ihren Anstrengungen den Glanz des Abenteuers verleihen sollte. Doch alle Routen waren unübersehbar und regelmäßig ausgeschildert. Alle fünfzehn oder zwanzig Kilometer gab es Gasthäuser mit rustikalen Veranden und sauberen Toiletten. Das hier war auf keinen Fall Wildnis.

Vielleicht Ödnis. Wahrscheinlich. Aber keine Wildnis.

Auf der hübschen Hauptstraße waren die hübschen Restaurants voller Touristen beim Mittagessen. Die Touristen waren nicht hübsch, sie waren laut und grässlich. Dorothy drückte ein ums andere Mal die Tür auf und fand Grüppchen an fröhlichen Tischen, schlängelte sich unter Sonnenschirmen über Terrassen, fand keinen behaglichen Raum, fand keinen Raum behaglich.

Sie hatte ohnehin keinen Hunger. Die Banane. Nahrhaft.

Und vom Sonnenlicht pochte ihr der Schädel.

Letztlich fand sich ein Platz im Schatten einer abscheulichen städtischen Statue, weil niemand sonst dort sitzen wollte. Oder weil niemandem sonst im Augenblick deren – so könnte man es nennen – flüchtiger Charme auffiel. Sicher waren schon andere Menschen da gewesen: Am Fuß des Dings, unter einem moosigen Wirrwarr mythischer Schwänze und Füße, stand ein flacher Trog. Kleingeld blinkte und zitterte still unterm Wasser, in das man es vermutlich geworfen hatte: bescheidene kreisrunde Hoffnungszeichen oder Dankesgaben für ein glückliches Geschick, für gesunde Wiederkehr, gesunde Heimkehr, erlangte Zufriedenheit. Sie zog die Hand durch den Trog, machte kleine Wellen und glättete sie wieder. Sie hob die Finger und leckte daran. Sie trugen keinen besonderen Geschmack: keine Spur von Metall, keine Spur von Glück. Sie waren bloß kälter als ihre Lippen.

Sie hielt den Abdruck – Zeigefinger, Mittelfinger – zwischen Zunge und Gaumen fest und nahm ihn zum Anlass, nicht zu sprechen, als sie wieder aufstand und nach einem freien Platz suchte, ihn fand, auf eine laminierte Speisekarte deutete, wo verschiedene Arten von Kaffee aufgelistet waren, dann einen Schluck nahm und eine Pause machte, Schluck und Pause, und dann pantomimisch – Daumen gegen den Zeigefinger gepresst wie ein kleiner Schnabel – das Kritzeln einer Rechnung darstellte. Sie bezahlte.

Sie schob den Stuhl mit einer Bewegung zurück, die ihr kindisch vorkam und andeuten mochte, dass ihre Gliedmaßen unzivilisiert und nicht maßstabsgerecht waren. Sie hatte das Gefühl, es müsse deutlich zu sehen sein, dass sie das Spektrum von Interessen und Aktivitäten nicht teilte, das in den anderen Urlaubsgästen so ordentlich verpackt war. Sie versuchte, einen Tag totzuschlagen, ihn beiseitezuschaffen. Morgen würde sie einen weiteren totschlagen müssen. Dabei kam sie sich brutal vor. Was den Kopfschmerz schlimmer machte.

In ihrem Hotel würde, da war sie sicher, keine Veränderung warten, nur eine weitere Rate der Niederlage.

Erneut begriff sie, immer wieder begriff sie, so als würde die Erkenntnis nicht haften bleiben, wieder einmal begriff sie also, dass jemand, dem man die Möglichkeit des Fortgehens eingeräumt hatte, dem man gesagt hatte, es stehe ihm frei zu gehen, dass dieser Jemand womöglich keinen Weg zurück finden könnte. Dass er womöglich gar keinen gesucht, dass er immer schon beabsichtigt haben könnte, das Wegsein dauerhaft werden zu lassen. Für ihn war es gar nicht mehr *weg* – sondern ein anderes *hier*. Und jemand könnte auch durcheinanderbringen, wer eigentlich wirklich weg, was verloren gegangen, was zerbrochen und wo der Grund für all den

Schmerz war; in der Abwesenheit oder der Anwesenheit oder anderen Zuständen, die unerforscht bleiben durften.

Es war nicht klar.

Und die Straßen waren rasch ausgeschöpft, führten sie stetig zurück zum unvermeidlichen Hotel.

Eine kühle Dusche. Hinlegen. Das wäre gar nicht schlecht. Das konnte sie wertschätzen. Wenn man auf der Ebene blieb, war es recht einfach, zufrieden zu sein.

Dennoch war das Foyer ein wenig bösartig, so wie es sie auf den Fahrstuhl zutaumeln ließ, hungrig und amüsiert, wie es sich abwärts neigte, sodass sie auf ihr Zimmer zuhasten musste, auf die Tür und die Öffnung, die weite Öffnung und den Schwung an Informationen: hier war der Kleiderschrank, hier die geschlossenen Fensterläden mit den Lichtstreifen, hier war ihr Koffer auf dem Kofferstand, hier war der Nachttisch, hier war das Bett.

Hier waren ein anderes Hier und ein anderes Bett.

Hier war das Bett.

Hier war ihr Kopfschmerz, der langsamer pochte, so plötzlich nachließ, dass ihr beinahe die Tränen kamen.

Hier war der Stuhl mit Schuhen darunter, ordentlich, und ein weniger ordentlicher Haufen Kleidung: Hemd, Jeans, Unterhose, Socken, der Glanz einer ebenfalls abgelegten metallenen Armbanduhr.

Hier war das Bett.

Hier war das nachgiebige Bett.

»Ich bin müde geworden.«

»Ja?«

»Ja.«

Hier war der Raum ums Bett herum, nicht mehr so leicht zu überqueren und überrascht.

»Wo warst du?«

»Wo warst du?«

Hier war das Bett, in dem er sich aufrichtete, als er sie hörte, aufrecht saß wie sonntagmorgens, wie vor ewigen Zeiten, als es sie zum Lächeln brachte. Er hatte sich die Bettdecke unter die Achseln geklemmt und sah aus, als habe er nicht geschlafen oder geruht, seit er gekommen war. Er sah aus, als hätte er beschlossen, die Last des Gesprächs mit ihr würde leichter, wenn er ausgezogen war, doch jetzt kamen ihm Zweifel. Dorothy runzelte die Stirn und ließ es dann wieder, weil sie sonst wenig hilfsbereit wirkte. »Ich war in der Stadt – im Dorf.« Sie ging zum Bett, um sich hinzusetzen, tat es dann aber nicht. Es war zu einem gewissen Grad verändert, also war sie eigentlich noch nicht darin gewesen, und das machte sie nervös.

»Ich habe angerufen, als man uns mitteilte, dass der Flug … ich wusste, dein Telefon wäre ausgeschaltet.«

»Mein Telefon war ausgeschaltet.«

»Ich weiß.«

Sie wussten beide gut, dass sie angesichts unangenehmer Anrufe, die sie entgegennehmen muss, vorsorglich das Handy ausschaltet. Keiner von beiden hätte das geleugnet.

»Und so bin ich hier in dieser … ich hatte schon vergessen, wie gut es mir hier gefällt. Das war eine gute Idee. Gute Idee. Und danke, dass du es mich hast wissen lassen. So haben wir ein paar Tage. Wirklich. Clever. Ich hätte nicht gedacht … aber du …« Er legte sich flach hin und blinzelte die Decke an, als wäre er ein Schwerkranker, ein Verletzter, ein kleiner Junge, den seine Umgebung überwältigt. »Ich musste den Zug nehmen… Unser Flugzeug ist am falschen Ort gelandet. Dann mit dem Zug.« Er hat die Arme unter der Decke verschwinden lassen und sie bis unters Kinn hochgezogen, von innen, aus seinem dunklen Versteck. »Mit dem Zug …« Es war zu warm, sich so zuzudecken.

Dorothy drehte sich um, setzte sich auf den Boden und lehnte den Hinterkopf an die Matratze, an die vorsichtigen Verschiebungen, die ihr sagten, dass er da war. Sie sagte ihm: »Ich wünschte, ich hätte nicht … Hätte ich doch …«

»Du solltest nicht denken, ich würde nicht kommen. Ich wollte. Bei der Pause ging es gar nicht darum.«

Sie sagte ihm gar nichts.

»Du machst dir doch Sorgen. Du wirkst angespannt.«

Sie sagte ihm gar nichts.

»Und ich werde …«

Sie sagte ihm gar nichts.

»Ich mache mir auch Sorgen … Du hast es erlebt und … ich … du solltest nur wissen, dass ich unterwegs bin.«

Man hörte leises Bettrascheln, er ließ die Hand sinken und drückte ihre Schulter, und sein Handrücken streifte unachtsam ihre Wange, dann gestaltete er die Berührung neu, wiederholte die Bewegung, konzentriert, und sie spürte seine Absicht, zart, ernst, ängstlich.

Sie hatten Dinge zerbrochen, sie beide. Unerwarteter Schaden war entstanden, dabei hatten sie gedacht, sie würden es besser hinkriegen nach ihrer jahrelangen Übung, hatten sie aber nicht.

Sie lehnte sich in seine Hand, küsste seinen Finger. »Ich habe Angst gekriegt.«

»Ich weiß.« Sie hörte ihn ausatmen und stellte sich eine Art Säule aus irgendwas vor, eine Säule aus pulsierenden Problemen, die über seinem Kopf aufstieg. »Und als du … Das war … Ich glaube nicht …« Das hier, dieser Moment war friedlich. Keine Scherben.

»Ich wollte deine Stimme hören.«

»Es tut mir leid.«

Und das kann man auf eine Weise sagen, die bedeutet *wir können nicht weitermachen,* und auf eine Weise, die bedeutet *wir können weitermachen und es hinkriegen und alles kann gut werden.*

»Mir tut es leid. Mir tut es auch leid.«

RENA DUMONT

Josef

Schon Wochen vorher zitterte ich, malte mir aus, wie ich die Situation bewältigen, wie ich die Uniformierten um den Finger wickeln würde, so wie ich es in anderen brenzligen Situationen getan habe. Täglich rief ich im Ministerium für Innere Sicherheit an, da ich den Informationen auf den Webseiten, mochten sie noch so aktuell sein, nicht traute. Auch Ämter und Beratungsstellen waren vor mir nicht sicher. Selbst die tschechische Botschaft blieb nicht verschont, als ich sie mit Fragen bombardierte, obwohl ich durch meine eigene Recherche längst ausgezeichnet informiert war.

Alle nötigen Unterlagen lagen bereits in mehrfacher Ausfertigung in einer Klarsichtfolie auf meinem Schreibtisch, die Pässe waren ausreichend lange gültig und die Versichertenkarten auch für die Kinder ausgestellt. Alles war bis ins kleinste Detail vorbereitet und könnte bei Bedarf mit abgeklärter Selbstverständlichkeit auf der Stelle ausgehändigt werden.

Ich war nervös wie eine werdende Mutter. Mein selbstgenähter Mund-Nase-Schutz erwies sich als unbrauchbar, weil er kein Lüftchen durchließ und der Erstickungstod drohte, noch bevor mich das Virus infizierte. In einem zweiten Anlauf nähte ich Masken aus leichterem Stoff und mit reichlich Gummiband, sodass die Ohren nicht so abstanden.

Stets prahlte ich mit meiner doppelten Staatsangehörigkeit, brüstete mich damit, etwas Besonderes zu sein, schließlich war es deutschen Bürgern in diesen Corona-Zeiten untersagt, in die Tschechische Republik einzureisen, nicht so bei mir. Privilegiert nicht nur aus diesem Grund, sondern auch, weil ich ein Häuschen im Böhmerwald mein Eigen nennen durfte.

Die Begründung, weswegen ich einreisen wollte, hatte ich wortgenau vorbereitet. *Meine Mutter lebt dort und benötigt dringend Hilfe, da sie alleine ist.* Das entsprach zwar nicht der Tatsache, und ich wusste außerdem, dass mir zunächst eine zweiwöchige Quarantäne bevorstand, aber sei's drum.

Allmählich beruhigte ich mich. Okay, dachte ich, dieses Virus ist zwar clever, aber es weiß nicht, dass ich aus einem totalitären System komme und alle Traumata, die man sich nur ausdenken kann, bereits in mir trage. Es weiß nicht, dass ich unter abenteuerlichen Verhältnissen geflüchtet war und dass meine Mutter seitdem an allen Grenzen der Welt drei Zigaretten auf einmal raucht, weil sie so nervös ist.

Es war also alles vorbereitet. Mein Mann hatte sich am Tag X die Haare gewaschen. Die Kinder hatten an Spielsachen eingepackt, was einzupacken ging, von der JBL-Box bis zu ihren Konsolen und Playstations, damit sie nicht schutzlos der Natur ausgeliefert wären.

So sah ich meinem Schicksal entgegen, war ganz meinem alten Trauma ergeben, dem ich sogar einen Namen gegeben hatte, *Josef* nämlich. Endlich saßen wir alle im Auto und fuhren los.

Ich fühlte mich wie im Jahr 1986. Damals war ich als Siebzehnjährige aus der Tschechoslowakei geflüchtet, nicht alleine, versteht sich, sondern gemeinsam mit meiner Mutter, die mit der Flucht ganz und gar nicht einverstanden war. Unserer wirtschaftlichen Lage war der Fluchtgedanke nicht zuzuschreiben. Meine Mutter hatte als Friseurin durch ihre Beziehungen »unter dem Pult« Kakao, ›Bravo‹-Zeitschriften, Klopapier oder modische Sandalen, also alles, was es im Sozialismus nicht gab, kaufen können. So gesehen ging es uns nicht schlecht. Ich wollte oder musste jedoch einerseits vor der Kontrolle fliehen, die von meiner Mutter ausging, andererseits vor der staatlichen Kontrolle, die zwar subtil, jedoch noch verheerender war. Das Gefühl der Unfreiheit trieb mich in die Welt hinaus, die ich nur von den österreichischen Fernsehsendern kannte.

Als wir Deggendorf erreichten, begann mein Herz zu hämmern, mehr noch, es drohte zu zerspringen. Ich bat um eine Verschnaufpause, obwohl es nichts zu verschnaufen gab. Ich wollte auf die Toilette flüchten, um den irritierenden Blicken meiner Familie zu entkommen.

Die Kilometer purzelten dahin und wir näherten uns dem dunklen Geheimnis meiner Angst, der Grenze.

»Was machen wir, wenn wir nicht durchkommen?«, fragte ich beklommen.

»Nichts.« Meine Nervosität war auf meinen Mann übergegangen, das spürte ich ganz genau. Zum Glück trugen die Kinder Kopfhörer und merkten nichts von meiner Panik.

»Was machen wir, wenn sie *dich* nicht durchlassen?«

»Nichts. Dann fahre ich mit dem Zug nach Hause«, antwortete mein Mann.

»Mit welchem Zug, es fahren keine Züge.«

»Dann fahren wir alle nach Hause.«

»Was machen wir, wenn sie uns der Lüge beschuldigen?«

»Welcher Lüge …?«

»Na ja, nur weil ich einen tschechischen Pass besitze, heißt das nicht unbedingt, dass wir alle einreisen dürfen«, erwiderte ich mit zittriger Stimme.

»Ich denke, dass ich als dein Ehemann mitdarf und Kinder unter achtzehn sowieso. Das hast du doch gesagt?!«

»Ja, hab ich, aber vielleicht sehen die Uniformierten an der Grenze das anders.«

»Anders als das Ministerium?«

»Ja… was weiß ich, wie die ticken? Das sind Starrköpfe! Du kennst sie nicht!« Nervös kurbelte ich das Fenster herunter.

»Gesetze sind dafür da, dass sie …«

»In der Tschechoslowakei ist alles anders!«, platzte es aus mir heraus.

»He? Was ist mit dir los? Es gibt keine Tschechoslowakei mehr.«

Ich verstummte. Ich wusste, dass dort noch immer die Uniformierten von damals arbeiten, die gleichen scharfen Hunde! Sie sind da und lauern mir auf, sie werden mich oder vielmehr uns festnehmen, uns das Haus wegnehmen und uns in modrigen Kellern verhören.

»Es gibt sie noch!«

»Du bist völlig durch den Wind, lass mich fahren«, erwiderte mein Mann.

»Du sprichst kein Tschechisch!« Ich fuhr weiter.

Schließlich erreichten wir die Grenze. Die Fahrstreifen wurden mit rot-weißen Kegeln zu einem schmalen Streifen zusammengeführt und zielten direkt in den Schlund des Bösen. Zehn Mann in voller Montur versperrten uns breitbeinig den Weg. Sie stierten in meine vor Angst aufgerissenen Augen und dann auf meinen Wagen mit deutschem Kennzeichen. Der Kalte Krieg, da war er wieder.

»Guten Tag«, grüßte ich auf Tschechisch.

»Guten Tag«, nuschelte ein großer Typ in Tarnanzug durch seine Maske. »Wo wollen Sie hin?«

Er sah wichtig aus, war aber vermutlich nicht so wichtig wie der Kerl im schwarzen Overall mit den vielen Taschen und Aufnähern, deren Bedeutung ich nicht kannte. Der Mann in Schwarz starrte mich aus seinen gelben Augen an und fragte mich mit dunkler, verrauchter Stimme, wohin ich wolle.

»Ich … ich … Guten Tag. Ich will nach Hause.«

Pause.

»Wo ist Ihr Zuhause?«

Gute Frage. Mein Zuhause ist an vielen Orten, mal in Tschechien, mal in München, mal hier, mal da, wo ich eben gerade bin.

»Ähm … mein Zweitwohnsitz ist in Starov.«

»Zeigen Sie mir Ihren Personalausweis«, meinte er, nachdem ich mit meinem tschechischen Pass nicht punkten konnte.

»Den hab ich nicht. Noch nicht.«

»Den brauchen Sie aber.«

»Aber, aber … ich habe vor einem halben Jahr die tschechische Staatsangehörigkeit bekommen und … ich wollte mir den Personalausweis in Tschechien ausstellen lassen.«

»Es interessiert mich nicht, was Sie vorhaben, ich brauche Ihren Personalausweis, um zu sehen, dass Sie in der Tschechischen Republik wohnen.«

»Ich weiß, ich weiß, aber hören Sie, ich muss nach meiner Mutter sehen.«

»Zuerst müssen Sie in Quarantäne.«

»Ja … in Quarantäne. Ich weiß«, antwortete ich kleinlaut.

»Bitte den Pass Ihres Mannes und der Kinder. Ist das Ihr Mann?«

»Ja … natürlich.« Mir liefen bereits Tränen über die Wangen. Ich war definitiv nicht Herr der Lage.

»Er ist ja gar kein Tscheche. Also, das geht nicht.«

»Was sagt er?«, mischte sich mein Mann ein, während ich die deutsche Heiratsurkunde aus der Klarsichtfolie fischte.

»Nichts, wir müssen zurück. Wir sind schuldig.«

»Was heißt hier schuldig?«, erwiderte mein Mann, der aus einem freien demokratischen Land kommt.

»Sei einfach nur still.«

»Und die Kinder? Haben *sie* die tschechische Staatsangehörigkeit?«

»Nein.«

»Na, dann müssen Sie zurück. Alle vier.«

»Ja … verstehe.« Die Tasten auf meinem Handy verschwammen zu einem einzigen See, es gelang mir nicht, die Nummer vom Ministerium einzutippen. »Gut, also zurück.«

»Oder die nötigen Unterlagen vorweisen.«

»Ich verstehe. Entschuldigen Sie.« Ich startete den Motor und wendete scharf. Mein Blick fiel auf das blaue Schild. *Willkommen in der Bundesrepublik Deutschland* stand darauf.

Wir hatten versagt.

Josef, mein Trauma, war größer denn je.

Die alten Kommunisten standen noch immer an der Grenze und lachten sich ins Fäustchen. Plötzlich kam uns ein grüner Lkw entgegen. Er bremste rasant, aus seinem Inneren sprangen junge Soldaten und zwei schwarz gekleidete Wichtigtuer. Alle ohne Maske. Im Rückspiegel konnte ich ihre Gesichter beobachten. Ich hielt inne, atmete tief ein und versuchte mich zu konzentrieren.

»Was hast du vor?«, fragte mein Mann argwöhnisch.

»Josef. Ich bereite eine Invasion gegen Josef vor!« Wie in Trance wendete ich den Wagen erneut.

Die alte Garde war bereits im Lkw verschwunden, und die jungen Kerle setzten gerade ihre Masken auf, als sie unser Auto heranfahren sahen. Mit bereits heruntergekurbeltem Fenster grüßte ich militärisch und nahm für einen Bruchteil einer Sekunde die Maske ab, um mein überhebliches Lächeln zu zeigen.

»Guten Tag. Ich fahre nach Hause. Starov ist mein Zweitwohnsitz. Meiner Mutter geht es sehr schlecht. Verlautbarungen des Ministeriums für Innere Sicherheit zufolge ist es erlaubt, nahen Angehörigen zu helfen, wenn es nötig ist. Das ist mein Mann, hier die Heiratsurkunde, und das sind meine Kinder, sie sind, wie Sie sehen können, minderjährig. Die Familie darf von Gesetzes wegen nicht auseinandergerissen werden. Wir werden bei meiner Mutter sein und uns vor Ort in Quarantäne begeben.«

»Ähm …«

»Es eilt.«

Er sah in meine entschlossenen Augen, dann in die Unterlagen, bevor er sie mir zurückreichte und uns durchwinkte.

Ich startete den Motor und fuhr weiter.

Corona hat schließlich über Josef gesiegt und mir einen guten Dienst erwiesen.

VOLKER BLEECK

Die Tamdhu-Täuschung

Alle Taschen sind gepackt. Ich wecke sie nicht so früh am Morgen, wir hassen Abschiede. Als das Taxi hupt, bin ich fast sauer, aus Angst, sie könnte doch noch aufwachen. Dann lasse ich mich zum Flughafen fahren, reihe mich vor der Sicherheitskontrolle in die Warteschlange ein und tue genau das: warten.

Der Typ, der mir das Zeug verkauft hat, war ein echter Profi. Und kannte sich offensichtlich sehr gut aus. Er wusste genau, was ich wollte. Und hatte keine Skrupel. Dafür ließ er sich allerdings auch nicht schlecht bezahlen.

Noch eine gute Stunde, genug Zeit. Ich pfeife eine kaum hörbare Melodie und konzentriere mich auf die Tageszeitung, die ich vorhin gekauft habe. »Flughafen-Chaos: Sicherheitspersonal streikt immer noch!« steht da in Riesenlettern. Ich denke kurz an das gut versteckte Paket in meinem Handgepäck.

Mit knappen Worten hatte der Typ mir bestätigt, dass dies tatsächlich der richtige Zeitpunkt sei; der Streik gehe gerade lang genug, dass die Notbesetzung vielleicht nicht mehr so genau kontrollierte. Natürlich konnte man sich darauf alleine nicht verlassen, nicht mehr. Spätestens seit dem 11. September. Damals waren die Attentäter gewissermaßen mit gezückten Teppichmessern durch die Kontrollen marschiert, undenkbar heute.

Noch eine Dreiviertelstunde. Ein kleiner Junge nähert sich und zupft an meinem Rucksack. Mit etwas zu barschen Worten scheuche ich ihn weg. Er rennt weinend zu seiner Mutter, die mir einen giftigen Blick zuwirft. Fehler. Aufmerksamkeit ist das Letzte, was ich jetzt gebrauchen kann. Ich beginne zu schwitzen.

Der Typ hatte von Leuten erzählt, die geschnappt worden waren, von einigen hatte ich gehört. Der mit dem Sprengstoff im Schuh zum Beispiel. Aber dagegen sei seine Methode absolut *state of the art*. Der Behälter müsse aber im Handgepäck transportiert werden, nur dort könne ich unbemerkt kurz vorher die Ultrasonarsoundwellen – oder wie auch immer die hießen – einschalten, das Kernstück der Tarnung. Verstanden hatte ich das nicht, aber es hatte mir eingeleuchtet. Wie beim Tarnkappenbomber würde das nur für einen Moment funktionieren, hatte er erklärt, also müsse ich kurz vor der Kontrolle ein- und danach gleich wieder ausschalten. Sonst passierte vielleicht noch was Unvorhergesehenes. Nur das Flugzeug verpassen, das wäre schlecht, auf dem Flughafen würde mir das Zeug schließlich nicht viel nützen.

Noch eine halbe Stunde. Jetzt wird es schon enger. Die Schlange hat sich kaum bewegt, jedenfalls nicht vorwärts. In mir macht sich Panik breit. Ich blicke auf die unmögliche rote Jacke der Frau vor mir, schließe die Augen und atme tief durch. Und sehe mich schon losrennen, vorbei an der Schlange und wütenden Fluggästen, vorbei an Sicherheitsbeamten, die hektisch nach ihren Waffen greifen – ich öffne die Augen: und blicke wieder auf die rote Jacke der Frau vor mir. Natürlich stehe ich immer noch in der Schlange.

Dann kommt Bewegung auf, endlich. Ich packe meinen Rucksack genau so auf das Förderband, wie der Typ es mir gezeigt hat, und schalte unbemerkt ein. Nur so wird das Gerät in Verbindung mit den eingeschalteten Sonarwellen nichts erkennen. Ich atme schwer. Während ich ohne Schuhe und Gürtel durch die Schleuse tappe, beobachte ich die Kontrolleure. Alles gut. Einer lacht gerade über den Witz seines Kollegen. Doch dann deutet der andere auf den Bildschirm. Ich kann nicht erkennen, worum es geht, stecke gerade meinen Gürtel in die Schlaufen, finde nicht gleich die richtige, taste, suche. Hektik im Hintergrund. Scheinbar seelenruhig bücke ich mich, um mir die Schuhe zu schnüren. Als ich wieder hochkomme, blicke ich auf meinen Rucksack – und in das Gesicht des Sicherheitsmenschen.

»Sie wissen doch, dass Sie keine Flüssigkeiten über hundert Milliliter mit an Bord nehmen dürfen.« Das ist keine Frage. Der Beamte nimmt das kunstvoll verpackte Behältnis aus dem Rucksack und zeigt seinem Kollegen die ganz offensichtlich nutzlose Super-Hightech-Hülle, die unnötigerweise auch noch leise vor sich hin vibriert. Der Kollege schüttelt nur belustigt den Kopf. Der kennt das wohl schon. Ich beobachte den Securitymann, wie er vorsichtig hineinsieht und leise anerkennend pfeift. Dann flüstert er seinem Kollegen etwas ins Ohr. Der nickt.

Er nimmt das Paket und kommt zu mir. Bedauernd hebt er die Hände, als er den Inhalt vor mir abstellt: »Selbst wenn ich wollte – und glauben Sie mir, ich will –, kann ich Sie damit nicht an Bord lassen. Es gibt nur zwei Möglichkeiten.« Sein Blick wandert zu einer großen Kunststofftonne mit Glasrecyclingsymbol. Dann greift er hinter sich in den Schrank, zieht zwei angestoßene, aber saubere Kaffeebecher heraus und sieht mich fragend an.

Ich nicke resigniert. Er gießt ein, wir stoßen an, trinken und schweigen. Dann blickt er auf das Etikett. »Ein Tamdhu von 1966, aus der MacPhail's Collection, 2006 abgefüllt. Das muss aber ein ganz besonderer Anlass sein.« Er hebt die gar nicht mehr so vertrauenerweckend aussehende Metallhülle in die Höhe. »So was haben wir hier jeden dritten Tag. Irgendein Schlaumeier verklickert den Leuten, irgendwelche Wellen in einer schick aussehenden Metallbox würden die Röntgenstrahlen nicht durchlassen. Technikgläubig, wie wir alle inzwischen sind, fallen wir drauf rein, besonders, wenn wir ein bisschen James Bond spielen und es selbst aktivieren dürfen.« Er schenkt nach, drückt einen kleinen Knopf und zeigt mir, was die Hülle zum Vibrieren gebracht hat: ein batteriebetriebener Milchaufschäumer, der jetzt ein wenig traurig vor sich hin rappelt. »Ist ungefähr so effektiv wie ein Silberlöffel in der Champagnerflasche. Da glaubt auch jeder, das nützt was. Dabei ist Austrinken das Einzige, was wirklich hilft.« Er lässt die Tassen aneinanderklicken und grinst. »Aber Doofe sterben ja nicht aus. Ich bin übrigens Horst.«

Natürlich hat mein Flug Verspätung. Zum Zeitvertreib gehe ich noch ein paarmal durch die Sicherheitskontrolle, zum Schluss nur in Unterwäsche, was mir pikierte Blicke von Mitreisenden, aber Szenenapplaus von Horst & Co. einbringt, der nach jeder absolvierten Runde großzügig nachschenkt. Und dann bin ich tatsächlich irgendwann auf dem Weg zum Gate zu meinem Flug nach Denver, wenn auch reichlich ferngesteuert, und sehe noch vor mir, wie Horst seine streikenden Kollegen auf ein Gläschen 40 Jahre alten Single Malt einlädt. Warum es unbedingt dieser ganz besondere Whisky sein musste? »Einen Single Malt aus meinem Geburtsjahr«, hatte mein Bruder sich zur Hochzeit gewünscht. Der alte Sack. Einen Single Malt so alt wie seine Braut hätte ich auch einfach im Duty-free-Shop kaufen können. Aber ich Idiot suche monatelang nach diesem ganz speziellen Tropfen – und der angeblich bombensicheren Methode, wie man eine sündhaft teure Flasche Whisky im Handgepäck an Bord schmuggelt.

HANS FALLADA

Die Kränkste von allen

Wenn ich nicht irre (ich verbitte mir aber von vornherein alle aufklärenden Briefe aus der Verwandtschaft!), wenn ich mich also nicht irre, entstammte Tante Gustchen dem gleichen dauerhaften Zweig der Familie, soweit man einem Zweig entstammen kann. In ihrer Jugend war sie berühmt gewesen ob ihres Gesanges. Sie hatte sechs Schwestern besessen, und ihr Vaterhaus hatte in der ganzen Stadt nur das Haus mit den sieben singenden Töchtern geheißen. Aber während sich ihre Schwestern Männer ersangen, war Tante Gustchen sitzengeblieben und legte sich nun aufs Schrullige, wodurch sie mit der Zeit noch eine leidliche zweite Berühmtheit gewann.

Sie behauptete ständig, schwer krank zu sein, vor allem litt sie an Kopfschmerzen. Dies teilte sie ihrer Umwelt dadurch mit, dass sie ihr Kopfschmerzentuch trug, ein einstens weiß gewesenes Gewebe, das längst alle Farbe und Struktur verloren hatte. Es wurde um die Schläfen geschlungen und hatte am Hinterkopf zwei lange, trübselig herabhängende Zipfel. Ein Ausläufer dieses Tuches ging aber auch unter das Kinn (Kombinationen zwischen Zahn- und Kopfschmerzen traten gelegentlich auch auf und mussten gebührend stärker bedauert werden!), und unter dem Kinn hingen wieder zwei graue Zipfel.

Es war streng verboten, mit Tante Gustchen über anderes als ihre Kopfschmerzen zu reden, wenn sie dieses Tuch trug. Wer das nicht beachtete, gegen den konnte sie recht giftig werden. Wurde es mit den Schmerzen zu schlimm, so legte sich Tante Gustchen ins Bett, und dann hing an ihrer Tür ein Zettel: »Ich liege im Bett und bitte, nicht zu klingeln. Der Schlüssel liegt unter der Matte.«

Dann nahm jeder, der kam, sei es nun der Briefträger, der Bäcker oder ein Besuch, unter der Matte den Türschlüssel hervor und erledigte, ohne sich um Tante Gustchen zu kümmern, in der Wohnung, was er wollte.

Manchmal kam es auch vor, dass aus der Wohnung trotz des Zettels lautes Klavierspiel tönte. Dann war mein Vater gekommen, der in seinen Junggesellenjahren mit ihr oft vierhändig spielte. Vor der Musik hielten auch ihre Kopfschmerzen nicht stand. Misstraute dann aber jemand, das Klavierspielen hörend, den Worten des Zettels und klingelte doch, so fuhr sie giftig an die Türe, rief: »Kannst du denn nicht lesen, dass ich im Bett liege –?« und schlug die Tür zu, dem andern die Benutzung des Schlüssels freistellend. Und wieder erklangen irgendwelche träumerische Melodien von Schubert oder Schumann.

Am giftigsten aber wurde die Tante, wenn jemand anders behauptete, auch krank zu sein. Sie sah das als einen frevelhaften Eingriff in ihre wohlerworbenen Rechte an. Sie war die Kranke in der Familie! Sie hatte jede Krankheit schon gehabt, und jede schlimmer als jede andere! Als ihre Nichte Frieda ihr erstes Kind bekommen hatte, ging sie triumphierend zu Tante Gustchen und berichtete ihr das Genaueste von der Entbindung. Der Tante Gesicht wurde immer länger und saurer, als sie die Einzelheiten hörte, von schrecklichen Schmerzen einiges hören musste. Als aber die Nichte schloss: »Siehst du, Tante Gustchen, die Krankheit hast du nun doch noch nicht gehabt! Oder doch –?«, da setzte sie die freche Sünderin vor die Türe!

Eines Tages kam Tante Gustchen dann zu dieser Nichte Frieda, die ihr Liebling war, legte ihr Silber auf den Tisch des Hauses und sagte mit Grabesstimme: »Nimm's hin – du erbst es ja doch! Aber das Monogramm darfst du noch nicht ändern!«

Man befragte sie voll Teilnahme, warum sie denn jetzt schon ihre Habe verteile, und sie erklärte kummervoll: »Ich habe heute Nacht geträumt, ich sterbe dieses Jahr noch.«

»Ach, Tante Gustchen, das stimmt sicher nicht! Wie war denn der Traum?«

»Ja, ich träumte, ich ging in der Eilenriede spazieren. Da kroch mir ein Käfer über den Weg, er hatte auf jedem Flügel eine 9, und eine Stimme aus dem Himmel sprach dazu: Ssängkangtssäng! Ssängkangtssäng! Und wir haben 1899, und ich werde fünfundfünfzig Jahre alt, also muss ich sterben!«

Vergeblich wurde ihr vorgestellt, der liebe Gott werde doch mit Tante Gustchen nicht Französisch sprechen, und noch dazu so schlechtes Französisch! Es half alles nichts, Tante Gustchen war entschlossen, Gottes Stimme zu folgen und noch in diesem Jahre zu sterben.

Um sie nur zu beruhigen, nahm die Nichte Frieda das Silberzeug. Ja, sie benutzte es schließlich auch, und als einige Monate hingegangen waren, ließ sie auch das Monogramm ändern, denn sie dachte: geschenkt ist geschenkt.

Aber am Heiligen Abend des Jahres 1899 erscheint plötzlich Tante Gustchen bei ihr, und statt ein Geschenk zu bringen, fordert sie ihr Silber zurück: »Es scheint ja nun doch, als sollte ich dieses Jahr noch nicht sterben, und morgen bekomme ich Besuch, da brauche ich mein Silber. Also, liebe Frieda, gib es mir wieder!«

Die liebe Frieda versuchte es erst mit Ausflüchten,

musste dann aber gestehen, dass sie das Monogramm geändert hatte. Tante Gustchen war empört: die Nichte hatte also auf ihren Tod spekuliert! Also war sie gar keine liebe Nichte, sondern eine Erbschleicherin! Tante Gustchen nahm ihr Silberzeug und rauschte ab. Die Nichte Frieda aber sah es nie wieder. Jemand anders in der Familie hat's schließlich geerbt, mit Friedas Monogramm.

Nachweisbar ist Tante Gustchen in ihrem langen Leben nur zweimal krank gewesen. Das eine Mal hatte sie sich auf der Straße bei Glatteis das Bein gebrochen, sie war sofort ins Krankenhaus gebracht worden. Dies Ereignis teilte sie meinem Vater brieflich mit dem Zusatz mit: »Gelobt sei Gott! Ich hatte grade saubere Wäsche an!«

Das andere Mal hatte es Tante Gustchen mit dem Magen. Sie kam wieder ins Krankenhaus und wurde auf eine Probediät von Weißbrot und Tee gesetzt. Aber sie vereitelte die ärztlichen Bemühungen. Sie bestellte bei ihren Besucherinnen, alten Weiblein ihres Schlages, was sie gerne aß: Linsensuppe und Gänseschwarzsauer. Das wurde dann der Heimlichkeit wegen in weiten Steinkruken gebracht und in den Efeu unter ihrem Fenster gehängt. Diese kombinierte Diät ist ihr aber ausgezeichnet bekommen, sie blühte sichtlich auf, und die Ärzte waren sehr stolz auf ihren Heilerfolg. Wozu sie innerlich geschmunzelt haben mag, äußerlich blieb sie in einem weg beim Klagen.

Tante Gustchen war überhaupt sehr für gutes Essen, wenn sie es bei andern bekam. Musste sie es aus eigenen Mitteln bestreiten, so nahm sie auch mit dem Einfachsten vorlieb. Sie bekam etwa irgendwo bei Freunden einen Sahnenreis zu essen, der sie begeisterte. Sofort ließ sie sich das Rezept geben und lud ihre Nichten zu einem großen Festschmaus ein. Der Reis aber schmeckte unbefriedigend, er schmeckte genau wie gewöhnlicher Milchreis. Tante Gustchen blieb steif und fest dabei, sie habe ihn genau nach dem Rezept gemacht. Ihr müsse mit Vorbedacht ein falsches Rezept gegeben worden sein, um die Geheimnisse des wahrhaften Sahnenreises nicht zu enthüllen. Erst durch hartnäckiges Befragen bekam man heraus, dass sie statt acht Eiern nur eines und statt Sahne einfache Milch genommen hatte. Ich nehme an, Tante Gustchen hat die Ersatzrezepte des Weltkrieges vorausgeahnt.

Als die besagte Nichte Frieda bei der Tante in Gnaden war, wurde sie deswegen noch lange nicht sehr höflich von ihr behandelt. Im Gegenteil, die Nichte war immer der Blitzableiter aller schlechten Launen der Tante. Einmal klagte sie das zu einer Freundin, und da diese Freundin die Tochter eines Jugendgespielen von Tante Gustchen war, verabredeten die beiden, sie wollten den nächsten Besuch bei der Tante gemeinsam machen. Tante Gustchen begrüßte auch die Tochter des Jugendgespielen mit Rührung, sie schwelgte in Erinnerungen. Schließlich zieht das junge Mädchen ein Bild aus der Tasche und zeigt es der Tante: »Das ist mein Vater!«

Tante Gustchen betrachtet das Bild, nickt energisch mit dem Kopf und sagt: »Ja, das ist er! Er sah immer etwas simpel aus!«

Und gab das Bild zurück.

Bei der Nichte Frieda fand sich die Tante auch trotz ihres Geizes bereit, die Hochzeit auszurichten. Damit es aber nicht zu teuer wurde, ging sie nicht mit zur Trauung, sondern wirtschaftete selbst in der Küche. Da klingelt es, sie denkt, es ist der Konditor, der Torte und Eis bringt. Aber es ist ein Freund, der sie auf der Durchreise besuchen will. Tante Gustchen sagt bedauernd:

»Das tut mir aber furchtbar leid, ich habe heute grade Hochzeit!«

»Was?!«, ruft der Freund schaudernd. »Du, Gustchen –!«, schlägt die Tür zu und verschwindet auf Nimmerwiedersehen.

MARY LAVIN

In einem Café

Das Café befand sich in einer Hinterstraße. Marys Knöchel schmerzten, und sie war froh, dass Maudie noch nicht vor ihr angelangt war. Sie setzte sich an einen Tisch in der Nähe der Tür.

Sie hatte dieses Café erst kürzlich entdeckt, und sie schaute bei ihren Besuchen in Dublin häufig herein. Inzwischen wollte sie nirgendwo anders mehr hingehen. Sie wusste, dass sie es wahrscheinlich nie betreten hätte, wenn Richard noch lebte. Und dieses Wissen half ihr, den Anschein einer Identität wiederzuerlangen, von der sie sich in der Ehe bereitwillig gelöst hatte, aber doppelt, und widerwillig, seit sie Witwe war.

Nicht, dass Richard das Café nicht gemocht hätte. Es war eins von dieser Sorte, die sie als Studenten häufig besucht hatten. Aber seit jenen Tagen war zu viel Wasser den Berg hinuntergeflossen. Man mochte sagen, was man wollte, aber ein Gut in Meath hatte etwas leicht Dünkelhaftes an sich, und zusammen wären Richard und sie hier fehl am Platz gewesen. Aber es war etwas anderes, allein herzukommen. Eine Witwe konnte nichts – nein, nichts – Dünkelhaftes an sich haben. Es war ein ungewöhnliches kleines Café. Sie sah sich um.

Oben waren die Wände mit roter Temperafarbe gestrichen, und die unteren Abschnitte waren mit weiß angestrichenen Holzbrettern verkleidet. Wahrscheinlich waren es die mit Brettern verkleideten Wände, die ihm dieses sonderbar zweckmäßige Aussehen verliehen, das man auch in den Schankräumen eines Pubs oder dem Beichtstuhl einer kleinen und armen Kirchengemeinde findet. Was das Mobiliar anbelangte, so gab es nur Tische und Stühle aus Kiefernholz mit schwarz-weiß karierten Tischdecken, die entweder gar nicht oder nur schlecht gebügelt waren. Dennoch konnte man sich des Gefühls nicht erwehren, dass das Geld eigentlich nicht knapp war, sondern vielmehr auf andere Zwecke verwendet wurde – wie die Bilder an den Wänden und ein Hinweis über dem Kamin bezeugten, der besagte, dass es oben in einem Atelier weitere zur Ansicht gab, ganz ähnlich wie Bilder in einer Ausstellung. Der Stil war zum größten Teil experimentell.

Das Café wurde von zwei Studenten vom Art College geleitet. Häufig gingen sie hinaus und ließen es unbeaufsichtigt zurück, wie jetzt, während sie in einem anderen Café gegenüber eine Tasse Kaffee tranken. Stammkunden bedienten sich gelegentlich selbst mit Kaffee aus der Kanne, die hinten hinter einer Gardine auf dem Gasbrenner stand. Wenn sie nur hereinschauten, um Gesellschaft zu haben, aber niemanden fanden, wärmten sie sich einfach an dem großen Feuer, das immer in dem kleinen schwarzen Kamin brannte, einem Originalkamin aus der Zeit, als das Café noch ein Lagerhausbüro war. Heute war das Feuer mit Koks abgedeckt. Der Kaffee spritzte auf den Gasbrenner.

Ob es Maudie hier gefallen würde? Einen Augenblick lang überlegte Mary, dass dies vielleicht nicht gerade der richtige Ort für ein Treffen war, besonders unter den derzeitigen Umständen, aber jetzt konnte man nichts mehr daran ändern. Wenn Maudie herkam und es ihr nicht gefallen sollte, konnten sie immer noch woanders hingehen. Aber vielleicht gefiel es ihr auch? Oder vielleicht war sie auch zu mitgenommen, um ihre Umgebung überhaupt wahrzunehmen? Die Bilder könnten sie interessieren. Sie waren auf jeden Fall stimulierend. Es gab heute zwei neue, die Mary selbst noch nicht gesehen hatte, zwei Blumengemälde direkt hinter der Tür. Von ihrem Platz aus konnte man die Signatur lesen, Johann van Stiegler. Oder zumindest deuteten sie Blumen an. Man konnte sie sicher als Rosen bezeichnen, obwohl sie ein wenig eckig waren. Sie wusste, was Richard dazu gesagt hätte. Aber sie und Richard waren nicht mehr eins. Was also würde sie dazu sagen? Sie würde sagen – was würde sie sagen?

Aber wo blieb Maudie? Es war ja ganz schön, fünf Minuten zu haben, in denen man sich sammeln konnte. Aber es war etwas gänzlich anderes, eine Viertelstunde warten gelassen zu werden.

Mary lehnte sich zurück gegen die Holzvertäfelung. Zwar war sie weniger müde als zuvor, dennoch war sie keineswegs auf die ihr bevorstehende Begegnung vorbereitet.

Was hatte sie einer jungen Frau schon zu sagen, die erst seit Kurzem verwitwet war? Warum um alles in der Welt hatte sie sich mit ihr verabredet? Mit Gewalt drängte sich ihr der Widersinn eines solchen Treffens zweier Witwen auf. Ob Maudie auch Schwarz mit ein bisschen Weiß trug? Zwei Witwen! Wie zwei Elstern: eine für Leid, zwei für Freud'. Mit einem Mal kam ihr die Situation so absurd vor, dass sie das Verlangen verspürte, aufzustehen und zu gehen. Sie spürte, wie sie am ganzen Körper vor Ärger darüber zitterte, mit irgendjemandem zusammen in eine Schublade gesteckt zu werden, und eilig begann sie, zur Abgrenzung nach Ungleichheiten zu suchen.

Maudie war nur ein Jahr verheiratet gewesen. Und

ihre Eltern waren nur zu sehr willens gewesen, sich um das Kind zu kümmern, und hatten es gierig in ihren Besitz genommen. Maudie war so frei wie ein Mädchen. Dann, falls das eine Rolle spielte, hatte sie außerdem ihr eigenes hübsches, kleines Einkommen, abgesehen von alldem, was Michael ihr hinterlassen hatte. Und?

Aber wo blieb sie? Kam sie überhaupt nicht?

Ah! Die kleine Eisenglocke über der Tür, die ebenfalls noch aus Lagerhallenzeiten stammte, klingelte und kündigte so einen weiteren Kunden an, der das Café betrat.

Aber es war nicht Maudie. Es war ein junger Mann, einigermaßen jung jedenfalls, und Mary schätzte, dass er ein Künstler war. Dennoch waren seine Hände, auf die er hinuntersah, nachdem er sich gesetzt hatte, nicht wie die Hände eines Künstlers. Sie waren sonderbar fleischig und weich, und es lag etwas Rührendes in der entspannten Art, wie sie, leicht gefaltet, auf dem Tisch ruhten. Sahen sie vielleicht etwas feminin aus? Nein, das war nicht das Wort, aber sie konnte beim besten Willen nicht das richtige Wort finden, um sie zu beschreiben. Es ließ sie nicht los, und angestrengt suchte sie nach einem passenden Wort. Fasziniert fiel ihr Blick immer wieder auf diese Hände, wie bestimmt sie ihn auch abzuwenden versuchte. Es war ihr, als habe sie die Hände berührt, und nicht nur gesehen, und wüsste daher, wie sie sich anfühlten.

Sogar wenn sie, wie jetzt, ihre Augen schloss, konnte sie sie noch sehen. Und da sie keine Ahnung hatte, wo ihre Gedanken sie hinführten, unternahm sie nichts, um sie von dem Bild zu befreien, und erst als es schon zu spät war, sah sie die vertraute Gestalt ihres wiederkehrenden Albtraums vor sich. Plötzlich waren es Richards Hände, die sie sah, so anders als jene dort, lang, geschmeidig, dünn. Einen Augenblick lang verweilten sie in ihrem

Kopf, gezeichnet von Liebe und Pein, bevor sie wieder verschwanden.

Es geschah so häufig. In Gedanken sah sie einen Teil von ihm, seinen Arm, vielleicht seinen Fuß in den fein gearbeiteten Lederschuhen, die er immer getragen hatte, und verzweifelt versuchte sie, daraus den ganzen Mann aufzubauen. Manchmal gelang es ihr besser als andere Male, baute ihn auf vom Fuß bis zur Schulter, sah seine Hände, seinen grauen Anzug, seine Krawatte, die immer auf eine bestimmte Art geknotet war, seinen Hals, sogar sein Kinn, das ziemlich spitz war, nicht ganz so attraktiv wie seine restlichen Züge.

Aber an diesem Punkt wurde sie immer geschlagen. Nicht ein einziges Mal seit jenem Tag hatte sie von sich aus sein Gesicht wiedersehen können.

Und wenn sie sich nicht nach Belieben an ihn erinnern konnte, welche Bedeutung hatte Zeit dann überhaupt? Was nützte es, in der Vergangenheit gelebt zu haben, wenn sie so jäh hinter uns abbrach?

In der Stunde seines Todes machte das Wissen darum, dass es so kommen würde, einen Teil ihres Schmerzes aus. Sie stand neben ihm, als draußen vor dem Krankenhausfenster der süße, klare Gesang eines Vogels erklang, und als sie ihn hörte, wusste sie, dass er tot war, denn sie hatte seit Jahren keinen Vogelgesang und keinen Vogelruf mehr richtig wahrgenommen, so laut war das Geräusch ihrer Liebe in ihren Ohren gewesen. Als sie hinabblickte, war es ein fremdes Gesicht, das Angesicht des Todes, das auf dem Kissen lag. Und nach diesem kurzen Moment der Stille, die dem Vogelgesang einen Augenblick lang Eintritt gewährt hatte, begann ein neues Geräusch in ihrem Kopf, das Geräusch einer unaussprechlichen Panik, die zwar nicht ständig toste, aber auch nie ganz zum Erliegen kam.

Und jetzt, hier in dem kleinen Café, griff sie nach der Tischkante – denn die Feuersbrunst hatte wieder begonnen, und ihr Kopf war ein tosender Hochofen.

Genau in diesem Augenblick erhob sich der Mann am Ende des Tisches und streckte seine Hand nach der Speisekarte aus, auf der sie sich mit Brust und Ellbogen und das Gesicht in ihren Händen aufgestützt hatte. Hastig und entschuldigend schob sie sie ihm zu, und noch im selben Augenblick ließ das Tosen in ihrem Kopf nach. Sie sah ihn an. Konnte er etwas geahnt haben? Ihr Herz war von Dankbarkeit erfüllt, und sie bemerkte, dass seine Augen weich und sanft waren. Aber sie musste zugeben, dass er nicht so aussah, als sei sie ihm wirklich aufgefallen. Egal. Sie war ihm trotzdem dankbar.

»Möchten Sie das nicht auch?«, rief sie dankbar, als sie entdeckte, dass der kleine Zettel mit dem Angebot des Tages, der mit einer Büroklammer an der Speisekarte befestigt gewesen war, herausgerutscht und unter ihrem Ellenbogen an dem Ärmel ihrer Jacke hängengeblieben war. Sie stand auf und lehnte sich damit über den Tisch.

»Ah, vielen Dank!«, sagte er und verbeugte sich. Sie lächelte. Es lag so viel Galanterie in einer Verbeugung. Natürlich war er ein Ausländer. Bevor sie sich wieder setzte, fiel ihr auf, dass er gezeichnet hatte. Die Zeitung, die vor ihm auf dem Tisch lag, war an den Rändern und in den Zwischenräumen des Zeitungspapiers übersät mit kleinen Bleistiftskizzen. Lauter verschlungene, minuziös gewundene kleine Figuren. Sie war fasziniert, aber natürlich durfte sie nicht so auffällig hinschauen.

Verstohlen beobachtete sie ihn, als sie sich wieder gesetzt hatte, und dann und wann fiel ihr eine bestimmte schwungvolle Bewegung auf: seine Unterschrift, da war sie sicher, und vorsichtig versuchte sie, sie von ihrem Platz aus zu erkennen. Eine unverhältnismäßige, eine lächerliche Aufregung durchfuhr sie, als sie bemerkte, dass es Johann van Stiegler war, der Name auf den neuen Blumengemälden, die sie beschäftigt hatten, als sie hereingekommen war.

Aber das ist unmöglich, dachte sie. Die Skizzen waren so akkurat, die Gemälde so – impressionistisch.

Da jedoch klingelte die kleine Glocke erneut.

»Ah! Maudie!«

Obwohl sie so lange gewartet hatte, war sie schließlich doch überrascht, und verlegen erhob sie sich, wie ein Mann.

»Maudie, meine Liebe!« Sie konnte keinen Ton herausbringen und musste sie daher fest ansehen in dem Bemühen, ihr Beileid zu vermitteln, das sie nicht anders auszudrücken vermochte.

Wortlos schüttelten sie sich die Hände.

»Ich verzichte bewusst darauf, mein Beileid auszudrücken – kannst du das verstehen?«, sagte Mary dann, als sie sich an den karierten Tisch setzten.

»Ach, und ob!«, rief Maudie. Sie schien ihr aufrichtig dankbar zu sein. »Es ist so schrecklich, sich eine Antwort überlegen zu müssen! Nicht? Es muss ganz und gar aus einem selbst herauskommen, und manchmal darf man gerade das, was man gerne sagen würde, nicht laut aussprechen!«

Es war so wahr. Mary blickte sie überrascht an. In Gedanken ging sie noch einmal das durch, was die Leute ihr damals gesagt hatten, und das, was sie darauf geanwortet hatte.

Die anderen: Gut, dass es nicht eins der Kinder war.

Sie: Ich gäbe sie alle für ihn her.

Die anderen: Die Zeit heilt alle Wunden.

Sie: Stiehlt wäre richtiger, da mir sogar die Erinnerungen an ihn genommen werden.

Die anderen: Gottes Wege sind unergründlich. Eines Tages werden Sie erkennen, wozu es gut war.

Sie: Wollen Sie damit sagen, dass ich mich eines Tages darüber freuen werde, dass er tot ist?

Maudie verstand diese Feinheiten also auch? Mary sah sie genau an. »Ich weiß, ich weiß«, sagte sie. »Schließlich muss man doch sagen, was von einem erwartet wird, und man fühlt sich so herabgewürdigt dadurch.«

»Und viel schlimmer noch, man würdigt den Verstorbenen herab«, sagte Maudie.

Jetzt sah Mary sie sehr genau an. War es möglich, dass eine junge Frau, eine so einfache Person, so bittere Erkenntnisse aus einer einzigen Erfahrung gewrungen hatte? Sie spürte, dass sie gegen ihren Willen in eine verschwörerische Gemeinschaft hineingezogen wurde. Mit Bestimmtheit wich sie zurück.

»Natürlich hattest du es mehr oder weniger erwartet, oder nicht?«, fragte sie gehässig.

Unerschüttert blickte Maudie sie an. »Spielt das eine Rolle?«, fragte sie, und dann baute sie unerwarteterweise selbst eine Mauer zwischen ihnen auf. »Du hast natürlich die Kinder!«, sagte sie. Bevor Mary irgendetwas sagen konnte, fuhr sie eilig fort: »Ja, ja, ich weiß, ich habe meinen Kleinen, aber zwischen ihm und seinem Vater scheint es kaum eine Verbindung zu geben. Ich kann einfach nicht glauben, dass ich ihn in seinem Kinderwagen im Park herumschiebe; es ist fast so, als sei er unehelich. Nein! Wirklich. Ich will dich nicht bloß schockieren. Es muss etwas ganz anderes sein, wenn ausreichend Zeit vorhanden war, dass sich zwischen den Kindern und ihrem Vater eine Beziehung entwickeln konnte, wie in eurem Fall.«

»Ach, ich glaube kaum, dass das eine Rolle spielt«, sagte Mary. »Und eines Tages wirst du froh sein, dass du ihn hast.« Diesmal war sie bewusst boshaft, denn sie wusste noch sehr gut, wie tief genau diese Worte sie selbst damals verletzt hatten. Sie wusste, was sie bedeuteten: Die Kinder waren besser als nichts.

Aber das Gift in ihren Worten perlte an Maudie ab. Und neiderfüllt erkannte sie auch, warum. Maudie war jung und schön. Wenn man sie ansah, schien es recht unpassend zu behaupten, dass sie ihren Mann verloren hatte: Es war Michael, der sie verloren hatte, der ausgefallen war sozusagen, während es für sie notgedrungen weiterging. Sie sah nicht einmal wie eine Witwe aus. Es gab nichts an ihr, was darauf hindeutete, dass ihr irgendein Verlust oder Schmerz widerfahren war.

»Du wirst wieder heiraten, Maudie«, sagte sie plötzlich. »Sei mir nicht böse, dass ich das sage«, fügte sie rasch hinzu. » Es ist keine Kritik. Ich sage es nur, weil ich weiß, wie du leidest. Es ist nicht kränkend gemeint.«

Maudie wirkte jedoch kaum gekränkt, sondern allenfalls abwehrend. Dann entspannte sie sich.

»Nicht, wenn es von dir kommt«, sagte sie. »Du weißt schließlich, wie es ist.«

Mary merkte, dass sie nur die Tatsache vertuschen wollte, dass sie diese Vorstellung nicht mit aller Kraft zurückweisen konnte. »Auch wenn ich nicht glaube, dass das der Fall sein wird«, fügte sie schwach hinzu. »Du hast schließlich auch nicht neu geheiratet.«

Jetzt war Mary es, die sich abwehrend verhielt.

»Schließlich ist es kaum zwei Jahre her – noch weniger sogar«, sagte sie steif.

»Ach, es ist doch nicht nur eine Frage der Zeit«, sagte Maudie, als sie merkte, dass sie einen Fehler gemacht hatte, auch wenn sie sich nicht sicher war, wie oder wo. »Es liegt an deiner Person, glaube ich. Ich bewundere dich so sehr. So wäre ich auch gerne, wenn ich die Kraft hätte. Bei einer Wiederheirat ist es vor allem die Auswirkung auf einen selbst, die eine Rolle spielt, glaube ich, meinst du nicht? Ich glaube nicht, dass es für den – den Verstorbenen eine Rolle spielt. Oder glaubst du doch? Michael würde bestimmt wollen, dass ich wieder heirate, wenn er einen Wunsch äußern könnte. Schließlich sagt man doch, dass es für den Mann ein Kompliment ist, wenn seine Witwe wieder heiratet, war dir das bekannt?«

»Ja«, antwortete Mary knapp. »Aber darauf würde ich nicht viel geben. Um Komplimente scheren Tote sich einen Teufel!«

Also dachte Maudie tatsächlich an Wiederheirat? Marys Ärger wurde von einem schwachen Neidgefühl gefolgt, und dann kehrte der Ärger zehnfach zurück.

Wie leicht es akzeptiert wurde, dass *sie* nicht wieder heiratete. Diese Frau hält mich selbstverständlich für zu alt. Und sie hat recht, oder zumindest sollte sie wohl recht haben. Sie erinnerte sich, wie man ihr vor zwei Jahren gesagt hatte, dass sie ihre Kinder »hatte«. Damit hatte man sagen wollen, dass es unwahrscheinlich war und nicht erwartet wurde, dass sie wieder heiratete. Auch andere Dinge, die man ihr gesagt hatte, schossen ihr wieder durch den Kopf. So viele Leute hatten von der besonderen Qualität ihrer Ehe, ihrer und Richards, gesprochen, von ihrer bemerkenswerten Geschaffenheit füreinander und von der Einzigartigkeit des Bundes zwischen ihnen. Damals war sie süchtig nach solchen Bemerkungen gewesen.

Plötzlich jedoch, in diesem kleinen Café, flackerte das Licht, das über diesen Worten gespielt hatte, noch einmal auf und erlosch. Hatten sie vielleicht gemeint, dass sich kein anderer für sie interessiert hätte, wäre Richard nicht zur rechten Zeit aufgetaucht?

Wenn Maudie jetzt schon so attraktiv aussah, wo sie

doch noch immer unter dem Schock leiden musste, wie würde sie dann erst in einem Jahr aussehen, wenn sie die Zeit der Trauer hinter sich hatte? Sie war so frisch. Wenn man sie ansah, hatte man das Gefühl, dass kein anderes Wort passte als jungfräulich! Natürlich war sie auch erst ein Jahr verheiratet gewesen. Da konnte man kaum von einer Ehe sprechen.

Trotzdem wusste Maudie das eine oder andere über Männer. Das konnte man nicht leugnen. Und in diesem Augenblick lag ein merkwürdiger Ausdruck in ihrem Blick. Als Mary ihn bemerkte, erinnerte sie sich daran, dass sie sich nicht allein in dem Café befanden. Sie fragte sich besorgt, wie viel der Mann am anderen Ende des Tisches von ihrer Unterhaltung mitbekommen hatte und mitbekommen konnte. Aber es war zu spät, um Maudie vom Weiterreden abzuhalten.

»Ach Mary«, rief sie und lehnte sich nach vorn, »es geht nicht um das, was sie uns geben. Ich bin darüber hinweg, mir ein Kind zu wünschen oder so etwas. Es geht um das, was wir ihnen geben. Es ist etwas –«, und plötzlich drückte sie ihre Hand an die Brust, »etwas hier drinnen.«

»Maudie!«

Harsch, eindringlich versuchte Mary sie dazu zu bewegen, leiser zu sprechen, und durch eine rasche Kopfbewegung gelang ihr zumindest eine kleine Warnung.

»Falls du etwas sagen solltest«, sagte sie mit leiser Stimme.

»Ach, keine Bange«, erwiderte Maudie. »Darüber war ich mir die ganze Zeit im Klaren.« Sie sprach nicht so leise wie Mary, aber immerhin hatte sie ihre Stimme ein wenig gesenkt. »Er war mir *die ganze Zeit* aufgefallen«, sagte sie. »Ich bin durch *ihn* erst darauf gekommen, was wir zu geben haben.« Sie drückte ihre Hände wieder an die Brust. »Er wirkt so einsam, findest du nicht? Er ist doch Ausländer, oder? Ich denke mir immer, dass sie arm dran sind. Sie haben kaum Freunde, und selbst wenn, gibt es immer eine Barriere, meinst du nicht?«

Aber Mary war es zu peinlich, als dass sie sie fortfahren lassen konnte. Beinahe stürmisch lenkte sie ab.

»Was möchtest du, Maudie?«, fragte sie laut. »Kaffee? Tee? Und gibt es hier denn niemanden, bei dem man bestellen kann?«

Augenblicklich kam sie sich albern vor. Zu wem hatte sie gesprochen? Sie sah zu Johann van Stiegler hinüber. Als ob er darauf gewartet hätte, dass ihre Blicke sich träfen, sahen seine sanften und geduldigen Augen in ihre.

»Es ist keiner da«, sagte er und nickte zu dem Gasbrenner hinter dem Vorhang, »aber man darf selber sich bedienen. Vielleicht wünschen Sie, dass ich –«

»O nein«, rief Mary. »Bitte machen Sie sich keine Umstände! Wir haben überhaupt keine Eile. Bitte machen Sie sich keine Umstände«, sagte sie, »nicht unseretwegen.«

Aber sie bemerkte sofort, dass er sehr fremd war und dass er sich im Nachteil befand, weil er nicht wusste, ob er nicht vielleicht in ein Fettnäpfchen getreten war. »Ich habe vielleicht gestört?«, fragte er unglücklich.

»Ach, keinesfalls«, rief Mary, und er war so ernst, dass sie lachen musste.

Doch das Lachen war ein weiterer Fehler. Sein Gesicht nahm einen Ausdruck von Verzweiflung an, die, so schien es, nur einen Ausländer überkommen konnte, bei der kleinsten Provokation, als ob ihm mit einem Mal alles unverständlich vorkäme – alles.

»Bitte«, murmelte sie, und dann vorsichtig, »– Ihre Arbeit«, womit sie sagen wollte, dass sie ihn nicht vom Zeichnen abhalten wollte.

»Ah, Sie kennen meine Arbeit?«, sagte er und zeigte sich schlagartig fröhlicher, erfreut und von einer kleinen und recht liebenswerten Eitelkeit. »Wir sind schon einmal uns begegnet? Ja?«

»O nein, wir sind uns noch nicht begegnet«, antwortete sie schnell und setzte sich, aber natürlich war es unmöglich, weiterhin so zu tun, als sei er ein völlig Fremder. Sie wandte sich an Maudie, um zu sehen, was sie von der Situation hielt. Genau in diesem Augenblick spürte sie die ganze Gewalt ihrer Verärgerung über Maudie. Sie hätte ihr einen Schlag ins Gesicht verpassen können. Ja, einen Schlag direkt ins Gesicht! Denn sie saß einfach dort, abseits und verschlossen, das Gesicht wahrhaftig zum Teil von ihnen abgewandt.

Maudie wartete darauf, vorgestellt zu werden. *Vorgestellt* zu werden, als ob sie, Mary, keinerlei konventionelle Einleitungen nötig hätte. Als ob es in Ordnung wäre, dass sie, Mary, eine uneingeleitete Unterhaltung mit einem fremden Mann in einem Café beginnen sollte, weil – und selbstverständlich war das das Ärgerliche, dass sie Maudies unbewussten Gedanken kannte – es für eine Frau *ihres* Alters in Ordnung war, einfach so eine Unterhaltung anzufangen, aber dass es sich für eine junge Frau nicht ziemte. Dennoch konnte Mary auf ihrem zum Teil abgewandten Gesicht den Ausdruck gesteigerten Interesses erkennen. Sie hatte große Lust, überhaupt keine Geste zu machen, um sie in die Unterhaltung einzubeziehen, aber sie musste an den jungen Mann denken. Sie musste sie miteinander bekannt machen, ob sie wollte oder nicht.

»Maudie, das ist –«, sie drehte sich um und lächelte van Stiegler an, »das ist –« Aber sie war verwirrt, und sie musste den Versuch, sie miteinander bekannt zu machen, ganz aufgeben. Stattdessen stellte sie eine konkrete Frage.

»Diese Blumenbilder sind doch von Ihnen, oder nicht?«, fragte sie.

Das war Maudie genug – mehr als genug, konnte man sagen.

Mit leicht geöffneten Lippen und leuchtenden Augen drehte sie sich zu dem jungen Mann, offenkundig tief beeindruckt. Mein Gott, wie attraktiv sie war!

»O nein, wirklich?«, rief sie. »Wie wundervoll!«

Aber Johann van Stiegler blickte Mary an.

»Sie sind sicher, dass wir uns noch nicht begegnet sind?«

»Ja, aber Sie haben diese Zeitung mit Ihrer Unterschrift vollgekritzelt.« Sie sah sich um, weil sie sie ihm zeigen wollte, aber sie war auf den Boden gefallen.

»Ah ja«, sagte er, und – auch wenn sie sich dessen natürlich nicht sicher sein konnte – sie meinte, auf seinem Gesicht einen Ausdruck der Enttäuschung feststellen zu können.

»Ah ja, Sie haben meine Unterschrift gesehen«, sagte er ungerührt. Er wirkte niedergeschlagen. Mary fühlte sich hilflos. Sie drehte sich zu Maudie. Jetzt musste sie einmal etwas sagen.

Genau in diesem Augenblick klingelte die kleine Lagerhallenglocke erneut, und diesmal war es einer der Besitzer, der hereinkam, ungezwungen wie ein Kunde.

»Ah, gut!«, sagte van Stiegler. »Kaffee«, rief er. Dann wandte er sich an Mary. »Für Sie auch Kaffee?«

»Ja, für uns Kaffee«, antwortete Mary, aber sie konnte nicht umhin sich zu fragen, wer wohl dafür zahlen würde, und gleichzeitig fiel ihr seine schäbige Jacke auf. Na ja, man würde sehen. In der Zwischenzeit beschloss sie, den Teller mit Gebäck, der ihnen zusammen mit dem Kaffee hingestellt worden war, nicht zur Kenntnis zu nehmen. Und sie hoffte, dass Maudie das Gleiche tun würde. Als eine Art Hinweis schob sie den Teller zur Seite, aber Maudie beugte sich hinüber und nahm sich ein großes, mit Sahne gefülltes Teilchen.

»Dürfte ich Sie etwas über Ihre Arbeit fragen?«, sagte Mary.

Aber Maudie unterbrach sie.

»Sie leben in Irland? Ich meine, Sie sind hier nicht nur zu Besuch?«

Es gab Vertraulichkeit und Vertraulichkeit, und Mary war besorgt, dass der junge Mann diese Frage übel nehmen könnte.

»Ich unterrichte Kunst hier an einem College«, sagte er, und er schien tatsächlich leicht überrascht, aber Mary konnte auch erkennen, dass er keineswegs verstimmt war. Sein anfängliches Unbehagen während der Unterhaltung schien nachzulassen.

»Es ist sehr gut, in ein anderes Land zu gehen eine Zeit lang«, sagte er, »und dieses Land ist billig. Ich habe ein Wohnung in einer Straße hier in der Nähe, und es ist ganz ruhig. Wenn ich mich aufhänge, es macht nichts – keiner weiß es, keinen stört es. So lebt man gut, wenn man malt.«

Mary war gewillt, darüber nachzudenken. »Glauben Sie?«

Maudie war nicht gewillt, darüber nachzudenken. »Wie seltsam«, sagte sie knapp, und dann blickte sie auf ihre Uhr. »Ich muss gehen«, sagte sie unvermutet.

Sie hatten ihren Kaffee ausgetrunken. Marys Gedanken kehrten sofort zu dem Problem des Bezahlens zurück. Die Angelegenheit war im Grunde zu belanglos, um dafür seine gesamten geistigen Mittel zu mobilisieren, aber als sie sich selbst mit lauter Stimme nach ihrer Rechnung verlangen hörte, fühlte sie sich ausgesprochen mutig und entschlossen.

»Meine Rechnung bitte«, rief sie über das Geräusch von spritzendem Kaffee auf dem Gasherd hinweg.

Johann van Stiegler machte keine Anstalten, nach seiner Rechnung zu verlangen, und trotzdem knöpfte er seine Jacke zu und faltete seine Zeitung zusammen, als ob er ebenfalls aufbrechen wolle. Mary fragte sich, ob sein Kaffee wohl auch auf ihre Rechnung ging.

Nach einer Sekunde jedoch war alles geklärt. Die Rechnung war für zwei Tassen Kaffee à achtzig Penny und ein Kuchenteilchen, und van Stieglers Kaffee war nicht mitberechnet. Sie nahm an, dass er irgendeine Abmachung mit den Besitzern getroffen hatte. Oder vielleicht wollte er noch gar nicht gehen?

Als sie sich jedoch erhoben, behandschuht und zum Gehen bereit, verbeugte sich der junge Mann.

»Vielleicht wir gehen denselben Weg?« Offenkundig war er sehr um Höflichkeit bemüht.

»O nein, kein Problem«, sagten sie gleichzeitig, als ob er ihnen seinen Geleitschutz angeboten hätte, und Maudie lachte sogar offen heraus.

Natürlich entstand eine weitere peinliche Situation. Van Stiegler setzte sich wieder. Waren sie zu brüsk gewesen? Hatten sie ihn vor den Kopf gestoßen?

Ach, wenn er bloß kein Ausländer wäre, dachte Mary, und sie stockte. Maudie hatte ihre Hand bereits an der Tür.

»Ich hoffe, dass wir bei Gelegenheit mehr von Ihrer Arbeit zu sehen bekommen«, sagte Mary. Es war keine Frage, nur ein Kompliment.

Aber van Stiegler sprang wieder auf.

»Heute Abend nach dem Unterricht ich werde noch ein Bild zum Aufhängen herbringen«, sagte er. »Würden Sie es gern sehen? Ich werde um –«, er zog eine große, altmodische Uhr hervor, »– zehn Minuten nach neun hier sein.«

»Nein, nicht heute Abend, ich kann heute Abend nicht wieder herkommen«, sagte Mary. »Ich lebe auf dem Land, wissen Sie«, fügte sie erklärend und entschuldigend hinzu. »Ein anderes Mal vielleicht? Wie lange wird es hier sein?«

Sie hörte kaum auf das, was er sagte. Sie dachte daran, dass er nicht gefragt hatte, ob Maudie kommen könne. Möglicherweise lag es daran, dass sie von beiden am ehesten so aussah, als würde sie ein Bild kaufen, während Maudie, obwohl sie es tatsächlich am ehesten täte, weniger danach aussah. Oder lag es daran, dass er ohnehin davon ausging, dass sie, wenn überhaupt, beide zusammen kämen? Oder lag es daran, dass er eigentlich Maudie wiedersehen wollte und sie nur als ihre Anstandsdame betrachtete? Woran lag es?

Man konnte es jedoch nicht wissen, und deshalb verabschiedete sie sich erneut, und kurz darauf klingelte die kleine Glocke über der Tür, und sie befanden sich auf der Straße. Auf der Straße sahen sie sich gegenseitig an.

»Tja! Wenn es jemals irgendetwas gibt –«, begann Maudie, aber sie hatte keine Zeit, ihren Satz zu beenden. Hinter ihnen klingelte wieder die kleine Glocke, und ihr Maler war bei ihnen draußen auf der Straße.

»Ich vergaß, Ihnen das Adresse meiner Wohnung zu geben – es ist auch mein Atelier«, sagte er. »Ich würde mich freuen, Ihnen meine Gemälde zeigen zu dürfen jederzeit.« Er nahm ein Notizbuch hervor und riss ein Blatt heraus. »Ich werde es aufschreiben«, sagte er knapp. Aber als er ihnen den Zettel hinhielt, war Maudie diejenige, die ihn entgegennahm. »Ich bin beinahe immer da, außer wenn ich unterrichte«, sagte er. Dann verbeugte er sich und ging zurück in das Café.

Sie trauten sich erst zu lachen, als sie sich ein Stück entfernt hatten.

»Na, so was!«, sagte Maudie und gab den Zettel Mary.

»Chatham Row«, las Mary, »Nummer acht.«

»Wirst du ihn besuchen?«, fragte Maudie.

Mary war empört.

»Für wen oder was hältst du mich?«, fragte sie. »Ich mag ja in mancherlei Hinsicht ein wenig unkonventionell sein, aber kannst du dir mich vorstellen, wie ich bei ihm zu Hause vor der Tür stehe? Würdest *du* gehen?«

»Ach, in meinem Fall ist das etwas anderes«, antwortete Maudie rätselhaft. »Und überhaupt hat er dich gefragt. Aber ich verstehe dich schon – ein Jammer. Der arme Kerl, er ist wohl recht einsam. Ich wünschte, wir könnten etwas für ihn tun – ihm irgendjemanden vorstellen zum Beispiel.«

Mary sah sie an. Dass er einsam sein könnte, war ihr überhaupt nicht in den Sinn gekommen. Woran lag es, dass ihr das Naheliegende immer entging?

Inzwischen hatten sie die Grafton Street erreicht.

»Ich muss noch ein paar Einkäufe erledigen. Du wahrscheinlich auch«, sagte Maudie. »Ich bin froh, dass wir miteinander geredet haben. Wir müssen uns demnächst wieder einmal auf einen Schwatz treffen.«

»O ja«, sagte Mary übereifrig als Antwort auf ihr Lebewohl und nicht, wie Maudie angenommen hatte, auf ihren Vorschlag, sich wiederzutreffen.

Doch als sie beobachtete, wie sie fortging und sich schnell und behände einen Weg durch die Menge auf der Straße bahnte, spürte sie, dass sich eine plötzliche, schreckliche Ziellosigkeit wie eine körperliche Lähmung über sie senkte. Sie ging ein Stück und hielt dann und wann an, um sich die Schaufenster anzusehen.

Es war die Abendstunde, zu der jeder auf den Straßen nach Hause eilte, entschlossen und zielstrebig. Selbst diejenigen, die anhielten, um sich die Schaufenster anzusehen, taten es mit Richtung und Ziel, indem sie ihren wachen Blick blitzschnell und zielsicher darauf richteten, wie Vögel. Alle waren in ihren Gedanken so sehr auf Materielles, Greifbares konzentriert, während ihre Gedanken einfach zu dem Studentencafé zurückwanderten und zu den komischen Blumenbildern an der Wand, zu dem jungen Mann, der so verletzlich war in seiner Eitelkeit, der legitimen Eitelkeit seiner Kunst.

Es sah Maudie ähnlich, über ihn zu lachen. Was wusste sie schon von einem Künstlergeist? Wenn sie Maudie nicht dabeigehabt hätte, wäre alles so anders gewesen. Vielleicht hätte sie ihn zum Beispiel dazu bewegen können, über seine Arbeit zu sprechen und den Unterschied zwischen dem freien Stil in den Bildern an der Wand und den exakten, kleinen Skizzen zu erklären, die er auf die Ränder der Zeitung gezeichnet hatte.

Vielleicht hätte sie sogar seine Einladung angenommen und wäre mitgegangen, um sich seine Gemälde anzusehen. Warum war das so unkonventionell erschienen, so lächerlich? Wegen Maudie. Darum.

Wie lächerlich ihre Skrupel dem jungen Mann vorgekommen wären. Sie konnte nur hoffen, dass er sie nicht erraten hatte. Sie schaute zu einer Uhr hinauf. Einmal angenommen, sie ginge schnell zu dem Café zurück und deutete an, dass sie eigentlich doch Zeit für einen kurzen Besuch des Ateliers hatte? Oder ob er das Café bereits verlassen hatte? Vielleicht sollte sie besser beim Atelier vorbeigehen? Inzwischen würde er zurück sein.

Einen Moment lang stand sie da und wog die Argumente, die dafür und dagegen sprachen zurückzugehen, gegeneinander ab. Würde es ihm seltsam vorkommen? Wäre er überrascht? Aber als ob es Maudie wäre, die die Fragen stellte, schüchterte sie sie durch finstere Blicke ein und ging plötzlich mit der gleichen Entschlossenheit wie alle anderen auf der Straße, Hals über Kopf, könnte man fast sagen, Richtung Chatham Street zurück.

An der Stelle, wo zwei kleine Straßen aufeinandertrafen, musste sie haltmachen, als ein Gespann von Guinness-Brauereipferden in dem engen Karree der Kreuzung umständlich wendete. Und während sie ungeduldig wartete, entdeckte sie sich selbst in dem vergoldeten Spiegel einer Wirtschaft. Eine Sekunde lang vermittelte ihr der vertraute Anblick Skepsis gegenüber ihrer Mission, aber als die Brauereipferde aus dem Weg gingen, sagte sie sich, dass ihre unelegante, plumpe und unromantische Figur für ihre geistige Integrität bürgte. Sie zog sich von dem Gesicht in dem Spiegel fort und eilte über die Straße.

Zwischen zwei Läden erblickte sie am Ende eines kurzen Gangs, der vom zweiten Stockwerk der darüber gelegenen Räumlichkeiten überdacht war und sich wie ein Tunnel verengte, einen Eingang. Von der Straße aus konnte man am Ende des Tunnels deutlich eine Tür erkennen, denn sie war knallgelb gestrichen. Merkwürdig, dass ihr diese Tür zuvor nie aufgefallen war, wenn sie diesen Weg gegangen war. Sie überquerte die Straße.

Auf der anderen Seite angelangt, lief sie den Tunnel hinunter, wobei ihre Schritte laut in ihren Ohren hallten. Und dort an der Tür befand sich, an dem Riegel des Briefkastens befestigt, ein Stück weißer Pappe mit seinem Namen darauf. Sie griff nach dem Klopfer und schlug ihn dreimal kräftig gegen die Tür.

Abgesehen von der Straße hinter ihr und der Tür vor ihr war der kleine Gang eine Art Sackgasse. Nirgends gab es eine Öffnung. Was die Räumlichkeiten hinter der Tür anging, so konnte man sich über Größe und Ausmaß oder überhaupt irgendetwas keinerlei Vorstellung machen, solange die Tür geschlossen war.

Sie kicherte. Die Tür glich einer dieser rätselhaften Türen in Baumstämmen, von denen sie als Kind in Märchen und eigenen Phantasievorstellungen bezaubert worden war. Ob diese Tür wohl ebenfalls, wie die Märchentüren, in Räume unmöglicher Weite führte, oder befand sich dahinter ein enges und winziges Zimmer?

Während sie überlegte, wie es hinter dieser scheinbar so rätselhaft versiegelten Tür wohl aussehen mochte, bemerkte sie, dass es, genau wie in einem Märchen, doch eine Öffnung gab. Der Briefkasten hatte seinen Verschluss oder Deckel verloren, und er klaffte auf, ein offenes Loch im Holz, das sie an eine schlafende Puppe erinnerte, deren Augäpfel in den Kopf gebohrt worden waren und so einen Anschein von Ausdruckslosigkeit und Leere entstehen ließen.

Unvermittelt ging sie in die Knie und spähte durch den Schlitz.

Zuerst konnte sie drinnen nur Teile von Gegenständen sehen, aber durch Bewegen ihres Kopfes konnte sie die Sachen genau erkennen: ein unfertiges Gemälde vor einer bekleksten, weißen Täfelung, eine Luftpumpe auf dem Boden, ein Tischbein, schwarze Bettpfosten aus Eisen und, zu ihrer Belustigung, ein Paar langgezogener grauer Wollsocken, die am Tischbein baumelten und deren herabtropfende Feuchtigkeit auf dem Boden eine Pfütze bildete. Natürlich war es nur möglich, den unteren Abschnitt des Raumes zu sehen, aber das schien auszureichen, um endgültig zu folgern, dass es sich in der Tat um ein kleines Zimmer in einem Baum handelte, nicht größer als der Umfang des äußeren Stammes. Aber das war alles – es führte nirgends hin.

Die Täfelung war nur an einer einzigen Stelle unterbrochen, und zwar dort, wo eine Tür bis zum Boden reichte, aber sie war so schmal und aus grob zusammengehämmerten Brettern, dass sie dahinter einen Wandschrank vermutete. Und dann, als sie sich langsam bewegte, erblickte sie etwas anderes, ein verzweigtes Stück von dünnen Drahtspeichen. Es dauerte eine Sekunde, ehe sie verstand, dass es das Rad eines Fahrrads war.

Ein Fahrrad wohnt also auch hier in diesem kleinen Raum im Baumstamm.

Ach, der arme junge Mann, der arme Maler, der arme Ausländer, der so unbeholfen bei der Suche nach einer guten Unterkunft in einer fremden Stadt gewesen war. Er tat ihr aufrichtig leid.

Genau in diesem Augenblick öffnete sich die Brettertür – es konnte also doch kein Wandschrank gewesen sein – in den Raum, und mit einem Mal starrte sie auf zwei Füße. Es waren große Füße, und sie steckten in ungeschnürten Schuhen, und sie waren bis zu den weißen Knöcheln nackt. Ja natürlich, dachte sie aufgeregt, um ihre Gedanken zu sammeln, die Socken waren schließlich gewaschen worden. Aber ihre Kraft, klar zu denken, währte nur einen kurzen Moment. Sie sprang auf.

»Wer ist da?«, fragte eine Stimme. »Hat jemand geklopft?«

Es war die Stimme des Mannes aus dem Café. Aber wo sollte sie eine Stimme finden, mit der sie antworten konnte? Und was sollte sie sagen, wer sie war? Wer war sie denn für diesen Fremden?

Und falls er die Tür öffnete, was dann? Alle Gedanken und Worte, die sie wie ein Wind diesen Tunnel hinuntergetrieben hatten, flauten plötzlich ab, und sie stand dort, entsetzt über das, was sie ihr eingehandelt hatten.

»Wer ist da?«, drang die beunruhigte Stimme von drinnen heraus.

Als sie auf diese weißen Füße starrte, die in den ungeschnürten Schuhen steckten, spürte sie, dass sie auf der

Stelle tot umfallen würde, wenn sie sich auch nur das kleinste Stück bewegten. Sie drehte sich um.

Vor ihr befand sich hell, leuchtend und klar, wie am Ende eines starken Teleskops, die Straße. Ohne sich darum zu kümmern, ob ihre Schritte, die dröhnten und hallten, als ob sie durch ein riesiges Abflussrohr lief, gehört wurden, lief sie, bis sie die Straße erreichte, und lief sogar dann noch und stieß überraschte Fußgänger an und stieß sich ihre Knöchel an den Rädern von Handkarren und Kinderwagen. Erst als sie wieder zu der Straßenkreuzung gelangte, hielt sie an, da sie in dem Spiegel des Pubs wieder ihr vertrautes Gesicht erblickte. Dieses Gesicht beruhigte sie. Wie absurd anzunehmen, dass irgendjemand dieser Frau mittleren Alters mit böser Absicht folgen sollte.

Aber angenommen, er wäre zu dem Zeitpunkt ihres Klopfens in dem vorderen Zimmer gewesen. Was wäre passiert, wenn er die Tür geöffnet hätte? Was hätte sie gesagt? Ihr schoss das Blut in die Wangen. Die einzig wahren Worte, die sie über die Lippen hätte bringen können, waren jene, die sich ihr im Café in den Kopf gegraben hatten, jene Worte, die Maudie ihr in den Mund gelegt hatte.

»Ich bin einsam.« Das war alles, was sie hätte sagen können. »Ich bin einsam. Und Sie?«

Bei diesem Eingeständnis überkam sie eine tiefe Scham, und schuldbewusst setzte sie schnell ihren Weg in Richtung Grafton Street fort. Wenn sie jemand gesehen hatte, dort in diesem dunklen Durchgang! Wenn irgendjemand in ihren Kopf, in ihr Herz hätte schauen können!

Andererseits – war es so unnatürlich? War es so schwer zu verstehen? So unverzeihlich?

Als sie an der offenen Tür der Karmeliterkirche vorbeikam, hielt sie an. Konnte sie sich ihres Schamgefühls in der Dunkelheit des Beichtstuhls entledigen? In den sündengewöhnten Ohren der weisen, alten Väter wäre ihre Geschichte unbedeutend, eine langweilige Erzählung von langweiligen Skrupeln. Gab es denn niemanden, niemanden, der sie verstehen würde?

Sie hatte die Grafton Street wieder erreicht und trat in das dichte Gedränge. Sie hatte die Straße erst vor wenigen Minuten verlassen, aber inzwischen hatte die Dunkelheit eingesetzt. Nur das geschäftige Treiben der Leute und der rege Verkehr ließen es so aussehen, als sei es noch Tag. Ganz oben auf dem Green, in das sie einbog, dämpfte der Dunst in der Dämmerung Zweig für Zweig die Umrisse des Gebüschs. Nur die Baumwipfel hoben sich noch deutlich gegen den Abendhimmel ab. Wenn man jetzt eine Hand durch den Zaun steckte, würde man mit den Fingern leicht erschrocken die kleinen Zweige berühren, gleich kleinen Knochen unter dem Gefieder des Dunstes. Es war die Tageszeit, zu der sie Richard immer getroffen hatte.

Ach Richard, seufzte sie laut, als sie in Richtung des geparkten Autos ging. Ach Richard, dich will ich.

Und während sie seufzte, tauchte er im Geiste plötzlich vor ihr auf, wie sie ihn so häufig gesehen hatte, wenn er auf sie zukam, groß, attraktiv und mit seiner sonderbar distanziert wirkenden Art. Er hielt seinen Hut in der Hand, die er seitlich herabhängen ließ, wie man an einem Sommertag eine Hand von einer Bootseite herab durch das Wasser schleifen lassen würde. Sie wollte diese Vorstellung von ihm für immer in einem Bild bewahren, und erst als sie sich gewaltsam daran festzuhalten versuchte, wurde ihr bewusst, dass diese Suche keine Eile hatte. Sie spürte, dass sie alle Zeit der Welt hatte, um ihn anzusehen und anzusehen und anzusehen. Ganz genau so war er immer auf sie zugekommen – den alten Filzhut träge hinter sich herschleifend, froh, den Tag hinter sich zu haben; und wenn sie sich näher kamen, hatte sie stets so eine Freude beim Anblick seines ernsten Gesichts verspürt, in dessen Zügen so viel Zufriedenheit lag. Zum ersten Mal in den zwei Jahren, die seit seinem Tod vergangen waren, hatte sie sich ihn vorstellen können.

Erst als sie den Autoschlüssel herausgeholt hatte und direkt zur Fahrerseite – und nicht, wie so häufig, zum Beifahrersitz – herumgegangen war, erst da wurde ihr bewusst, was sie erreicht hatte. Dennoch hatte sie im Grunde nur ihre Rechte zurückgewonnen. Nicht mehr. Es war nichts, was Anlass zu Verwunderung geben konnte. Aber wodurch genau hatte sie sie in diesem kleinen Café zurückgewonnen? Das war das Wunder.

ANNETTE AMRHEIN

Reif für die Insel

Die Stecknadeln auf der Weltkarte erinnern mich an Hunde, die das Bein gehoben und ihr Revier markiert haben. Nur sind ihre Markierungen flüchtiger. Unsere Nadeln bleiben stecken, Tage, Wochen, Monate. Der Wirt hat nichts dagegen, dass wir seine Karte allmählich durchlöchern, wir sind Stammgäste. Allerdings ist keine einzige der Markierungen von mir. Wir treffen uns zu viert, und reisefreudig sind nur die drei anderen. Ich war nirgends. Meine Nadeln haben grüne Köpfe und liegen vollzählig in einer Schachtel am Boden meiner Handtasche.

Ich bin noch nie in meinem Leben verreist, weil ich alles Fremde, Neue übergenau wahrnehme. Geräusche, Düfte, Bilder überfluten mich, machen mir Angst. Mein Herz rast schon vorher, ich kann gar nicht losfahren.

Tina ist da ganz anders. Sie steigt ins Flugzeug, und egal, was nach dem Ausstieg auf sie wartet – sie wird es bewältigen. Sie ist versessen auf alles Neue im fremden Land, auf Essen und Trinken, die Häuser und Straßen, jeden Gegenstand. Selbst übers Klopapier freut sie sich, erzählte kichernd von John Waynes Gesicht auf jedem Blatt. Beim letzten Treffen brachte sie Fotos aus den USA mit. Supermärkte von innen, die Regale voller Corn-flakes-Packungen, massenweise. Ich starrte die Fotos an, sah die Schachteln von Kellogg's, General Mills, Nestlé, hörte in Gedanken Durchsagen des Personals. Wagen rollten vorüber, quietschten, Menschen schwitzten, rannten, packten Waren ein. Mir wurde heiß.

Die anderen lächeln über mich, vor allem Tina. Ihre Nadeln, die blauen, sind überall auf der Weltkarte zu finden, sie hat die meisten platziert. Heute erzählt sie von Chile, die Reise ist zwar schon etwas her, aber stets für eine Geschichte gut, denn Tina fror sich dort fast die Zehen ab, beim Zelten im Gebirge, überrascht vom Schneesturm. Sie sagt das, als wäre nichts gewesen, trinkt ihr Hefeweizen, erzählt vom Zelt, das sie festgehalten hat, damit es nicht wegflog. Ich stelle mir ihr rotes Haar wie elektrisiert vom Frost vor, die Wimpern vereist, die Augen hinter kaltem Atemdampf versteckt. Sie spürt wohl mein Grausen, schaut mich spöttisch an, wie so oft. Ein Angsthase sei ich, hat sie mal gesagt. Man könne seine Ängste nur überwinden, indem man sich ihnen stelle.

»Klare Sache. Wer Höhenangst hat, geht auf einen Turm. Wer Angst vor Spinnen hat, lässt sich eine auf den Arm setzen. Du musst verreisen«, sagt sie immer.

Sie weiß ja nicht, wie das ist, wenn ich in Geräuschen, Düften, Bildern ersaufe. Das alles verschmilzt dann zu einem Brei. Das erste Mal passierte mir das noch als Kind auf dem Rastplatz einer Autobahn. Plötzlich das Summen der Motoren in der Nacht, huschende Scheinwerfer links, die hustende, windrauschende Dunkelheit rechts, der Geruch nach einem Rapsfeld, vermischt mit Senf, den ich mir an die Jacke geschmiert hatte. Alles überwältigte mich, die Geräusche waren laut, die Lichter grell, der Senf Übelkeit erregend und in meinen Ohren rauschte es, ich konnte mich gar nicht bewegen und bekam keine Luft. Tina brauche ich davon nichts zu erzählen, sie würde sagen, das sei Jahre her, ich müsse es überwinden. Das sei nur Panik, nichts Besonderes, Tausende Menschen kennen das.

Ich mag meine drei Freundinnen, aber ich finde es albern, ja, fast dekadent, wie sie das Reisen zum Lebensinhalt machen. Trotzdem, ich will auch reisen. Ich habe es satt, Angst zu haben, und ich habe Tinas spöttischen Blick satt. Nicht zu weit entfernt soll mein erstes Ziel sein und nicht zu gefährlich. Lange habe ich gesucht und mich für Madeira entschieden. Ich finde, Madeira ist ein guter Einstieg für jemanden, der sich sonst nicht außer Landes wagt. Es ist nicht zu weit weg, nicht zu kalt. Ich muss mich da nicht vor Skorpionen und Schlangen fürchten. Und ich liebe Pflanzen. Madeira ist als Blumeninsel bekannt, Seefahrer haben Pflanzen von überallher mitgebracht und dort heimisch gemacht. Wenn ich hinfahre, werde ich mir Agapanthus-Wurzeln mitbringen, für meinen Balkon, die blühen weiß oder lila. Ich habe gebucht, zwei Wochen Madeira, und das erzähle ich den anderen jetzt laut und deutlich an unserem Stammtisch.

Tina lacht und klatscht in die Hände. Eine Runde für alle bestellt sie, zur Feier des Tages.

»Wann denn, wann?«, fragt sie aufgeregt und wartet kaum die Antwort ab. Alle drei versichern, es würde mir guttun, rauszukommen, bestimmt, und ich antworte: »Ich weiß.«

»Mensch, du bist eine gestandene Frau«, sagt Tina. »Das Reisen kriegst du auch noch hin.«

Sie fragt, wer meine Blumen gießen wird. »Oh, bitte, machst du das? Du hast doch den grünen Daumen.«

»Aber du wohnst so weit weg, ich kann da nicht ständig hinfahren.«

»Ich bring sie dir.«

Ich stehe im Flughafenfoyer, sehe all die Check-in-Schalter.

Ein Blick nach oben. Die Halle ist hoch. Ich weiß, ich

schwanke nur leicht, doch mir kommt es stärker vor, weit schwingend von einer Seite zur anderen. Funchal, hämmert es in meinem Kopf. Der Landeplatz in Funchal ist kurz, mühsam durch eine Brücke verlängert, die auf Pfeilern steht. Dort zu landen soll für Piloten eine Herausforderung sein. Warum hat die Frau im Reisebüro mir das nur erzählt? Dachte sie, der Nervenkitzel würde die Reise interessanter machen?

Im Terminal stehen eine Menge Leute, alle sehen souverän und routiniert aus. Ich schleiche mich dicht an den Schalter, obgleich ich noch nicht dran bin. Die Flughafenangestellte schlingt Kofferanhänger aus Papier um die Griffe. Gepäckstücke fahren auf dem Band los, kippen an der Biegung um, verschwinden aus meinem Blick. Weg, einfach weg. Meine Koffer werden genauso verschwinden. Jetzt geht es los mit den überstarken Wahrnehmungen.

Ich sehe um mich herum küssende, streitende, gelangweilte Menschen, rieche Ausdünstungen, die mich an aneinandergeschlagene Feuersteine erinnern, so ein brenzliger Geruch, als wenn etwas zu lange gebrutzelt hat. Zigarrenrauch steigt mir in die Nase, Parfümdüfte, Pfefferminz- und Colageruch. Es klappert hinter mir, Koffer rollen, etwas ruckt, rumpelt, scheppert, kracht. Leute schreien, flüstern, wispern, quäken, säuseln, betteln, seufzen, summen eine Melodie. Ich halte die Hände über die Ohren, aber das hilft nicht. Rasch packe ich die Koffer und ziehe sie hinter mir her, raus hier, bloß weg, durch die Drehtür, und winke dem ersten Taxi in der Reihe.

Was nun? Ich wollte nach Madeira, ich wollte es. Ich habe fünf Bücher über Madeira gelesen und kenne alle Sehenswürdigkeiten aus dem Kopf. Kurz sitze ich wie zerschlagen auf dem Sofa. Allein das verlorene Geld für die Reise! Nein, nicht jammern. Ich richte mich auf und balle die Fäuste. Wenn ich mich weiter vorbereite, nicht nur Bücher lese, sondern mir alle Eindrücke vorstelle, das, was man hören, riechen, sehen, tasten kann – dann ist die eigentliche Reise nichts Neues mehr, kein Schritt, vor dem man Angst haben muss. Vielleicht wage ich es, beim zweiten Anlauf ins Flugzeug zu steigen?

Zuerst suche ich im Posterladen nach passenden Fotos, die an Madeira erinnern, finde auch etwas, ein mannshohes Bild von Hortensienbüschen. Ich hänge es von innen an meiner Badezimmertür auf. Die Hortensien werden auf Madeira wirklich so groß, sind voller weißer und lila Blütenballen. Ich dusche am nächsten Morgen und linse hinterm Vorhang hervor, sehe auf die Blüten. Schließe die Augen und denke, ich bin im Hotel, die Hortensien sind draußen vorm Fenster. Als ich fertig bin, hängt Dunst im Raum, feucht und die Hortensien weichzeichnend. Fast denke ich, die Büsche wären echt, ich möchte die Brause nehmen und die Hortensien sprengen, nackt oder mit einem Handtuch um die Schultern in die Büsche laufen, Madeiras Himmel über mir.

Ich ziehe mich an, trage Wanderschuhe, spaziere durch meine Wohnung und habe dabei die Levadas im Kopf, die Wasserkanäle, die sich durch die ganze Insel ziehen. Über den Gebirgszügen im Innern der Insel regnet es sich nachts ab, das Wasser läuft in den Levadas zu Tal. Ich wandere in Gedanken an diesen Wasserläufen entlang, sehe Urlauber vor und hinter mir, rieche die feuchte Luft, den Schweiß der Leute, Äste schlagen mir ins Gesicht. Und ich gehe doch nur durch Wohnzimmer, Flur, Bad und Küche, immer im Kreis, denn mein Bad hat zwei Türen.

Schade, dass man keine CDs mit Urlaubsgeräuschen kaufen kann, Meeresbrandung, vermischt mit aufheulenden Mopeds, dazu lachende Urlauber und vielleicht ein Marktschreier.

Ich durchsuche das Radioprogramm nach Reisesendungen, nehme auf, was passen könnte, Geschrei und Gesumm auf Straßen und Boulevards, die Musik zwischendurch schneide ich raus.

Markt ist bei mir im Schlafzimmer. Ich habe ein Foto aus einem Bildband über den Markt in Funchal im Copyshop vergrößern lassen. Kopien davon hängen an allen Schranktüren, sie zeigen Marktfrauen in Trachten. Ich bin in Gedanken in der Markthalle. Es gibt Papageien in Käfigen, zur Freude der Touristen. Ich stelle mir die Schreie der Papageien vor, Geschwätz der Urlauber, die um Preise feilschen, auf Portugiesisch, radebrechend. Wie die Papageienblumen riechen, das weiß ich nicht, aber ich habe Fotos von ihnen in der Küche, am Backofen. Ich sehe nun nicht mehr, ob der Kuchen im Ofen braun gebacken ist, ich sehe Blumen, die auch Strelitzien heißen, benannt nach einer Prinzessin von Mecklenburg-Strelitz. Das gefällt mir so, dass ich es immer wieder flüstere: Prinzessin von Mecklenburg-Strelitz, und die Blüte wird vor meinem inneren Auge zu einer Frau.

Im Flur hänge ich eine Landkarte auf, die bekommt man ja in allen Größen. Täglich sehe ich beim Kommen und Gehen die Form der Insel vor mir, ihren kleinen Schwanz rechts und das kopfartige Gebilde auf der linken Seite. Ich kenne jeden Ort auf der Insel mit Namen.

Ich bringe mir aus dem Blumenladen echte Strelitzien mit, sie duften nicht und erinnern mich auch nicht an eine Prinzessin. Dazu andere Blumen, Lilien, Rosen, eine Clivia im Topf. Ich weiß, dass Clivien auf Madeira in Parks wachsen. Ich nicke zufrieden, es riecht nach Blumen und feuchter Erde bei mir.

Und nun? Sag ich den anderen, dass ich nicht weggefahren bin? Ich wühle in der Handtasche nach der Schachtel mit den Stecknadeln. Da sind sie, viele grüne Köpfe für mich.

Ich setze mich an den Computer, kaufe im Internet portugiesische Briefmarken und Postkarten von Madeira, warte ungeduldig drei Tage darauf. Endlich sind sie da. Ich schreibe fröhliche Urlaubsgrüße auf die Karten, berichte vom Markt in Funchal, von den Trachten der Verkäuferinnen, den Hortensienbüschen und wie ich an den Levadas entlanglaufe. Ich bastele mir einen Stempel, den ich beim Aufdrücken so verwische, dass er nicht lesbar ist. Die Karten werfe ich in die Briefkästen meiner Freundinnen ein, tagsüber, wenn die drei bei der Arbeit sind. Trotzdem habe ich einen Hut auf, dazu eine Sonnenbrille. Ständig spüre ich Tina hinter mir.

Ich glaube, ich bin wirklich auf Madeira gewesen. Ich sitze in einem bunten Sommerrock in unserer Kneipe und freue mich über meine braunen Beine, ein Dank dem Sonnenstudio! Madeira! Routiniert wie ein Reiseführer berichte ich den anderen drei vom Reid's, wo schon Churchill übernachtet hat, und wie wunderbar dort der Tee und die Scones geschmeckt haben und dass Frauen neben mir gesessen haben mit großen Hüten auf den Köpfen.

Ich lege zehn Fotos auf den Kneipentisch, die mich zwischen fremdartigen Bäumen und Pflanzen zeigen.

»Du mit deinen Blumen«, sagt Tina lächelnd. »Warum hast du kein einziges Bild am Strand gemacht?«

Ich schweige. In den Schaugewächshäusern des Botanischen Gartens in Hamburg gibt es keinen Strand, nur »Planten un Blomen«, Pflanzen und Blumen.

»Am Strand war niemand, der ein Bild von mir machen konnte.«

Im Gewächshaus dagegen liefen genug Leute herum, die mich bereitwillig fotografierten.

»Magst du dir deine Pflanzen morgen wieder abholen?«, fragt Tina. »Sie haben alle überlebt.«

Es gefällt mir, meine erste grüne Stecknadel in die Weltkarte zu pieken, in den kleinen Punkt im Atlantik. Ich halte eine Weile die Nadel in die Luft und peile die richtige Stelle an, dann steche ich ein. Die anderen klatschen und atmen auf, nicht einmal Tina schaut misstrauisch. Habe ich gelogen? Es geht mir nicht darum, mitzuhalten oder etwas anderes darzustellen, als ich bin. Es ist nur eine Frage der Reihenfolge. Irgendwann werde ich schon noch nach Madeira kommen, und da ist es egal, ob die grüne Nadel vorher oder nachher gesteckt wird. Ich weiß bloß nicht, ob es sich für mich noch lohnt, ausgerechnet dorthin zu fahren. Ich kenne ja schon alles in- und auswendig.

BURKHARD SPINNEN

Damenwahl

Im Mai wählte Hastenrath eine Frau. Sie stand vor ihm in der Schlange an den Kassen. Draußen schien die Sonne, und die Frau trommelte nervös auf dem Handgriff des Einkaufswagens.

Hastenrath sah ihr von hinten über die Schulter. Die Frau ist Anfang dreißig, mittelgroß und blond und unverheiratet. Sie hat einen Sohn von acht Jahren. Der Sohn wird tagsüber, während sie als Anwaltsgehilfin arbeitet, gelegentlich von einer Freundin betreut. Die Frau ist schlank, sie legt Wert auf Wohnung und Kleidung. Außerdem interessiert sie sich für Asien; einmal war sie in Thailand, einmal in Burma, nächstes Jahr will sie nach Japan fliegen.

Hastenrath hatte nur ein paar Kleinigkeiten gekauft, unauffällige Sachen, kaum bedeckten sie den Gitterboden des Einkaufswagens. Tarnung, dachte er heiter. Nichts als ein Vorwand. Dennoch war Hastenrath gewarnt. Unlängst hatte er bei einer solcher Gelegenheit Milch gekauft und dann, man könnte sagen aus Versehen, mit dem Milchtrinken angefangen. Nach all den Jahren, da er sich rein gar nichts aus Milch gemacht hatte! Aber, sagte er sich, kein Wort mehr darüber. Milch ist Milch.

Die Frau hatte dem Augenschein nach mit System eingekauft. Haltbare Dinge, kaum Schnickschnack; kein Wunder im Grunde, doch allemal ein gutes Zeichen. Als sie zahlte, gab sie einen Schein und suchte rasch das

Kleingeld zusammen. Eine Tragetasche aus grauem Stoff hatte sie mitgebracht. Als sie einpackte, spürte Hastenrath wieder, wie sehr sie in Eile war. Verständlich bei der Doppelbelastung durch Kind und Beruf. In Richtung Ausgang lief sie beinahe.

Jetzt war es an Hastenrath. Nach kurzem Nachdenken entschied er, die Frau in zwei Tagen wieder zu treffen. Und zwar morgens, auf dem Weg zur Arbeit, im Bus. Gesagt, getan. Da saß sie auch wirklich in einer Viererecke. Hastenrath setzte sich ihr gegenüber, und während sie aus dem Fenster sah, beobachtete er sie genau. Sie ist doch eher Mitte als Anfang dreißig, sie hat halblange Haare mit rötlichen Strähnen und grünliche Augen. Auf der linken Wange hat sie eine Narbe, besser: eine Art Geflecht von dünnen, hellen Narben. Nach ihrer Geburt hat man vergessen, ihr Fäustlinge überzuziehen, da hat sie sich mit den Fingernägeln die Haut zerkratzt.

Einen Moment lang wusste Hastenrath nicht, was er davon zu halten hatte. Dann entschied er, darüber hinwegzusehen. Wir sind, dachte er, alle nicht mehr die Jüngsten. Haben den Karren schon oft gegen die Wand gefahren. Zu oft jedenfalls, um auf empfindlich zu machen.

Die Frau stand auf und drückte den Halteknopf. Für heute sowieso genug, dachte Hastenrath. Man soll am Anfang nicht übertreiben. Allem Anfang wohnt ein Zauber inne! Und wenn zu schnell die Spannung nachlässt, ist womöglich alles ruiniert. Das sagt einem jede Erfahrung.

Am Abend ging Hastenrath in ein Lokal an der Ecke. Die Frau bleibt natürlich zu Hause. Wenn der Sohn schon tagsüber in fremde Hände muss, dann sollten sie wenigstens abends zusammen sein. Sie spielen *Verrücktes Labyrinth*, dann liest sie ihm vor, obwohl er selbst schon lesen kann. Von einem Mädchen aus dem Wald, wo seltsame Geschöpfe ihr Unwesen treiben. Das Mädchen hat auch einen Freund. Nie schläft der Sohn beim Vorlesen ein.

Hastenrath blieb genau zwei Stunden in dem Lokal, er trank drei große Bier und aß ein Baguette mit Schinken und Käse. Zu Hause sah er die Spätnachrichten, dann ging er zu Bett. Er dachte an die Frau. Als Anwaltsgehilfin sind die Aufstiegschancen gering. Nicht unwahrscheinlich, dass sie zeit ihres Lebens auf der gleichen Stelle bleibt. Doch es hat wenig Zweck zu klagen; immerhin ist im Umfeld vieles geregelt, vieles läuft ganz reibungslos ab. Andere, sagt sie sich oft, haben es schwerer.

Aber am Dienstag wird die Frau mit ihrer Freundin ins Kino gehen. Das muss jetzt einmal sein! Der Sohn übernachtet bei einem Schulfreund. Hastenrath ließ den Abend herankommen. Bevor er aufbrach, duschte er und rasierte sich ein zweites Mal. Es war voll im Kino, der Film hatte Überlänge, nach anderthalb Stunden war eine Pause. Im Foyer fand Hastenrath die beiden Frauen auf Anhieb, langsam ging er auf sie zu, es ist eng hier, jeder will rasch ein Getränk, sie kamen recht zwanglos ins Gespräch.

Natürlich sprachen sie über den Film. Die Frau war ein wenig befangen, Hastenrath spürte es, er konnte es förmlich mit Händen greifen; immerhin, es wird jetzt bald ernst. Außerdem trug sie eine neue Frisur, und wer wüsste nicht, was das bedeutet! Bevor der Film wieder begann, fragte Hastenrath rasch, ob sie nachher noch ausgehen wollten. Die Frau sagte ja, und jetzt war er sich sicher, ein wenig Freude in ihrer Stimme zu hören. Doch leider endete dann der Film sehr traurig. Beinahe schweigend gingen sie zu dritt durch die leere Einkaufsstraße in Richtung Markt; und kaum im Lokal, sie hatten gerade

Platz genommen, schaute die Frau auf die Uhr und sagte zu ihrer Freundin: Allzu lange kann ich nicht bleiben.

Hastenrath war verzweifelt. Etwas Ungeheures müsste jetzt passieren, ein Trupp Schläger hereinstürmen, ein Feuer ausbrechen, die Decke nachgeben, egal, bloß dass etwas Leben in die Sache käme, gewissermaßen. Sie bestellten Getränke, die Frau einen Tee. Da hatte Hastenrath einen Einfall. Er sprach die Frau auf Asien an. Auf Japan. Ist denn nicht Japan ihr ganzer Traum?

»Japan?«, sagte die Frau, als wisse sie nicht, worum es sich handelt.

»Ja doch, Japan!«, sagte Hastenrath. Es war laut im Lokal, beinahe hätte er es geschrien.

»Ach, Japan«, sagte die Frau. Nach Japan müsste man tatsächlich einmal reisen. Am besten gleich für ein paar Wochen.

Immerhin! Hastenrath hielt das Gespräch in Gang. Als er dabei ein wenig abschweifte, machte das gar nichts. Zuerst brachte er die Freundin zum Lachen, dann die Frau. Sie schaute ihn an; wäre da nicht die Freundin, er könnte vielleicht ihre Hand nehmen. So ging es leider nicht. Wer weiß, dachte Hastenrath, wofür das gut ist.

Als die Frauen gingen, blieb er noch in dem Lokal. Es war wie das an der Ecke, er bestellte noch ein großes Bier und ein Baguette. Kurz nach Mitternacht ging er nach Hause. Dass es Mai war, spürte man in dieser Nacht; es könnte, dachte Hastenrath, in einer Sommernacht nicht sommerlicher sein. »Dieser Duft«, sagte er laut vor sich hin. Der kommt wahrscheinlich von den Feldern und Wiesen vor der Stadt. Und aus den Wäldern natürlich. Er schloss die Haustür auf, im Treppenhaus knipste er das Licht an, in der Wohnung erwog er kurz, ein Fenster zu öffnen. Aber Vorsicht!, sagte er sich, gegen Morgen wird es gerade im Frühling empfindlich kalt.

Dann dachte er wieder an die Frau. Morgen wird sie einen harten Tag haben. Da muss sie wegen eines dringenden Falles länger in der Kanzlei bleiben. Daher wird der Sohn bei der Freundin schlafen. Doch zum Ausgleich dafür wird sie selbst ihn übermorgen dort abholen und zur Schule bringen. Obwohl das ein furchtbarer Umweg ist. Und am Nachmittag nimmt sie sich frei, nur für ihn, für etwas Besonderes. Was sein muss, muss sein. Und für Hastenrath nur ein weiterer Beweis, dass es immer heißt: sich auf die Verhältnisse einstellen. Er wird also fragen, ob er sich anschließen darf. Er wird sogar den Transport übernehmen. Mit diesem Gedanken schlief er ein.

Zwei Tage später, um Mittag, stand er vor der Schule. Es klingelte, die Kinder kamen heraus. Es waren sehr viele, hundert oder noch mehr, aber Hastenrath erkannte den Jungen sofort. Er ist der Mutter wie aus dem Gesicht geschnitten. Am Bordstein blieb er stehen, Hastenrath trat heran. Deine Mutter, so will er beginnen, hat mich gebeten, dich abzuholen. Wir wollen heute zu dritt etwas unternehmen. Und du, wird er dann sagen, darfst entscheiden, was.

Der Junge wird in den Zoo wollen, wahrscheinlich. Gut, sagt Hastenrath dann. Fein. Das machen wir. Der Junge ist ganz aufgeregt und fragt überhaupt nicht nach seiner Mutter. Wir treffen sie am Eingang, muss Hastenrath sagen. Und wenn der Junge nicht antwortet, noch einmal: Keine Sorge, wir treffen deine Mutter am Eingang.

Doch plötzlich kamen Hastenrath Bedenken. Hoffentlich werden sie auch ein wenig Zeit für sich alleine haben, er und die Frau. Zum Reden. Vielleicht auch, um sich kurz in den Arm zu nehmen. Der Moment dafür war jetzt gekommen. Da summte tatsächlich sein Handy! Es ist natürlich die Frau. Der Fall von gestern ist noch immer nicht fertig, sagt sie. Nicht abzusehen, wie lange das dauert. Und dass es ihr furchtbar leidtut.

»Das ist dumm«, sagte Hastenrath. Er schwieg kurz. Vielleicht am Wochenende?

Ja, wenn nichts dazwischenkommt.

Hastenrath fuhr wieder nach Hause. Ein verpatzter Auftakt, dachte er. Er hatte sich alles so schön gedacht. Und dass es ohne den Jungen nicht ginge, das verstand sich ja mehr oder minder von selbst. Was da ist, ist da. Und ist nicht zu ändern. Trotzdem lag es an ihm, er hatte alles verdorben. An diesem Abend blieb Hastenrath zu Hause. Er ging in den Keller und räumte dort gründlich auf. Die Flaschen legte er in eine große Kiste, die alten Kleider in einen Sack. Sein Handy hatte er dabei, für alle Fälle.

In den Tagen danach war Hastenrath unzufrieden mit sich und der Welt. Ein paarmal war er drauf und dran, etwas Unbedachtes zu tun. Von der Arbeit ging er direkt nach Hause, um nicht auf dumme Gedanken zu kommen. Schließlich hatte er sich wieder in der Gewalt. Und endlich, ganz früh am Mittwochmorgen, schrieb er der Frau einen Brief.

Es fällt mir schwer, das jetzt zu sagen, schrieb er, aber so geht das mit uns beiden nicht weiter. Dieses Tastende, dieses Unsichere, dieses Sich-auf-nichts-Einlassen. Er schlage einen gemeinsamen Urlaub vor, wenigstens ein verlängertes Wochenende. Drei konkrete Vorschläge mache er: die See, die Berge und eine europäische Hauptstadt. Dann warf er selbst den Brief in den Briefkasten der Frau und ging zur Arbeit. Sein Handy ließ er den Tag über ausgeschaltet, abends hörte er die Mailbox ab. Er war sehr gespannt.

Und richtig! Die Frau hatte sich für eine europäische Hauptstadt entschieden, die Auswahl überlasse sie ihm.

Jetzt!, dachte Hastenrath. Er leitete alles in die Wege, der Rest der Woche verging mit Warten, und am Samstagmorgen stand er, wo der Hochgeschwindigkeitszug nach Paris einlaufen sollte. Zwischen seinen Beinen der kleine Koffer, den er für kurze Reisen gekauft hat.

Die Ankunftszeit des Zuges rückte heran, drei Minuten nach seiner Ankunft wird er abfahren. Zweimal schon hatte Hastenrath geglaubt, die Frau in der Menge auf dem Bahnsteig zu erkennen, doch sie war es nicht. Er machte keinerlei Hehl daraus, dass er nervös war.

Dabei wäre es, das wusste er, außerordentlich wichtig, jetzt vollkommen ruhig zu sein. Denn ob die Reise ein Erfolg wird, kann sich schon in den ersten Minuten entscheiden. Während sie die reservierten Plätze belegten, während sie ihr Gepäck verstauten und sich dabei orientierten: Wo ist der Speisewagen? Und: Trinken wir jetzt bereits einen Kaffee, oder warten wir, bis sich das erste Reisefieber gelegt hat?

Dann lief der Zug ein, und die Frau war nicht gekommen. Hastenrath stieg in den Wagen Nummer acht, er war zu verzweifelt, um denken zu können. Mit dem Koffer stieß er gegen die Türen, dann gegen die Lehnen der Sitze. Sein Platz war frei – und ihm gegenüber saß die Frau! War sie es wirklich? Hastenrath wusste einen Moment lang nicht, was tun und was sagen. Sie hatte wieder ihre Frisur geändert, die Haare schienen dunkler, eine Tönung vielleicht, und unter dem Make-up war die Narbe nicht mehr zu sehen. Sie lächelte ihn an. Er lächelte zurück, dann hob er den kleinen Koffer in die Gepäckablage, und der Zug rollte an.

Sie fuhren schweigend. Die meiste Zeit sahen sie zum Fenster hinaus. Bald war die Grenze passiert, der Zug erreichte seine Höchstgeschwindigkeit, das stand auf der Leuchtanzeige über der Tür. Tatsächlich flog die Land-

schaft nur so vorbei. Kleine Städte begannen und ende-
ten Sekunden später; es war kaum auszumachen, dass
man sich schon in Frankreich befand. Hastenrath machte
eine Bemerkung in diese Richtung, die Frau sah ihn kurz
an und nickte, dann wandte sie sich wieder ab. Es fiel ihm
leicht, ihr Schweigen als Zeichen des Einvernehmens zu
deuten.

Kurz vor Paris kamen sie dann ins Gespräch, jetzt
schon völlig entspannt. »Mai in der Seine-Metropole«,
sagte Hastenrath, wenn das nicht wie ein Versprechen
klinge. Die Frau nickte ihm zu. Das kleine Hotel am
Montmartre, der Frühling im Bois de Boulogne, im
Jardin du Luxembourg. Hastenrath nannte die Namen
bedeutender Männer, Maler, Sänger, Komponisten. Die
Frau lachte, jetzt komme er aber mächtig ins Schwär-
men!

Und dann war da, mit einem Mal, der Blick, auf den
er gewartet hatte, der Ausdruck in ihrem Gesicht, der
Klang ihrer Stimme. Diese bestimmte Bewegung. Jetzt,
dessen war sich Hastenrath sicher, ist alles zu seinen
Gunsten entschieden. Von jetzt an würde gar nichts mehr
schwierig sein; ein Wort wird das andere geben. Paris,
dachte Hastenrath, war die einzig richtige Lösung. Paris! – da fuhren sie auch schon in den Bahnhof.

»Paris«, sagte Hastenrath. Auch die Stadt der Lieben-
den. Er stand auf und griff nach seinem Koffer.

»Ach«, sagte die Frau, wie er das sage. Er half ihr mit
ihrem Gepäck, sie verließen den Zug. Der Himmel über
dem Bahnhofsvorplatz war wolkenlos. Sie gingen vorbei
an den Arkaden, die Frau vorneweg, und Hastenrath
folgte ihr im kürzestmöglichen Abstand. An der ersten
Kreuzung drehte sie sich um, sie lächelte ihn an. Da war
er vollends begeistert.

TORIL BREKKE

Ein eigener Salon

Der Freundeskreis hatte sich im Lauf der Jahre verändert; Eva und Jan waren zu Jan und Marthe geworden, Tormod und Sissel zu Sissel und Per und später zu Ingar und Sissel. Die Clique aus den Jugendjahren war geprägt von einem Drang zu etwas anderem und vielleicht Besserem, während Maia und Viggo sozusagen die Felsen in der Brandung waren. Nur diese beiden hatten es geschafft, sie hatten *ausgehalten* und vielleicht auch *den Funken bewahrt* – wie die anderen gerne sagten.

War Maia niemals neidisch auf ihre Freundinnen, die zwischenzeitlich Single und frei waren? Hatte Viggo nie Lust, mit einem frisch geschiedenen Kumpel loszuziehen, um Frauen aufzureißen?

Vielleicht. Für einen Moment. Aber es war nie ein tiefes Bedürfnis.

Jetzt hatten sie alle die melancholische Phase erreicht, wo sie sich manchmal dabei ertappten, den Partner von früher zu vermissen, vor allem wenn die Enkelkinder zu Besuch kamen.

Wie ich euch beneide, hatte Sissel gemurmelt. Ihr seid echte Großeltern, von euren gemeinsamen Kindern.

Ja, das ist schön.

»Wie habt ihr das geschafft?«, hatten die anderen gefragt, und das fragten sie jetzt wieder.

Viggo dachte darüber nach, während er Knoblauch und Paprika hackte und in die Pfanne gab, ehe er Pommes frites an die Ränder und Lachsfilets auf das Gemüse legte. Er drehte die Hitze hoch und legte den Deckel darauf. Danach ging er hinaus in den kleinen Reihenhausgarten, holte Blumen und stellte sie in eine Vase.

Früher hatte Maia gekocht und die Blumen arrangiert, aber seit Viggo in Rente war, hatte er das übernommen. Später würden sie einander gegenübersitzen und genießen, den Lachs, den Wein, den Anblick der Blumen. Sie brauchten nichts zu sagen, sie konnten die Stille ertragen, Maia war meistens erschöpft nach einem Tag im Salon. Die Wörter würden kommen, wenn sie abgeräumt hatten und auf dem Sofa saßen, sie mit dem Rücken zu ihm, die Beine hochgelegt. Dann konnte sie anfangen zu erzählen, von Kunden, die ihr alles Mögliche anvertrauten, kuriose Episoden aus fremden Leben. Viggo hatte keine Ahnung, wer diese Kunden waren, aber er hörte gern Maias Stimme, und er wusste, dass Maia oft ein bisschen umdichtete, etwas hinzufügte oder wegließ, er wusste, dass sie das tat, um ihm eine Freude zu machen.

Und bald nickten sie ein, er sitzend, sie halb liegend, mit den Füßen auf einem Kissen. Sie schliefen nicht lange. Sie schafften es immer, vor den Fernsehnachrichten den Kaffee zu kochen. Das war Maias Aufgabe, sie legte die Kapseln in die Maschine, sie nahm die Schachtel After Eight aus dem Schrank, sie trug alles ins Wohnzimmer und stellte es auf den Couchtisch und küsste ihn leicht auf die Stirn, damit er aufwachte.

Vielleicht lag es an solchen Gewohnheiten, dass sie es miteinander ausgehalten hatten, an den Blumen auf dem Esstisch, den Kerzen, die die herbstliche Dunkelheit auf Distanz hielten.

Schon als die Kinder klein waren, hatten sie versucht, aus den Mahlzeiten etwas Schönes zu machen. Auch das war eine Gewohnheit, zur selben Zeit und zusammen zu essen, vor einem Training und vor einer Chorprobe. Der Salon schloss damals um vier, und Viggo machte ungefähr gleichzeitig Feierabend; so kamen sie aus verschiedenen Richtungen, sie mit Lebensmitteln, er vielleicht mit irgendetwas bepackt, das er für eine Reparatur brauchte, und dann reparierte er oder redete mit den Kindern, während Maia kochte.

Vielleicht war das der Grund, warum sie ein harmonisches Familienleben mit zufriedenen Kindern aufbauen konnten. Die Kinder stritten sich fast nie; es waren zwei Mädchen und ein Junge, und sie redeten vernünftig miteinander. Schon als sie noch ziemlich klein waren, schafften sie es, mit Argumenten zu streiten, ohne aufeinander loszugehen. Nein, warum hätten sie zuschlagen sollen, hatten sie lachend gefragt, als sie Teenager geworden waren.

Das Geheimnis waren sicherlich diese regelmäßigen und entspannten Mahlzeiten, wenn die Erwachsenen die Kleinen nach ihrem Tag fragten, wenn die Kinder von großen und kleinen Erlebnissen erzählten, zu denen Viggo und Maia manchmal auch etwas beitragen konnten, denn es passierten hin und wieder ungewöhnliche Dinge in der Halle, in der Viggo sich um die Eisenbahnwagen der NSB kümmerte, und im Frisiersalon, in dem Maia ihrer Kundschaft die Haare machte.

Schon damals kam es vor, dass die Erwachsenen Mittagschlaf hielten, dass sie sich aneinanderschmiegten, wenn die Kinder zu ihren Freizeitaktivitäten verschwunden waren. Manchmal lagen sie Löffelchen auf dem Sofa, andere Male gingen sie die Treppe hoch und zogen sich aus. Dann konnte die Müdigkeit verfliegen, durch die nackte Nähe, und in ihnen stieg eine Kraft auf, die zur Ekstase führte, ehe sie einschliefen.

Wir geben einander das, was wir brauchen.

»Ist das denn nicht langweilig?«, hatte Sissel Maia gefragt, früher, als sie jünger waren, »mit demselben Mann, tagaus, tagein?«

Nein, wieso denn langweilig?

»Er hat noch immer dieses Lächeln«, antwortete Maia, »das mich damals so schwach gemacht hat. Dieses Leuchten in den Augen. Dieses muntere Funkeln. Und die Neugier. Und er hat dieselben guten Hände.«

Sie sagte viel Schönes über Viggo, wenn Sissel fragte. Sissel, die zweimal verheiratet war, die außerdem erst kürzlich eine neue Beziehung eingegangen war und die jetzt allein war.

»Überleg doch mal, wie viel reicher ich an Erfahrungen bin«, hatte Sissel im Laufe der Jahre immer wieder geprahlt. »Drei Männer, jeder mit seiner Art, du weißt schon, im Bett und überhaupt. Ich weiß sicherlich alles darüber, wie ich einen Mann befriedigen kann – und er mich.«

Aber trotzdem ist es jedes Mal schiefgegangen, dachte Maia.

»Es hat mit der Freiheit zu tun«, sagte Sissel. »Du weißt, dass es möglich ist, auszusteigen, dass es draußen noch etwas Spannenderes geben kann. Nach zehn Jahren ist der Becher geleert. Dann hat der Mann nichts mehr zu erzählen und ich auch nicht. Dann werden die kleinen Meinungsverschiedenheiten zu Stolpersteinen, zu kleinen Irritationen. Wir hören nicht mehr zu, was das Gegenüber sagt.«

Satisfaction, dachte Maia und hatte vage ein paar Takte eines Songs im Kopf. Befriedigt sein. Froh. Glücklich sogar, an einem ganz normalen Mittwoch. War es das, was sie gerettet hatte?

Sie kannten einander so gut, jede kleine Bewegung, jede Geste, und sie verließen sich aufeinander. Maia hatte

Vertrauen zu Viggos Geduld, er wusste, wie er sie kommen lassen konnte, und er genoss es, das zu erleben. Sie würde niemals einem Fremden auf diese Weise vertrauen.

Das sagte sie Sissel, und Sissel lachte laut, denn das war nicht gerade das, was so wunderbar war, die Spannung im Neuen zu erleben, das, was sie noch nicht kannte, noch nicht erforscht hatte.

Sie saßen auf der Terrasse und tranken Prosecco. Viggo war bei einer der Töchter, um ihr und ihrem Mann dabei zu helfen, einen Schrank zusammenzubauen.

»Es ist ein schönes Gefühl, Single zu sein«, sagte die Besucherin und saß dabei wie auf einem Barhocker, der eine disziplinierte Haltung abverlangte, damit man eine gute Figur machte.

Single, dachte Maia und kostete das Wort aus. Eine Schallplatte, die sich drehte. Sissel war im November siebenundsechzig geworden. Sie war alt. Das zeigte sich im Gesicht, an den Fältchen um Mund und Augen. Sie war brünett, aber Maia wusste, dass das gefärbt war, schließlich behandelte sie Sissels Haare in ihrem Salon.

Maias Haare waren derzeit silberblond, sie spielte gern ein bisschen mit den Farben, vor einigen Monaten hatte sie blaue Haare gehabt. Bei ihrer ersten Begegnung mit Viggo war sie hellblond gewesen.

Sie hatten sich in einem Tanzlokal kennengelernt, Viggo hatte sie mit seinem Lächeln bezaubert, das an Sommerabende an der Südküste erinnerte.

Nach dem Tanzen hatten sie Telefonnummern getauscht, und er hatte sie schon am nächsten Tag in der Arbeit angerufen. Er war Eisenbahnmechaniker und stolz darauf, sich in der Stadt mit einer Friseuse zeigen zu können, mit einer, die sogar aussah wie ein Filmstar. Erst nach einigen Wochen kam ihm der Verdacht, sie könnte eine falsche Blondine sein. War sie das?

»Nein«, antwortete Maia. »An der Südküste, wo ich aufgewachsen bin, wimmelt es von Blondinen, das liegt an der Sommersonne und dem vielen Baden im Salzwasser.«

»Lügst du?«, fragte er.

»Niemand von der Südküste lügt«, sagte sie. »Jedenfalls nicht die Blondinen.«

»Deine Freundin hat Ähnlichkeit mit Marilyn Monroe«, sagten seine Freunde neidisch.

»Aber Maia ist eine echte Blondine«, prahlte Viggo. »Da unten in Grimstad wimmelt es nur so davon.«

Er glaubte zwar nicht, was sie gesagt hatte, das mit dem Salzwasser und dem Baden, aber er liebte diese Wortwechsel, es gefiel ihm, dass sie Unsinn redete, ohne eine Miene zu verziehen. Und er versuchte, mit ihr mithalten zu können.

Vielleicht war es das, was uns in all den Jahren zusammengehalten hat, hätte sie zu Sissel sagen können, diese manchmal etwas seltsame Kommunikation, bei der die Kinder schallend lachen mussten.

Aber auch das war nicht das Wichtigste.

Sie schaute die Freundin an, die ihr auf einmal leidtat. Sich Single zu nennen, wenn man auf die siebzig zuging. Für welchen alten Knacker wird sie sich wohl das nächste Mal ausziehen dürfen? Sissel machte Onlinedating. Legte sich attraktive Eigenschaften zu, das wusste Maia. Postete schmeichelhafte Bilder von sich. Was wohl ihre Kinder und Enkel dazu sagten?

Die finden, dass sie eine moderne Oma haben, hatte Sissel erzählt.

Und es gab jede Menge attraktive ältere Herren da draußen, hatte sie noch angefügt.

Aber dann kriegen sie einen Schlag, hatte Maia gedacht.

Wie Viggo.

Das war passiert, als sie in Venedig waren. Sie waren durch die Gassen geschlendert, hatten ein Konzert in einer Kirche besucht, hatten auf der Rialto-Brücke gestanden und ins Wasser geschaut. Es war wunderschön, bis zu dem Moment, als Viggo nicht mehr wusste, wo sie waren. Sie hatten in einem Straßenrestaurant gesessen und Spaghetti mit Muscheln gegessen, als Viggo plötzlich ein verwirrtes Gesicht machte, sich über den Tisch beugte und ihr Handgelenk packte: »Wo sind wir?«

»In Venedig.«

Dieses Wort war leer für ihn gewesen, bedeutungslos, und Maia hatte den Markusplatz mit den vielen Tauben erwähnt. Langsam hatte er begriffen und war wieder zu sich gekommen.

Ach, die berühmte Stadt Venedig mit den vielen Kanälen. Die Reise, von der sie so lange geträumt hatten. Und jetzt waren sie also hier.

Sie hatten dann weiter ihre Spaghetti gegessen und den Wein getrunken. Mit sicheren Schritten war er dann zum Hotel gegangen, und er hatte sich sogar an den Namen erinnern können. Hotel Flora, noch ehe sie das Schild gesehen hatten.

Es war nur ein leichter Schlaganfall gewesen.

Der eigentliche Anfall war dann drei Tage später gekommen, am Tag der Abreise, nachdem sie auf dem Weg zum Flughafen mit einem kleinen Boot durch die Wellen gebraust waren, nachdem sie über halb Europa geflogen waren. Es passierte auf Gardermoen, während sie auf ihr Gepäck warteten, da brach er einfach zusammen.

Glücklicherweise war er sehr schnell wieder genesen. Niemand sah es ihm an, dass er einen Schlaganfall hinter sich hatte. Er sprach wieder klar und deutlich, war Enkelkindern und Freunden gegenüber so humorvoll wie eh und je, absolvierte seine Spaziergänge mit energischem Schritt. Scheinbar war er der Alte. Aber er hatte eine neue Tiefe im Blick, einen Hauch von Düsternis.

Und seine Erektion hatte ihn verlassen.

»Das macht nichts«, hatte Maia gesagt.

Noch immer konnte er sie glücklich machen, das wussten sie beide. Und er machte es, so oft sie wollte.

Aber es reichte ihr auch, sich an ihn zu schmiegen, wenn sie von der Arbeit kam. Wärme und Geborgenheit zu spüren. Dann wusste sie, dass sie ihn liebte.

Es kam vor, dass er ihren Pulloverärmel hochschob und die Haut ihres Armes streichelte, mit den Fingerspitzen, mit den Fingernägeln. Dann legte sie die Armbanduhr ab und hatte das Gefühl, sich für ihn auszuziehen, nackt zu sein. Er berührte sie an der Handfläche und wanderte über den Puls weiter nach oben, und Maia zitterte.

Sie erzählte Sissel nichts davon, es war zu intim, um darüber zu reden.

Stattdessen dachte Maia an das Leben der Freundin, an Sissels Arbeit in einem Reisebüro, und sie erinnerte sich an die ersten Jahre in der Hauptstadt, als die beiden Jugendfreundinnen sich nach Feierabend in einem Imbiss trafen, über attraktive Jungs sprachen und träumten. Sissel träumte davon, dorthin zu reisen, wohin sie ihre Kundschaft schickte. Maia träumte von einem eigenen Salon.

Als sie Viggo kennenlernte, war sie noch angestellt gewesen.

Aber schon als Kind hatte sie von ihrem eigenen Frisiersalon geträumt, in dem sie Frisuren erfinden und die Kundschaft nach ihrem eigenen Geschmack verschönern konnte. Sie hatte die Mutter begleitet, hatte zugesehen, wie die Friseuse Haare schnitt und Dauerwellen legte, hatte gesehen, wie die Mutter sich dabei verwandelte, in eine schickere und fröhlichere Frau, diese Hausfrau, die ihren Mann immer um Geld bitten musste, was dieser ihr nur widerwillig zugestand.

Es war wie Magie gewesen. Die Verwandlung der Mutter dort in dem Sessel vor dem großen Spiegel. Manchmal war die kleine Maia allein zum Salon gewandert, nur um auf dem Wartesofa zu sitzen und Alette, so hieß die Friseuse, zuzusehen und zuzuhören.

Maia wollte wie Alette werden.

Als sie Viggo kennenlernte, lag ihre Lehrzeit drei oder vier Jahre zurück und sie hatte schon ein bisschen Geld gespart.

Das hätte sie Sissel antworten können: Ich bin seit fast fünfzig Jahren mit demselben Mann zusammen, weil er nicht verlangt hat, dass ich meine Ersparnisse in eine Wohnung stecke, als wir frisch verlobt waren.

Dabei hatte sie es Viggo angeboten. Sie hatten beide ungefähr gleich viel auf ihren Sparkonten gehabt, weshalb es ein fairer Handel gewesen wäre.

Aber Viggo hatte ein Darlehen aufgenommen.

»Deine Ersparnisse sind heilig«, hatte er gesagt.

»Aber das ist doch ungerecht«, hatte sie widersprochen.

»Verstehst du nicht? Ich will, dass du glücklich bist!«, hatte er gesagt. »Dein Traum soll in Erfüllung gehen. Und ich freue mich auf den Tag, an dem ich vor meinen Kumpels damit protzen kann, dass ich ein Mädel mit einem eigenen Salon habe.«

AXEL HACKE

Kriech nicht da rein!: Zum besseren Verständnis deutscher Schlager

Nach vielen Kolumnen und noch viel, viel mehr Leserzuschriften bin ich heute der Meinung: Im Grunde versteht kaum ein Mensch je einen Liedtext richtig, ja, Liedtexte sind überhaupt nur dazu da, falsch verstanden zu werden. Aufgabe eines Liedtexters ist es nicht, einen besonders schönen Liedtext zu schreiben. Nein, er muss dem Hörer möglichst viele geeignete Anknüpfungspunkte bieten, in seinen Ohren einen eigenen Liedtext entstehen zu lassen. Man muss als Schreiber den Menschen Material liefern, damit ihre Phantasie wirken kann. Muss sie in die Lage versetzen, ihre tiefinnersten Träume zu erleben und auf diesem Wege selbst zu Dichtern zu werden, Poesie zu schaffen.

So weiß ich den besonderen Wert der Einsendung von Herrn S. aus Halle zu schätzen, der als Kind in der DDR lebte, dies in den achtziger Jahren. Dort hörte man, wie das so üblich war, gern Westsender, welche zu jener Zeit nicht selten Udo Jürgens' Song *Griechischer Wein* ausstrahlten, in dem es heißt:

»Griechischer Wein –
das ist das Blut der Erde ...«

Herr S. aber verstand nicht »Griechischer Wein«, er hörte Mal um Mal:

»Kriech nicht da rein!

Das ist das Blut der Erde …«

Man wird sich schwertun, das Lied nun noch einmal richtig zu hören, so ist es viel schöner. Gilt das auch für die Zuschrift von Herrn S. aus München?

Er teilte mit, die Schwester eines Klassenkameraden habe es sich zu jenen Zeiten, in denen noch das Lied *Guantanamera* gesungen wurde, nicht ausreden lassen, es heiße nicht *Guantanamera,* sondern gut bayerisch »G'woant hamma mehra« (Geweint haben wir mehr).

Ja, das gilt auch hier.

Und weil wir gerade bei solchen Schmetterschlagern sind: Erst recht gilt es für die aberwitzig schöne Nachricht von Herrn Sch.-C., dessen Söhne zur Oktoberfestzeit das Wochenende bei den Großeltern verbrachten, in München, nehme ich an. »Als sie zurückkamen, sang der Kleinere von beiden aus voller Brust: *Ein Boot sinkt, ein Boot sinkt, in Gemütlichkeit.* Auf unsere Frage, wie er auf diesen Text käme, meinte er nur, er hätte dieses Lied wiederholt im Radio und im Fernsehen gehört, und es handle sich um ein Schiff, das langsam untergeht.«

Das ist sicher die schönste Version von *Ein Prosit, ein Prosit, der Gemütlichkeit,* von der ich je gehört habe, Unsinn – es ist die einzig schöne und überhaupt akzeptable Version. Und falls ich noch jemals in einem Wies'n-Zelt sitzen sollte, werde ich nur diesen Text singen.

Es ist aber unwahrscheinlich, dass es so weit kommt.

Übrigens gibt es Verhörer, die einem so in Fleisch und Blut übergehen können, dass aus ihnen tatsächlich Wörter entstehen, die man täglich selbst benutzt. Herr A. aus Hamburg berichtet zum Beispiel von jenem Henry-Valentino-Schlager, der beginnt mit der Zeile »Im Wagen vor mir fährt ein junges Mädchen« und in den Refrain mündet: »Rattan rattan radadadatan Rattan rattan radadadatan.« Später kommt dann im Text – es handelt sich um ein Duett – das Mädchen selbst zu Wort, das sich Gedanken über den Mann macht, der hinter ihm fährt – und zwar so:

»... will der mich kontrollieren,
oder will er mich entführen?
Oder ist das in Zivil die Polizei?«

Und genau dieses »Zivil« kannte das Kind A. einfach nicht, er wusste nicht, was »Zivil« ist, bis er im Laufe seines Heranwachsens zu erkennen meinte, es handele sich hier um das Fremdwort »inzivil«, welches vermutlich »vielleicht« bedeute. Tatsächlich eignete sich A. dann dieses Wort für eine Weile an, bis jemand... Und so weiter.

Noch ein weiteres Beispiel aus der Welt des deutschen Schlagers, welcher ja auch die Band *Fehlfarben* angehört, in deren Stück *Ein Jahr (Es geht voran)* Frau S. aus Hamburg die Zeile hörte:

»Große Büffelherden regieren bald die Welt, es geht voran!«

Nun schrieb sie mir, dass »wir erst beim Nachlesen auf dem Plattencover erfuhren, dass es ›Befehlhelden‹ waren«. An dieser Stelle war ich aber nun besonders stolz, Frau S. als Autor darauf hinweisen zu können, dass es auch »Befehlhelden« nicht waren, um die es sich hier handelte. Sondern »graue B-Film-Helden«. Ronald Reagan eben.

Aber wenn man wählen darf... Dass große Büffelherden bald die Welt regieren, ist doch eindeutig der schönste, weil rätselhafteste Text.

Wenn wir in dieser Richtung noch ein wenig weiter gehen wollen, nehmen wir uns die Mitteilung von Frau K. aus Leipzig vor, die mir schrieb, in der DDR habe es – gesungen von Ute Freudenberg – ein Stück namens *Jugendliebe* gegeben, das ging so:

»Jugendliebe bringt den Tag,
da man beginnt, alles um sich herum
ganz anders anzusehen.
Ha ha, Lachen trägt die Zeit,
die unvergessen bleibt.«
Frau K. hörte:
»Ha ha, Kakerlaken trägt die Zeit,
die unvergessen bleibt.«
Seltsam, die kakerlakentragende Zeit … Sie erinnert
mich an Leserin S., die *Skandal im Sperrbezirk* von der
Spider Murphy Gang immer so verstand:
»Und draußen vor der großen Stadt
steh'n Minuten sich die Füße platt.«
Herumstehende Minuten – das ist so viel reizvoller als
die »Nutten« im Original, deren Erwähnung letztlich so
platt ist wie ihre Füße.
Zum Thema »Der (Ver-)Hörer als Poet« nun die Zuschrift von Herrn H. aus Reinbek:
»Wie wohl jeder Musik liebende Mensch habe auch
ich in meinem Leben einige Liedtexte falsch verstanden,
will Ihnen hier aber nur ein Beispiel schildern, das meines Erachtens zu jenen seltenen Fällen gehört, bei denen
die falschen Zeilen ein höheres Maß an Sinn und vielleicht auch Poesie beinhalten als die des Originals.«
Seltene Fälle?, Herr H., selten? Es ist doch die Regel!
H. schrieb weiter: »Im Lied *One night stand* des deutschen Singer-Duos *Joint Venture* heißt es an zentraler
Stelle (ich zitiere aus dem Booklet):
›Wir haben eine geile nacht
mit nichts als reden zugebracht
die freiheit und der willen
ein kind der wind die grillen‹
Diese Aufzählung von nächtlichen Gesprächsthemen
mag zwar äußerst realistisch sein, aber ich halte sie für

recht uninspiriert. Dies mag der Grund sein, weshalb ich jahrelang zu verstehen glaubte:

›die freiheit und der willen
erkennt der wind die grillen?‹

Erst nach vielen Jahren konsultierte ich das Booklet meiner CD, und zwar, um Gewissheit über eine andere Zeile desselben Liedes zu erlangen. Ich war jedoch äußerst überrascht, dass die Entschlüsselung der oben geschilderten Zeile mir Probleme bereitet hatte. Zugleich aber war ich höchst erfreut, quasi selbst der Urheber dieser äußerst schönen Frage zu sein.« So weit Herr H.

Der Verhörer als Dichter – vielleicht zu diesem Thema noch der Brief von Frau M., die in Bergamo/Italien Deutsch unterrichtet und einen Fall schildert, in dem sie sich zwar verhört hatte, jedoch durch diesen Verhörer den eigentlichen Intentionen des Sängers auf die Spur gekommen zu sein glaubte, in diesem Fall denen Herbert Grönemeyers, der singt:

»Ich bin dein siebter Sinn
dein doppelter Boden
dein zweites Gesicht ...«!

Frau M. schreibt: »Ich habe statt ›dein doppelter Boden‹ ›dein doppelter Po‹ verstanden, und ich bin immer noch überzeugt, dass der Grönemeyer eigentlich ›Po‹ meint, oder wenigstens ›Poden‹, was keine Bedeutung hat, aber hören Sie mal das Lied vorsichtig an: der erste Laut ist klar und deutlich ein P und nicht ein B!!«

Das Liebeslied ist natürlich eines der weitesten Felder, die sich dem Verhörpoeten bieten – und je größer die Anstrengungen des Originaldichters, desto umfangreicher auch die Möglichkeiten derer draußen an den Radios und CD-Spielern. Heinz-Rudolf Kunze dichtet einer untreuen Geliebten hinterher:

»Dein ist mein ganzes Herz

Du bist mein Reim auf Schmerz.«

Dazu schrieb mir Frau E. aus Hamburg, ihr Vater habe dies immer so gehört:

»Dein ist mein ganzes Herz,
Du bist mein Rheumaschmerz.«

Und sie fand: »Von allen erdenklichen Komplimenten ist dies wohl das uncharmanteste, das sich vorstellen lässt.«

Um es noch klarer zu sagen: Es ist natürlich überhaupt kein Kompliment. Es klingt wie der Hassgesang eines alten Herzkranken und Rheumapatienten auf seine Frau, an die er sein Leben verschwendet zu haben glaubt. Aber der Versuch, den ewigen Herz-Schmerz-Reimen einen neuen Aspekt abzugewinnen, ist es auch. Marius Müller-Westernhagen besingt übrigens in einem Lied eine gewisse Rosi, die nicht ihn, sondern die er seinerseits immer wieder betrügt und nach der er sich doch mit den schönen Zeilen sehnt:

»Ganz egal, was ich esse,
Es schmeckt alles nach dir.«

Dem folgen dann freilich die nicht ganz so eindrucksvollen Worte:

»Und die Maus letzte Nacht,
Die hat mich auch nicht kapiert.«

Nicht nur die, lieber Müller-Westernhagen, sondern auch Herr B.-D. aus Rheinberg, der nämlich hörte:

»Und die Maus wird zum Nachtdieb,
hab ich auch nicht kapiert.«

Wie denn auch? Aber dass das Nichtkapieren auch gleich noch im Liedtext vermerkt ist, das ist doch eine besonders schöne Pointe für unser Thema.

Zum Schluss des Kapitels noch drei Beispiele aus dem schon erwähnten Genre des Schmettersongs, für dessen Veränderung es ja noch ein anderes Motiv geben mag als die schiere Dichtlust des Verhörkünstlers. Nämlich kalte Rache an Nervtötern vom Typ Jürgen Drews, der uns Jahr um Jahr mit seinem *Bett im Kornfeld* so auf den Wecker geht, dass man gleichsam gezwungen ist, diesen Wahnsinn irgendwie umzuarbeiten und in finalen Nonsens zu überführen, wie die Mutter von Frau R. aus Gröbenzell, die statt »ein Bett im Kornfeld« nur »ein Päckchen Cornflakes« hörte. Oder wie Frau P. aus Aachen, die von einer Bekannten berichtet. Diese hörte das *Verdamp lang her* der kölschen Rockband *BAP* immer nur als »Verdammter Bär, verdammter, verdammter Bär …«.

Und dann wäre da noch das Duo Klaus und Klaus mit *An der Nordseeküste.* Da heißt es:

»An der Nordseeküste,
am plattdeutschen Strand,
sind die Fische im Wasser und selten an Land.«

Herr K. verstand:

»… sind die Fische im Wasser und segeln an Land.«

Man kann sie verstehen, die Fische. Sie versuchen sicher, auf den Weg ins Landesinnere zu gelangen, irgendwohin, nur weg an einen Ort, an dem man Klaus und Klaus nicht hören kann.

DIETMAR BITTRICH

Sundowner

Auf fast allen Reisen begegnet uns ein verblüffendes Ereignis. Es ist kaum zu fassen und dennoch nicht zu leugnen: Die Sonne geht unter. Nicht nur auf Capri und Lanzarote, auch im fernen Phuket, auf Hawaii, sogar in kaum entwickelten Ländern. Auf den Fidschi-Inseln durfte ich den eigentümlichen Vorgang vom sogenannten Sunset Cliff aus verfolgen. Nach meiner vorläufigen Beobachtung versinkt die Sonne vorwiegend im Westen und fast ausnahmslos hinter dem Horizont, selten davor, aber ich bin noch nicht überall gewesen. Häufig, beinahe schon immer, tut sie es gegen Abend.

Ich bin nicht der einzige Reisende, der sich stets aufs Neue darüber wundert. Auf dem Sunset Cliff drängelten sich viele hundert Menschen. Dass man auf dem römischen Aventin nicht allein bleibt, wenn sich der Himmel färbt, hat sich herumgesprochen. Auf den Keys, in Kapstadt oder Skagen gibt es am Abend kaum noch Plätze, an denen nicht Reisebusse erwartungsfrohe Menschen ausladen, die das lautlose Spektakel mit Blitzlicht fotografieren. Auf Korfu muss man sich früh – am besten mittags – einen Platz auf dem Kaiserthron sichern, jenem Hügel oberhalb von Pelekas, von dem aus Wilhelm II. vier Sommer lang allabendlich Richtung Westen staunte. Am Ayers Rock ist der Sonnenuntergang zum logistischen Problem geworden, weil um die zehntausend Vans und Coaches auf die Großparkplätze verteilt werden müssen.

Ich bin nicht erhaben über dergleichen Tourismus. Im Gegenteil. Ich besitze zahlreiche schwer unterscheidbare Fotos von Sonnenuntergängen über dem Meer, denn über dem Meer geht die Sonne besonders gern unter. Leider besitze ich keines aus Key West, da war vierzehn Tage lang der Himmel verhangen. Aber vermutlich können Sie mir aushelfen. Denn ich wette, auch Ihre Sammlung strotzt von Sonnenuntergängen. Oder haben Sie von Ihrer Dolomitenfahrt etwa nicht den Rosengarten im Abendrot mitgebracht? Wollen Sie mir weismachen, sie seien in Bali gewesen, ohne den Tempel Tanah Lot vor glühendem Himmel zu posten? Google hat sogar Ihren Blick vom Mauna Kea in die Galerie aufgenommen? Okay, von mir gibt's auf Instagram eine Elefantenherde vor untergehender Sonne aus dem Chobe Nationalpark. Ist mehrfach geteilt worden!

Wir begeben uns an Canyonränder und Desolation Valleys, zu Kaps und Sunset Strips, pilgern an die Gestade von Lagunen und Moonlight Bays, zahlen Extraaufschläge für westlich ausgerichtete Restauranttische, bringen Schiffe in Schräglage, erklimmen Bergkuppen, Festungszinnen oder wenigstens unseren Hotelbalkon, um vor dem Unausweichlichen zu verstummen. Oder, wie die Tourismusmanager sagen, »das faszinierende Schauspiel zu genießen«.

Und nicht selten ist der Sonnenuntergang tatsächlich das einzig Genießbare auf unserer Reise. Einige Menschen lieben das australische Northern Territory. Mir ist lediglich der Blick vom Sunset Strip mit Sekt aus recycelbaren Bechern in Erinnerung geblieben. Rajastan habe ich wegen rebellierender Eingeweide nicht angemessen würdigen können; aber es gab den Sunset Point mit Blick über die im Dunkel versinkende Ebene. Der Sonnenuntergang in der Fremde hat etwas Tröstliches. Auch hier versinkt sie also. Gott sei Dank. Auch hier sind die Leute der Vergänglichkeit unterworfen.

Diese Erkenntnis kann ein schweigendes Einverständnis schaffen mit all den anderen stummen Zuschauern, sofern sie tatsächlich stumm bleiben. Der Sonnenaufgang schafft das nicht. Er ist ein Unruhestifter und hat etwas Forderndes, er bringt den ungewissen Tag, nun geht's los. Am Abend ist alles überstanden, geschafft, abgeschlossen, selbst die scheußlichste Besichtigungstour. Es gibt nichts mehr zu tun. Deshalb ist es so viel angenehmer, in Fiesole zu sitzen und die Sonne über Florenz versinken zu sehen als unten Kirchen und Paläste abzuhaken. Windstille, letzte Wärme, Blütenduft. Wir sind allein mit der sinkenden Glut oder schweigend aneinandergeschmiegt.

Und wenn es sich nicht gerade um einen Sonnenuntergang mit Livemusik handelt, steigen druckreife Gedanken auf. Sie handeln von Einsamkeit und Kosmos, von Zeitvergehen und von den Fliehkräften des Lebens, ja, sie sind von solcher Tiefe und von so weiter Dimension, dass sie vorsichtshalber gleich wieder verschwinden. Allein ein hochprozentiger Sundowner kann sie wieder beleben, wenn auch nicht mit derselben unwiderleglichen Klarheit.

So etwas geht nur auf Reisen. Zu Hause gibt es keine Sonnenuntergänge. Erstens wegen des Wetters. Zweitens wegen des Hauses gegenüber. Und drittens, weil wir noch was anderes zu tun haben. Wir müssen aufräumen, buchhalten, Ordnung schaffen, müssen waschen, putzen, Essen kochen, Termine verwalten, Überflüssiges organisieren, die Zeit einteilen. Und wir müssen Geld verdienen, um segeln, reiten, fliegen zu können, am liebsten in den Sonnenuntergang.

DIE AUTORINNEN UND AUTOREN

Annette Amrhein, Jahrgang 1964, lebt mit ihrer Familie in Bargteheide. Sie arbeitete als Controller, bevor sie sich ganz dem Schreiben von Romanen, Satiren, Kurzgeschichten und Kinderbüchern widmete. Ihre Kinderbücher wurden in viele Sprachen übersetzt.
›Reif für die Insel‹ 227
  (Erstveröffentlichung. Abdruck mit freundlicher Genehmigung der Autorin. © 2021 Annette Amrhein)

Ewald Arenz, geboren 1965, studierte englische und amerikanische Literatur sowie Geschichte. Für seine Werke wurde er mehrfach ausgezeichnet. Bei dtv erschienen u. a. seine Romane ›Der Duft von Schokolade‹ (dtv 13808) und ›Das Diamantenmädchen‹ (dtv 14230). Zuletzt erschien sein Roman ›Alte Sorten‹ (2019).
›Eine Urlaubsliebe‹ 11
  (Abdruck mit freundlicher Genehmigung des Verlags ars vivendi, Cadolzburg. Aus: E. Arenz, Eine Urlaubsliebe, Cadolzburg 2020)

Zsuzsa Bánk, geboren 1965, arbeitete als Buchhändlerin und studierte anschließend in Mainz und Washington Publizistik, Politikwissenschaft und Literatur. Heute lebt sie als Autorin mit ihrer Familie in Frankfurt am Main. Für ihr Werk wurde sie vielfach ausgezeichnet. Zuletzt erschien ihr Roman ›Sterben im Sommer‹.

(Abdruck mit freundlicher Genehmigung der S. Fischer Verlag GmbH, Frankfurt 2014. Aus: Z. Bánk, Heißester Sommer. Erzählungen. Frankfurt 2014)

Dietmar Bittrich ist ein Hamburger Autor und Herausgeber. Er war viele Jahre als Reisereporter und Begleiter auf Studienfahrten unterwegs. Für dtv sammelte er dabei u. a. ›Böse Sprüche für jeden Tag‹ (dtv 20676, 2003) und kurze Geschichten vom Reisen: ›Müssen wir da auch noch hin?‹ (dtv 21788, 2019). Zuletzt erschien bei dtv sein Garten-Krimi ›Zum Niedermähen schön‹ (dtv 28214). Mehr über den Autor unter: www.dietmar-bittrich.de.
(Erstveröffentlichung. Abdruck mit freundlicher Genehmigung des Autors. © 2021 Dietmar Bittrich)

Bov Bjerg wuchs am Rand der Schwäbischen Alb auf. Er studierte in Berlin und Amsterdam und ist Absolvent des Deutschen Literaturinstituts Leipzig. Er arbeitete als Schauspieler und Koch, rief mehrere Lesebühnen ins Leben und war Redakteur der Satirezeitschrift ›Eulenspiegel‹. Spätestens seit seinem Bestseller-Roman ›Auerhaus‹ gehört er zu den wichtigsten deutschsprachigen Schriftstellern.
(Abdruck mit freundlicher Genehmigung der Aufbau Verlag GmbH & Co. KG, Berlin 2016. Aus: B. Bjerg, Die Modernisierung meiner Mutter. Geschichten. Blumenbar, Berlin 2016)

Volker Bleeck, geboren am schönen Niederrhein, lebt seit fast 30 Jahren im noch schöneren Hamburg als Journalist, Filmkritiker und Autor. Schrieb zunächst ein

Sachbuch über die britische Kultkomikertruppe Monty Python, dann mehrere Kriminalromane (zusammen mit seiner Frau Kirsten Püttjer) und unzählige Kurzkrimis. Zu seiner Kurzgeschichte ›Die Tamdhu-Täuschung‹ ließ er sich durch John Denvers Song ›Leaving on a Jet Plane‹ aus dem Jahr 1966 inspirieren. Mehr über den Autor: www.zweischreiber.de

    (Aus: Scotch as Scotch can, herausgegeben von Thomas Kastura, Hillesheim 2013. Abdruck mit freundlicher Genehmigung des Autors. © Volker Bleeck)

Toril Brekke, geboren 1949 in Oslo, ist eine der bekanntesten Autorinnen Norwegens. Sie ist die Tochter des Dichters Paal Brekke, über den sie 2002 auch eine Biographie veröffentlichte. Lange Zeit war sie Vorsitzende des norwegischen PEN-Clubs. Seit mehr als dreißig Jahren schreibt sie Romane und Erzählungen sowie Kinder- und Jugendbücher.

    (Abdruck mit freundlicher Genehmigung der Autorin. © 2021 Toril Brekke. Ins Deutsche übersetzt von Gabriele Haefs. Norwegischer Originaltitel: Egen salong.)

Benjamin Cors ist politischer Fernsehjournalist und hat viele Jahre für die ARD Tagesschau, die ARD Tagesthemen und den Weltspiegel berichtet. Heute arbeitet er für den SWR. Er ist Deutsch-Franzose und hat die Sommer seiner Kindheit in der Normandie verbracht. Bei dtv erscheint seine erfolgreiche Normandie-Krimireihe um den Personenschützer Nicolas Guerlain. Mit seiner Familie lebt er in der Nähe von Wiesbaden.

Rena Dumont, 1969 als Rena Zednikova im mährischen Prostejov geboren, flüchtete als Siebzehnjährige nach Deutschland. Später absolvierte sie in Hannover ein Schauspielstudium und ist seitdem an verschiedenen deutschsprachigen Bühnen und in zahlreichen Film- und Fernsehproduktionen zu sehen. Sie schreibt Drehbücher und Kurzgeschichten und veröffentlichte 2013 ihren ersten Roman ›Paradiessucher‹. Mehr über die Autorin und Schauspielerin unter: www.renadumont.de

Hans Fallada, eigentlich Rudolf Wilhelm Friedrich Ditzen, geboren 1893 in Greifswald, arbeitete nach Gymnasium und landwirtschaftlicher Lehre u. a. als Hofinspektor, Buchhalter, Adressenschreiber, Annoncensammler und Verlagsangestellter. Ab 1931 lebte er als freiberuflicher Schriftsteller. Sein Roman ›Kleiner Mann – was nun?‹ (1932) machte Fallada über Deutschland hinaus bekannt. Während der Zeit des Faschismus lebte er als »unerwünschter Autor« zurückgezogen in Mecklenburg. 1945 ging er nach Berlin, wo er im Februar 1947 starb.

Marlies Ferber, geboren 1966, studierte Sinologie in Deutschland, China und den Niederlanden und arbeitete viele Jahre als Verlagslektorin, bevor sie sich ganz dem Schreiben und Übersetzen widmete. Für dtv schrieb sie die originelle vierbändige 0070-Krimi-Reihe um den britischen Ex-Agenten James Gerald im Ruhestand. 2021 erschien ihr Roman ›Wohin die Reise geht‹ (dtv 26267).

(Erstveröffentlichung. Abdruck mit freundlicher Genehmigung der Autorin. © 2021 Marlies Ferber)

F. Scott Fitzgerald, geboren 1896 in Minnesota, studierte an der Princeton University Literatur, brach aber das Studium aufgrund seiner Leidenschaft für das Schreiben bald ab. 1920 erschien sein erster Roman ›Diesseits vom Paradies‹. Während seiner Reisen nach Frankreich lernte er in Paris Ernest Hemingway kennen und vollendete dort 1925 sein berühmtestes Werk ›Der große Gatsby‹, das sich zu Lebzeiten allerdings nicht gut verkaufte. Auch seine späteren Werke waren finanzielle Misserfolge. Fitzgerald verfiel dem Alkohol und bekam Depressionen. Ab 1937 arbeitete er als Drehbuchschreiber in Hollywood, wo er im Dezember 1940 starb.

(dtv Verlagsgesellschaft mbH & Co. KG, München. Aus: F. S. Fitzgerald, Bernice schneidet ihr Haar ab. Erzählungen. Übersetzt von Lutz-W. Wolff, München 2012)

Jane Gardam wurde 1928 in North Yorkshire geboren und lebt heute in East Kent. Für ihr viel bewundertes schriftstellerisches Werk wurde sie mehrfach ausgezeichnet. Ihr deutsches Publikum hat sie spät, aber im Sturm erobert – alle Bände der Trilogie um Old Filth sind hymnisch besprochene Bestseller.

(Abdruck mit freundlicher Genehmigung des Carl Hanser Verlags, München. Aus: J. Gardam, Die Leute von Privilege Hill. Deutsch von Isabel Bogdan, München 2017)

Frank Goldammer, 1975 in Dresden geboren, erlernte einen Handwerksberuf und begann mit zwanzig zu schreiben. Mit den Bänden seiner erfolgreichen historischen Kriminalroman-Reihe über den Ermittler Max Heller landet er regelmäßig auf den Bestsellerlisten. Er lebt mit seiner Familie in seiner Heimatstadt. Mehr über den Autor: www.frank-goldammer.de

(Erstveröffentlichung. Abdruck mit freundlicher Genehmigung des Autors. © 2021 Frank Goldammer)

Axel Hacke, 1956 in Braunschweig geboren, lebt als Schriftsteller und Journalist in München. Er arbeitete zwanzig Jahre für die ›Süddeutsche Zeitung‹, in deren Magazin bis heute seine Kolumne ›Das Beste aus aller Welt‹ erscheint. Seine journalistische Arbeit wurde mit vielen Preisen ausgezeichnet, und seine Bücher, zu denen Bestseller wie ›Der kleine Erziehungsberater‹ (1992), ›Der kleine König Dezember‹ (2000) und ›Der weiße Neger Wumbaba‹ (2004) gehören, wurden in zahlreiche Sprachen übersetzt.

(Abdruck mit freundlicher Genehmigung des Antje Kunstmann Verlags, München. Aus: A. Hacke, Der weiße Neger Wumbaba, München 2004)

Elke Heidenreich, geboren 1943 in Korbach (Waldeck), verbrachte ihre Jugend im Ruhrgebiet, studierte Germanistik, Theaterwissenschaft und Publizistik in München, Hamburg und Berlin. Seit 1970 arbeitet sie als freie Autorin und Moderatorin für Funk, Fernsehen und verschiedene Zeitungen.

(Abdruck mit freundlicher Genehmigung des Carl Hanser Verlags, München. Aus: E. Heidenreich, Männer in Kamelhaarmänteln, München 2020)

Dora Heldt, 1961 auf Sylt geboren, ist gelernte Buchhändlerin und lebt heute in Hamburg. Mit ihren Romanen führt sie seit Jahren die Bestsellerlisten an, die Bücher werden regelmäßig verfilmt. Weitere Informationen unter www.dora-heldt.de

(dtv Verlagsgesellschaft mbH & Co. KG, München. Aus: D. Heldt, Im Grunde ist alles ganz einfach, München 2016)

Ulrike Herwig wurde 1968 geboren und wuchs in Jena auf. Sie studierte Englisch und Deutsch und lebte fast zehn Jahre lang in London. 2001 zog sie mit ihrer Familie nach Seattle, USA, wo sie auch heute noch wohnt. Seit vielen Jahren schreibt sie unter verschiedenen Pseudonymen für Kinder und Erwachsene. 2021 erschien bei dtv ihr Roman ›Das Glück am Ende der Straße‹ (dtv 26284).

(Erstveröffentlichung. Abdruck mit freundlicher Genehmigung der Autorin. © 2021 Ulrike Herwig)

Elias Hirschl, 1994 in Wien geboren, ist Romanautor, Slam-Poet und Musiker. Zuletzt erschienen der Roman ›Hundert schwarze Nähmaschinen‹ (2017) und die Kurzgeschichten-Sammlung ›Glückliche Schweine im freien Fall‹ (2018). 2020 wurde er mit dem Reinhard-Priessnitz-

Preis ausgezeichnet. Seit 2020 schreibt und spricht er für die FM4-Sendung ›Das magische Auge‹. Elias Hirschl lebt in Wien.

(Erstveröffentlichung. Abdruck mit freundlicher Genehmigung des Autors. © 2021 Elias Hirschl)

Julia Karnick lebt und schreibt in Hamburg – unter anderem Kolumnen in der ›Für Sie‹ und Bestseller übers Hausbauen (›Ich glaube, der Fliesenleger ist tot!‹, 2012).
(Aus: J. Karnick, Einerseits ist alles ganz einfach. Die besten Brigitte-Kolumnen, München 2011. Abdruck mit freundlicher Genehmigung der Autorin)

A. L. Kennedy, 1965 im schottischen Dundee geboren, wurde bereits mit ihrem ersten Roman ›Einladung zum Tanz‹ (2001) berühmt und zählt zu den wichtigsten zeitgenössischen britischen Autorinnen. Sie wurde mit zahlreichen wichtigen Literaturpreisen ausgezeichnet. Kennedy lebt in London und unterrichtet kreatives Schreiben an der University of Warwick.
(Abdruck mit freundlicher Genehmigung des Carl Hanser Verlags, München. Aus: A. L. Kennedy, Der letzte Schrei. Deutsch von Ingo Herzke, München 2015)

Mary Lavin (1912–1996) war eine irische Schriftstellerin, die sich in ihren Werken schon früh mit der Rolle der Frau in einem konservativen und vom Katholizismus geprägten Irland beschäftigt hat. Da sie selbst zweimal Witwe wurde, stand besonders dieses Thema häufig im Mittelpunkt ihrer Bücher.

Siegfried Lenz, geboren 1926 in Lyck (Ostpreußen), zählte zu den bedeutendsten und meistgelesenen Autoren der deutschen Nachkriegs- und Gegenwartsliteratur. Sein Werk wurde mit zahlreichen Preisen und Auszeichnungen geehrt, u. a. dem Goethe-Preis der Stadt Frankfurt und dem Friedenspreis des Deutschen Buchhandels. Er starb 2014 in Hamburg.

Elin Åsbakk Lind, Jahrgang 1972, ist eine norwegische Schriftstellerin, Journalistin und Kommunikationsberaterin. Im Jahr 2014 debütierte sie mit der Kurzgeschichtensammlung ›En fremmed jeg kjenner‹. Ihr erster Roman ›Punktum midt i en vakker setning‹ erschien 2016. Mit der hier vorliegenden Kurzgeschichte wird sie das erste Mal in Deutsch veröffentlicht. Die Autorin lebt in ihrer Heimatstadt Bodø.

Reidun Mellem, geboren 1931, gehört der nordnorwegischen Minderheit der Quänen an. Sie schreibt auf Quänisch und auf Norwegisch, hat viele Jahre als Lehrerin gearbeitet und sich entscheidend dafür eingesetzt, Quänisch als Unterrichtssprache zuzulassen. Zu ihren Büchern zählen Sammlungen von Kurzgeschichten und Sachbücher über Geschichte und Kultur Nordnorwegens.

(Abdruck mit freundlicher Genehmigung der Autorin. © 2021 Reidun Mellem. Ins Deutsche übersetzt von Gabriele Haefs. Norwegischer Originaltitel: Rikdom fra havet)

Franka Potente, geboren 1974, gehört seit ihrer Titelrolle in Tom Tykwers Film ›Lola rennt‹ zu den international gefragtesten deutschen Schauspielerinnen. Sie spielte mit in ›Die Bourne Identität‹ und in ›Elementarteilchen‹. Dreharbeiten führten sie 2005 nach Japan, wohin sie seitdem immer wieder zurückkehrt. Franka Potente lebt mit ihrer Familie in den USA.

(Abdruck mit freundlicher Genehmigung der Piper Verlag GmbH, München. Aus: F. Potente, Zehn. Stories, München 2010)

Florian Schneider, geboren 1972 in Mainz. Studium der katholischen Theologie und Germanistik in Regensburg und Wien, Abschluss M. A. Seit 2016 Mitglied des Berliner Autorenforum e. V. Lebt in Oberschwaben und Berlin. Verfasser von Kurzgeschichten und Gedichten. 2020 erschien die Erzählung ›Zeichnungen‹ im dtv-Urlaubslesebuch und 2019 die Erzählung ›Minimalinvasiv‹ in der Wettbewerbsanthologie ›Makellose Männer‹ des

Berliner Autorenforum e.V. Im Hauptberuf arbeitet er
für eine medizinische Fachgesellschaft.

(Erstveröffentlichung. Abdruck mit freundlicher Genehmigung des Autors. © 2021 Florian Schneider)

Burkhard Spinnen, geboren 1956, ist promovierter Ger-
manist. Seit 1995 ist er freier Autor und schreibt Erzählungen, Romane, Kinderbücher, Essays, Glossen und
Rezensionen. Für seine Werke wurde er vielfach ausgezeichnet, u. a. mit dem aspekte-Literaturpreis, dem Lite-
raturpreis der Konrad-Adenauer-Stiftung, dem Herbert
Quandt Medien-Preis und dem Deutschen Hörbuch-
preis. Er lebt mit seiner Familie in Münster.

(Abdruck mit freundlicher Genehmigung des Verlags
Schöffling & Co., Frankfurt. Aus: B. Spinnen, Der Re-
servetorwart, Frankfurt 2004)

Saša Stanišić wurde 1978 in Višegrad (Jugoslawien) geboren und lebt seit 1992 in Deutschland. Seine Erzählungen und Romane wurden in über 30 Sprachen übersetzt
und vielfach ausgezeichnet. Für sein Buch ›Herkunft‹
erhielt er 2019 den Deutschen Buchpreis. Er lebt und arbeitet in Hamburg.

(Abdruck mit freundlicher Genehmigung des Luchter-
hand Literaturverlags, München, in der Penguin Ran-
dom House Verlagsgruppe GmbH. Aus: S. Stanišić,
Herkunft, München 2019)